湖北省社科基金一般项目（后期资助项目）

武汉市社科基金重点项目（后期资助项目）

武汉纺织大学学术著作出版基金

智慧物流发展机制、路径与战略

——基于价值链数字化转型的视角

周兴建 著

中国财富出版社有限公司

图书在版编目（CIP）数据

智慧物流发展机制、路径与战略：基于价值链数字化转型的视角 / 周兴建著.
— 北京：中国财富出版社有限公司, 2024.1

ISBN 978-7-5047-7893-2

Ⅰ.①智⋯　Ⅱ.①周⋯　Ⅲ.①智能技术—应用—物流管理—研究　Ⅳ.
①F252.1-39

中国国家版本馆CIP数据核字（2023）第166773号

策划编辑 郑欣怡	**责任编辑** 白　昕　陈　嘉		**版权编辑** 李　洋	
责任印制 尚立业	**责任校对** 杨小静		**责任发行** 敬　东	

出版发行 中国财富出版社有限公司

社　　址 北京市丰台区南四环西路188号5区20楼　　**邮政编码**　100070

电　　话 010-52227588 转 2098（发行部）　　010-52227588 转 321（总编室）

010-52227566（24小时读者服务）　　010-52227588 转 305（质检部）

网　　址 http://www.cfpress.com.cn　　**排　　版** 宝蕾元

经　　销 新华书店　　**印　　刷** 宝蕾元仁浩（天津）印刷有限公司

书　　号 ISBN 978-7-5047-7893-2/F・3581

开　　本 710mm×1000mm　1/16　　**版　　次** 2024年1月第1版

印　　张 17.75　　**印　　次** 2024年1月第1次印刷

字　　数 272千字　　**定　　价** 98.00元

前　言

席卷全球的数字化浪潮不断催生新产业和新业态，也催生了VUCA[①]时代的到来。在构建国内国际双循环新发展格局的背景下，智慧物流是助力物流数字化转型、形成低成本高效率的现代物流体系、促进现代物流高质量发展的重要支撑之一。物流业作为连接消费市场和生产制造的重要产业，是数字化转型推进的天然"前哨"。数字化转型进程可以划分为三个层面：技术层面，强调用技术手段对大数据进行存储、传递和分析；资源层面，强调资源要素的优化配置与运营；价值层面，强调全价值链的效益和创造的价值。因此，智慧物流应用大数据、云计算、物联网等数字化底盘技术，通过对线上线下物流资源要素与市场的整合与优化配置，使物流业由"3A"〔敏捷性（Agile）、适应性（Adaptable）、协作性（Aligned）〕向"3V"〔价值（Value）、速度（Velocity）、可视（Visibility）〕转变。然而，在业界进行智慧物流发展转型的理论与实践探索中，有若干问题尚待厘清，如智慧物流的本质究竟是什么？智慧物流发展的内在机制是什么？如何确定智慧物流发展的路径和战略？等等，毫无疑问，要回答这些问题，必须系统、深入地探寻智慧物流发展的基本原理。

当前在智慧物流发展过程中，技术层面的关注度最高，这些技术的应用者大多仍然采用传统的IT（信息技术和互联网技术）建设方式进行企业的转型升级，产生"数据烟囱"与"信息孤岛"等困境；同时，也存在"过度智

---

① VUCA，即Volatility（易变性）、Uncertainty（不确定性）、Complexity（复杂性）、Ambiguity（模糊性）4个单词首字母的缩写。

慧"的问题，即一些企业为了发展智慧化运营与管理而投入各种智能技术、无人模式，反而导致运营成本上升，无法持续发展。智慧物流的发展，如果不能使产业、行业和企业找到具有可持续、良性发展的可行模式，不能为全社会物流的"降本增效"带来效果，那么其"价值"就不存在了。因此，除了从技术层面，更应该从资源层面和价值层面，将智慧物流视作企业、行业和产业的发展战略和策略，从全价值链、全生态链、全产业链对智慧物流发展进行全面和深入剖析。为此，本书从价值链数字化转型的角度，基于物流数字化价值层面解析智慧物流发展机制，基于物流数字化资源层面探析智慧物流发展路径，基于物流数字化转型层面分析智慧物流发展战略，通过对智慧物流发展机制、路径与战略的研究与探索，力图从理念认知上厘清智慧物流发展的内涵，从方法策略上提出智慧物流发展、创造价值的可行途径，从战略方向上明确企业、区域、产业发展智慧物流的"降本增效"之路。

本书得到了蔡丽华教授、熊文杰教授、冯燕博士、朱宏伟高工以及泮家丽、吴新明、郑力、王翊、杨笮等老师的大力帮助，得到了湖北省社科基金一般项目（后期资助项目）、武汉市社科基金重点项目（后期资助项目）、武汉纺织大学学术著作出版基金的资助，还得到中国财富出版社郑欣怡等老师的帮助，为本书的成书做出了巨大的贡献，在此表示衷心的感谢。当然，囿于作者认知上的局限，本书在对智慧物流领域的研究中难免存在片面的理解和论述上的疏漏，对于研究中可能存在的谬误和不足之处，敬请广大读者和专家同行批评指正，给予宝贵的建议。

作　者

2023 年 12 月

主要内容

在国内国际双循环发展格局下，发展智慧物流（Intelligent Logistics）是促进形成低成本高效率现代物流体系的重要内容之一。智慧物流发展的本质是通过对物流存量资源的社会化转变和闲置资源的最大化利用，实现物流业的根本价值——全社会范围内的"降本增效"。本书从价值链数字化转型的视角，综合应用文献研究、案例研究、描述性研究、数学建模等方法，解析智慧物流的形成机制及体系结构，分析智慧物流的流程优化及管理重组，探讨产业、行业及企业层面的智慧物流发展战略。本书分上、中、下三篇，其中上篇基于物流数字化价值层面论述智慧物流发展机制，包括数字化变革下的物流业态、智慧物流的价值内涵及解析、智慧物流的形成及体系结构；中篇基于物流数字化资源层面论述智慧物流发展路径，包括智慧物流的发展分析与评价、智慧物流的流程及管理优化、智慧物流的流程及管理重组；下篇基于物流数字化转型层面论述智慧物流发展战略，包括产业层面、行业层面和企业层面的智慧物流业态转型；最后以武汉智慧物流发展为例进行案例分析。

目 录
CONTENTS

第一章 绪论 ··· 001

第一节 研究背景 ··· 001

第二节 智慧物流业态发展环境 ····································· 006

第三节 智慧物流业态发展定位 ····································· 017

第四节 国内外研究现状 ·· 022

第五节 研究述评 ··· 028

第六节 术语说明 ··· 029

【本章小结】 ·· 032

第二章 价值链的数字化转型 ··· 033

第一节 数字经济与数字化转型 ····································· 033

第二节 全球物流价值链数字化转型 ······························ 038

第三节 数字化优先价值链管理 ····································· 040

【本章小结】 ·· 042

上篇 智慧物流发展机制：基于物流数字化价值层面

第三章 数字化变革下的物流业态 ···································· 047

第一节 物流企业价值环节变化 ····································· 047

第二节 物流行业价值形式移动 ····································· 051

第三节 物流产业智慧形态形成 ····································· 058

【本章小结】 ·· 064

第四章　智慧物流的价值内涵及解析 ⋯⋯⋯⋯⋯⋯⋯⋯ 066

第一节　智慧物流界定与辨析 ⋯⋯⋯⋯⋯⋯⋯⋯⋯⋯ 066

第二节　智慧物流的价值模式 ⋯⋯⋯⋯⋯⋯⋯⋯⋯⋯ 068

第三节　智慧物流的价值内涵 ⋯⋯⋯⋯⋯⋯⋯⋯⋯⋯ 071

第四节　智慧物流的价值解析 ⋯⋯⋯⋯⋯⋯⋯⋯⋯⋯ 076

第五节　智慧物流价值链（ILVC）⋯⋯⋯⋯⋯⋯⋯⋯ 080

【本章小结】⋯⋯⋯⋯⋯⋯⋯⋯⋯⋯⋯⋯⋯⋯⋯⋯ 083

第五章　智慧物流的形成及体系结构 ⋯⋯⋯⋯⋯⋯⋯⋯⋯ 085

第一节　智慧物流的形成特征 ⋯⋯⋯⋯⋯⋯⋯⋯⋯⋯ 085

第二节　智慧物流的形成机理 ⋯⋯⋯⋯⋯⋯⋯⋯⋯⋯ 086

第三节　智慧物流的体系结构 ⋯⋯⋯⋯⋯⋯⋯⋯⋯⋯ 092

【本章小结】⋯⋯⋯⋯⋯⋯⋯⋯⋯⋯⋯⋯⋯⋯⋯⋯ 101

中篇　智慧物流发展路径：基于物流数字化资源层面

第六章　智慧物流的发展分析与评价 ⋯⋯⋯⋯⋯⋯⋯⋯⋯ 105

第一节　智慧物流发展分析模型 ⋯⋯⋯⋯⋯⋯⋯⋯⋯ 105

第二节　智慧物流发展分析过程 ⋯⋯⋯⋯⋯⋯⋯⋯⋯ 111

第三节　智慧物流发展绩效评价 ⋯⋯⋯⋯⋯⋯⋯⋯⋯ 115

第四节　智慧物流发展评价模型 ⋯⋯⋯⋯⋯⋯⋯⋯⋯ 118

【本章小结】⋯⋯⋯⋯⋯⋯⋯⋯⋯⋯⋯⋯⋯⋯⋯⋯ 126

第七章　智慧物流的流程及管理优化 ⋯⋯⋯⋯⋯⋯⋯⋯⋯ 127

第一节　智慧物流的优化内容 ⋯⋯⋯⋯⋯⋯⋯⋯⋯⋯ 127

第二节　智慧物流活动价值分析 ⋯⋯⋯⋯⋯⋯⋯⋯⋯ 130

第三节　智慧物流优化目标 ……………………………………… 137

第四节　智慧物流管理优化 ……………………………………… 144

第五节　智慧物流流程优化 ……………………………………… 150

【本章小结】 …………………………………………………… 158

第八章　智慧物流的流程及管理重组 ………………………… 159

第一节　智慧物流的重组内容 …………………………………… 159

第二节　企业层面智慧物流重组 ………………………………… 162

第三节　行业层面智慧物流重组 ………………………………… 166

第四节　产业层面智慧物流重组 ………………………………… 173

【本章小结】 …………………………………………………… 177

下篇　智慧物流发展战略：基于物流数字化转型层面

第九章　产业层面的智慧物流业态转型 ……………………… 181

第一节　智慧物流产业与智慧城市 ……………………………… 181

第二节　智慧物流产业与城市融合发展 ………………………… 186

第三节　智慧物流产业转型发展战略与规划 …………………… 188

【本章小结】 …………………………………………………… 191

第十章　行业层面的智慧物流业态转型 ……………………… 192

第一节　智慧物流行业与共享经济 ……………………………… 192

第二节　智慧物流与共享物流协同发展 ………………………… 196

第三节　智慧物流行业转型发展模式与规划 …………………… 200

【本章小结】 …………………………………………………… 202

第十一章 企业层面的智慧物流业态转型 203

第一节 企业智慧物流转型模式与路径 203

第二节 企业智慧物流中心集约化发展 209

第三节 企业智慧物流管理与决策 214

【本章小结】 221

第十二章 案例研究：城市智慧物流体系建设 222

第一节 城市智慧物流业态发展基础 222

第二节 城市智慧物流业态转型机制 228

第三节 城市智慧物流业态转型路径 237

第四节 城市智慧物流业态转型战略 246

【本章小结】 248

第十三章 结语 250

第一节 研究总结 250

第二节 智慧物流发展展望 257

【本章小结】 258

参考文献 261

第一章 绪论

在全球发展数字经济（Digital Economy）浪潮和我国实施"新基建"战略的背景下，新一代信息技术、智能技术的不断融合、叠加和迭代发展，经济社会开启了全新的产业革命，以产业互联网为基石，以"数据＋算力＋算法"为核心的数字化运营与决策模式正在推动制造业、服务业等众多产业进一步转型升级。在物流领域，企业纷纷开始探索智慧物流转型发展。

第一节 研究背景

一、数字化浪潮

经济社会当前正在经历大变局，以新一代信息技术以及数字化、网络化、智能化为核心的产业变革由导入期转向拓展期，持续推动经济发展方式升级，不断催生新产业和新业态，成为构建新发展格局、高质量发展的动能，为产业链供应链发展带来价值创造的新机遇（见图1-1）。

数字化浪潮下的产业链供应链通过与工业互联网、物联网的融合，可以实现各种数据的高效传输和相关信息的实时交互。产业、行业、企业之间的联系（交互、跨界、合作）从信息化共享到网络化协作，再到数字化关联，推动着产业链供应链从系统优化（局部改良和内部集成）向价值重构（全局优化和拓展深化）迈进。

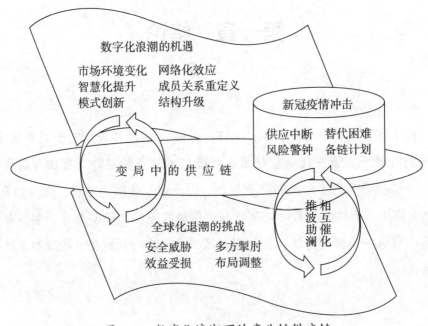

图 1-1　数字化浪潮下的产业链供应链

产业数字化和数字化产业[①]发展进程的不断推进使资源要素得以集聚和连接，数字供应链及智慧供应链的提出，使得业务流程的改造不再是重点，而价值链的重构才是达到降本增效这一根本目标的关键。数字供应链及智慧供应链通过对技术、资源和价值的虚实融合，给参与供应链的各方主体的行为决策带来显著变化。大数据、物联网、区块链等技术给生产关系带来冲击，在新一代信息技术的支撑下，供应链成员从关联合作关系迈向交互协同关系，运营、管理、决策等行为出现更多机会，新的需求和价值更有可能得到创造。

---

① 《中华人民共和国国民经济和社会发展第十四个五年规划和2035年远景目标纲要》提出："加快推动数字产业化""推进产业数字化转型"，这是以习近平同志为核心的党中央把握世界科技革命和产业变革大趋势作出的战略部署，为我们打造数字经济新优势指明了方向。

数字供应链对各方主体行为决策的改变驱动着智慧供应链的发展，数字化环境有利于越过中间环节，在任意的"端到端"之间实现虚拟空间上的无缝连接与协作，为进行实体资源和虚拟资源的统筹配置、线上流程和线下流程的优化设计等动态实时的智慧化决策提供可能，为智慧供应链的发展奠定了坚实的基础。具体如下。

（1）智慧采购可利用大数据、物联网、区块链、云计算等技术，促进电子商务平台融入企业供销运作并与企业ERP连通，实现采购决策智慧化及供应商风险的实时监测。

（2）智慧制造利用工业机器人、人机智能交互等技术在制造等环节的应用，提高供应链全程可视化程度；通过与顾客需求的对接，提升供应链的敏捷和柔性化水平。

（3）智慧物流依靠物联网、大数据、区块链、数字孪生等技术，使物流系统的决策能力得以提升，为数字经济下的现代物流体系建设以及双循环经济发展提供支撑。

二、智慧化转型

当前，以大数据、云计算、物联网等新一代信息技术为驱动的第四次工业革命，引领着经济社会朝着万物感知、万物互联和万物智能的智慧型社会转型（见图1-2）。

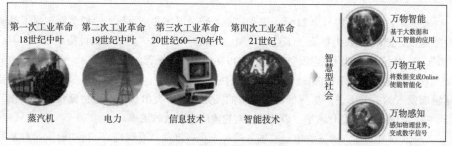

图1-2　新一代技术驱动下的智慧型社会发展演变

尤其是我国的"新基建"战略部署①，提出以新发展理念为引领，以技术创新为驱动，以信息网络为基础，提供数字转型、智能升级、融合创新等服务的基础设施体系，从而引发各界关注，从物流、人流、数据流、产业流、资金流和价值流的各个层面引起变革（见图1-3）。

图1-3　新一代信息技术驱动下从物流到价值流的变革

对于现代物流业而言，物流对各行各业的支撑性特征，使得物流的变革持续进行。尤其是近年来，我国社会物流总费用在GDP中的占比逐步下降，提高物流效率、降低物流成本（即"降本增效"②）成为各级政府制定物流产业发展规划、物流企业及所服务的客户企业提升竞争力的主要目标，各方对物流变革的要求越来越迫切。为此，传统物流积极拥抱互联网，形成"互联网＋物流"融合发展③；同时，在不断的技术迭代和创新探

---

① 2018年12月19日至21日，中央经济工作会议在北京举行，会议重新定义了基础设施建设，把5G、人工智能、工业互联网、物联网定义为"新型基础设施建设"。随后"加强新一代信息基础设施建设"被列入2019年政府工作报告。

② "降本增效"是物流业转型升级的关注重点，2020年6月，国家发展改革委和交通运输部发布的《关于进一步降低物流成本的实施意见》提出积极推进物流设备数字化升级，提高物流环节智慧化水平，以此表达对物流降本增效的重视。

③ 2015年7月，国务院出台《国务院关于积极推动"互联网＋"行动的指导意见》，将我国物流产业列入"互联网＋"战略中。

索中，进行物流信息化升级和物流数字化转型建设；进而，在新一代信息技术的加持下，将智慧物流作为终极目标，形成了一条清晰的物流变革路径。

因此，可以认为，智慧物流就是在"互联网＋物流"融合发展的基础上，通过充分的数字化转型形成的一种新型物流业态。无论是"互联网＋物流"，还是数字化物流和智慧物流，都是运用互联网思维和信息技术，对原有的物流价值链进行变革，以新的价值增长点带动物流价值链整体价值的提升。这一变革过程，就是充分利用互联网和新一代信息技术将物流资源要素不断进行优化整合的过程。

智慧物流需要将物流业态进行充分的数字化转型，其进程可以划分为三个层面：第一个层面是数字技术层面，强调用技术手段对物流大数据进行存储、传递和分析；第二个层面是数字资源层面，强调物流资源要素的优化配置与运营；第三个层面是数字价值层面，强调全价值链的效益和创造的价值。因此，智慧物流就是应用大数据、云计算、物联网等数字化底盘技术（第一层面），通过对物流资源要素与市场的整合与优化配置（第二层面），由"3A"向"3V"转变（第三层面）的过程。

智慧物流是数字化驱动下的物流技术、物流资源和物流价值的体现。智慧物流的实现需要物流资源要素"协同共享"[①]，协同共享的前提是"数字驱动"，通过对物流资源要素的数字化改进和最优化配置，实现物流业的根本价值——全社会范围内的"降本增效"。可以认为，线上线下物流资源要素（即"互联网＋物流"）的"数字化"转型是智慧物流的基础，而智慧物流则是物流数字化发展演进的最终形态。

然而，在当前智慧物流发展中，社会、政府及企业对智慧物流技术层面更热衷与偏好，这些技术的应用者主要采用经典的项目制，以IT系统建设的

---

① 出自中国物流与采购联合会会长何黎明在2018全球物流技术大会上的讲话，演讲主题为"智慧物流五大新特点和六大发展趋势"。

方式进行企业的转型升级，造成物流企业"数据烟囱"与"信息孤岛"等困境，对全社会物流的"降本增效"所产生的影响甚微；同时，也存在"过度智慧"的问题，即一些企业为了追求智慧化运营而投入智能装备、应用智能技术、发展无人模式，反而导致成本上升。因此，不是一切物流活动都应该被智慧化、数字化，而是那些符合智慧化、数字化特征，具有智慧化、数字化价值的物流环节、物流流程才具备发展智慧物流的可行性，智慧物流更应该是一种价值模式的体现。换言之，应该将智慧物流视作产业、行业和企业的发展战略和策略，除了从数字化进程的技术层面（即上述第一层面，主要是针对企业），更应该从资源层面和价值层面（即上述第二层面和第三层面，主要是针对行业和产业），基于价值链数字化管理的角度，对智慧物流业态进行全面和深入剖析。

第二节　智慧物流业态发展环境

在政策、经济、技术和社会的支持和导向下，智慧物流在产业、行业和企业层面逐步引起物流业态发展格局的变革。

一、政策环境

产业层面，为有力引导和支撑我国现代物流产业转型升级和创新发展，各级政府部门从促进智慧物流业态发展的角度发布了多项政策，具体如表1-1所示。

表1-1 产业层面的智慧物流政策摘选

发布时间	发布部门	政策名称	相关内容
2022年1月	国务院	《国务院关于印发"十四五"数字经济发展规划的通知》	加快推进能源、交通运输、水利、物流、环保等领域基础设施数字化改造。提升农业生产、加工、销售、物流等各环节数字化水平。大力发展数字商务,全面加快商贸、物流、金融等服务业数字化转型
2020年6月	国家发展改革委、交通运输部	《关于进一步降低物流成本的实施意见》	进一步积极推进新一代国家交通控制网建设,加快货物管理、运输服务、场站设施等数字化升级:推进新兴技术和智能化设备应用,提高仓储、运输、分拨配送等物流环节的自动化、智慧化水平
2019年10月	国家发展改革委、市场监管总局	《国家发展改革委、市场监管总局联合印发〈关于新时代服务业高质量发展的指导意见〉》	鼓励业态和模式创新,推动智慧物流、服务外包、医养结合、远程医疗、远程教育等新业态加快发展,引导平台经济、共享经济、体验经济等新模式有序发展,鼓励更多社会主体围绕服务业高质量发展,开展创新、创业、创造
2019年7月	交通运输部	《交通运输部关于印发〈数字交通发展规划纲要〉的通知》	大力发展"互联网+"高效物流新模式、新业态,加快实现物流活动全过程的数字化,推进铁路、公路、水路等货运单证电子化和共享互认,提供全程可监测、可追溯的"一站式"物流服务。鼓励各类企业加快物流信息平台差异化发展,推进城市物流配送全链条信息共享,完善农村物流末端信息网络。依托各类信息平台,加强各部门物流相关管理信息互认,构建综合交通运输物流数据资源开放共享机制
2019年3月	国家发展改革委等	《关于推动物流高质量发展促进形成强大国内市场的意见》	实施物流智能化改造行动,大力发展数字物流,加强数字物流基础设施建设,推进货、车(船、飞机)、场等物流要素数字化。加强信息化管理系统和云计算、人工智能等信息技术应用,提高物流软件智慧化水平

发布时间	发布部门	政策名称	相关内容
2018年12月	国家发展改革委、交通运输部	《国家发展改革委 交通运输部关于印发〈国家物流枢纽布局和建设规划〉的通知》	顺应现代物流业发展新趋势，加强现代信息技术和智能化、绿色化装备应用，推进货物运输结构调整，提高资源配置效率，降低能耗和排放水平，打造绿色智慧型国家物流枢纽
2018年5月	财政部办公厅、商务部办公厅	《关于开展2018年流通领域现代供应链体系建设的通知》	加强商业物流基础设施建设改造，鼓励大型商圈、步行街、商业街建设公共仓配中心、共享信息平台，提高智慧化、共享化水平。推广开放公用型的快件末端自提设备，探索标准托盘箱替代快递三轮车箱体，以循环共用单元推动分拣前置、环节减少，引导企业从各自配送向片区集中配送转变
2018年1月	商务部等10部门	《商务部等10部门关于推广标准托盘发展单元化物流的意见》	提高物流链信息化、智能化水平，拓展标准托盘、周转箱（筐）的信息承载功能，推动物流链上下游企业数据传输交换顺畅。利用大数据、云计算、物联网、区块链、人工智能等先进技术，加强数据分析应用，挖掘商业价值，优化生产、流通、销售及追溯管理，以智能物流载具为节点打造智慧供应链
2018年1月	国务院办公厅	《国务院办公厅关于推进电子商务与快递物流协同发展的意见》	鼓励快递物流企业采用先进适用技术和装备，提升快递物流装备自动化、专业化水平，加强大数据、云计算、机器人等现代信息技术和装备在电子商务与快递物流领域应用，大力推进库存前置、智能分仓、科学配载线路优化，努力实现信息协同化、服务智能化
2017年12月	工信部	《促进新一代人工智能产业发展三年行动计划（2018—2020年)》	提升高速分拣机、多层穿梭车、高密度存储穿梭板等物流装备的智能化水平，实现精准、柔性、高效的物料配送和无人化智能仓储

续表

发布时间	发布部门	政策名称	相关内容
2017年5月	国家邮政局	《国家邮政局关于加快推进邮政业供给侧结构性改革的意见》	加强智能快件箱（智能信包箱、智能包柜）和城市公共投递服务中心等末端服务设施的规划建设，着力解决"摆地摊"问题
2017年2月	国家邮政局	《快递业发展"十三五"规划》	引导企业优化末端投递方式，形成上门投递、智能箱投递、平台投递等多元末端服务体系，有序开展快件投递众包，提高产业协作配套水平，支持企业使用符合标准的低碳环保配送车型开展末端投递
2016年7月	国家发展改革委	《国家发展改革委关于印发〈"互联网+"高效物流实施意见〉的通知》	鼓励建设物流配送云服务平台，依托大数据、云计算、北斗导航等技术采集交通路况、气象等信息，加强对物流配送车辆、人员、温控等要素的实时监控，统筹利用相关数据资源，优化配送路线和运力，并依据实时路况动态调整，做好供应商、配送车辆、网点、用户等各环节信息的精准对接，大幅提高配送效率，加强智能冷链物流能力建设。鼓励企业使用符合标准的低碳环保配送车型和智能化托盘等集装单元化技术，提升配送的标准化、智能化水平
2015年10月	国务院	《国务院关于促进快递业发展的若干意见》	支持骨干企业建设工程技术中心，开展智能终端、自动分拣机械化装卸、冷链快递等技术装备的研发应用
2015年5月	国务院	《国务院关于印发〈中国制造2025〉的通知》	加快人机智能交互、工业机器人、智能物流管理、增材制造等技术和装备在生产过程中的应用
2014年10月	国务院	《国务院关于印发〈物流业发展中长期规划（2014—2020年）〉的通知》	加快关键技术装备的研发应用，提升物流业信息化和智能化水平，创新运作管理模式，提高供应链管理和物流服务水平，形成物流业与制造业、商贸业、金融业协同发展的新优势

行业层面，为了进一步降本增效，国家发展改革委和交通运输部发布《关于进一步降低物流成本的实施意见》（以下简称《意见》），从6个方面提出了24条意见。其中，与智慧物流业态发展相关的政策内容包括信息开放共享、提高供应链发展水平等方面，具体如表1-2所示。

表1-2　　　　　　　　　　　行业层面的智慧物流政策摘选

《意见》要点	相关内容
推动物流信息开放共享	按照安全共享和对等互利的原则，推动铁路企业与港口、物流等企业信息系统对接，完善信息接口等标准，加强列车到发时刻等信息开放。研究建立全国多式联运公共信息系统，推行标准化数据接口和协议，更大程度实现数据信息共享
推进物流基础设施网络建设	继续实施示范物流园区工程，示范带动骨干物流园区互联成网
提高现代供应链发展水平	研究制定现代供应链发展战略，加快发展数字化、智能化、全球化的现代供应链
加快发展智慧物流	积极推进新一代国家交通控制网建设，加快货物管理、运输服务、场站设施等数字化升级。推进新兴技术和智能化设备应用，提高仓储、运输、分拆配送等物流环节的自动化、智慧化水平

企业层面，为增强物流企业发展活力，提升物流服务效率效益水平，国家发展改革委等多部门印发了《关于推动物流高质量发展促进形成强大国内市场的意见》（以下简称《意见》）。其中，与企业发展智慧物流、加快物流数字化转型相关的政策主要围绕智能物流装备技术、供应链数字化发展和物流设施数字化升级等方面展开，具体如表1-3所示。

表1-3　　　　　　　　　　　企业层面的智慧物流政策摘选

《意见》要点	相关内容
积极推动物流装备制造业发展	（1）加大重大智能物流技术研发力度，加强物流核心装备设施研发攻关，撬动关键技术装备产业化。

续表

《意见》要点	相关内容
积极推动物流装备制造业发展	（2）开展物流智能装备首台(套)示范应用，推动物流装备向高端化、智能化、自主化、安全化方向发展。 （3）研究推广尺寸和类型适宜的内陆集装箱，提高集装箱装载和运送能力；在适宜线路开展铁路双层集装箱运输，推广铁路重载运输技术装备，提升铁路运能
提升制造业供应链智慧化水平	（1）鼓励物流和供应链企业在依法合规的前提下开发面向加工制造企业的物流大数据、云计算产品，提高数据服务能力，协助制造企业及时感知市场变化，增强制造企业对市场需求的捕捉能力、响应能力和敏捷调整能力。 （2）鼓励发展以个性化定制、柔性化生产、资源高度共享为特征的虚拟生产、云制造等现代供应链模式，提升全物流链条的价值创造水平
实施物流智能化改造行动	（1）大力发展数字物流，加强数字物流基础设施建设，推进货、车（船、飞机）、场等物流要素数字化。 （2）加强信息化管理系统和云计算、人工智能等信息技术应用，提高物流软件智慧化水平。 （3）支持物流园区和大型仓储设施等应用物联网技术，鼓励货运车辆加装智能设备，加快数字化终端设备的普及应用，实现物流信息采集标准化、处理电子化、交互自动化。发展机械化、智能化立体仓库，加快普及"信息系统+货架、托盘、叉车"的仓库基本技术配置，推动平层仓库设施向立体化网格结构升级。 （4）鼓励和引导有条件的乡村建设智慧物流配送中心；鼓励各地为布局建设和推广应用智能快（邮）件箱提供场地等方面的便利
促进标准化单元化物流设施设备应用	鼓励应用智能化查验设备设施，推动口岸物流信息电子化，压缩整体通关时间，提高口岸物流服务效率，提升通道国际物流便利化水平

总体来看，现有的政策环境对智慧物流业态的发展极为有利，在物流降本增效、物流资源要素和运营的数字化以及物流技术智慧化等方面，这些政策正在引导和促进智慧物流转型发展。

二、经济环境

产业层面，在智慧物流产业政策的引导和智慧物流技术升级的共同推动下，近年来，我国智慧物流经济发展明显提速。在新冠疫情的影响下，无接触式物流、无人仓等智慧物流技术的应用，使得智慧物流经济处于高速增长阶段。

行业和企业层面，艾媒（iMedia Research）咨询数据显示，企业发展智慧物流的需求主要包括物流数据、物流云①、物流设备三大领域，预计到2025年，智慧物流行业市场规模将超过万亿元。随着物联网、人工智能等技术的不断发展，以及新零售、智能制造等领域对物流企业的更高要求，智慧物流市场规模将持续扩大。

总体来说，智慧物流发展的经济环境有如下特点。

第一，随着"互联网+"战略和数字化经济浪潮的不断推进，现代物流业正朝着物流4.0阶段迈进，在工业化、信息化以及城镇化建设的不断演进下，国内智慧物流市场需求进一步拓展，商品交换与流通愈加频繁，对物流降本增效的要求也越来越高，同时，供给侧结构的不断调整改革也要求物流产业进一步向智慧物流升级转型，这些均为智慧物流业态的发展提供了极佳的经济环境。

第二，以中国物流集团有限公司为代表的"国家队"，以及国内外机构、社会资本逐步进入智慧物流业态领域，同时，以人工智能、物联网、云计算、大数据等技术为核心的智慧物流模式不断创新，使得智慧物流产业成为新一轮的投资风向标，智慧物流逐步成为现代物流业新的发展方向。

第三，国家"一带一路"倡议、中欧班列、RCEP（区域全面经济伙伴关

---

① 一般认为物流云是基于 SaaS 的运输管理系统、仓储管理系统等物流环节协作功能的结合。

系协定）等开放式经济发展政策的实施，使得国际贸易更加频繁，对国际物流服务的需求不断增加，企业的物流订单处理能力、跨境运输能力及海外投递能力亟须提升。智慧物流显然是解决这一问题的重要手段之一，通过发展智慧物流逐步提升供应链物流服务的国际竞争力，已经成为中国物流集团有限公司、京东、顺丰等企业的共识，由此可见，智慧物流的发展有着极强的市场驱动力。

三、社会环境

（一）社会对智慧物流的认识提高

社会治理上，疫情期间"封闭式"管理下的社区治理模式，对智慧物流产业发展的影响是全局性的。在原有的物流流程下，物流的"最后一公里"卡在了社区"最后100米"，特别是对于抗疫一线的医疗人员、封闭小区的城市居民而言，几乎所有涉及安全的考量都集中在这一个关键环节。也就是在这样一种全新的形势下，"无接触物流"[①]迅速进入人们的视野。在收治新冠患者的定点医院，如在武汉火神山医院、雷神山医院，高度智能化的无人配送车大量投入使用。显然，这种无接触物流是智能物流的一个重要应用场景，也是智慧物流业态发展受到社会环境影响和催化的一个典型例子。

心理层面上，疫情防控期间带来了无接触物流用户习惯的养成，以及智慧物流设施设备投入的增加。疫情防控常态化以来，无接触物流服务的占比继续扩大，智能快递柜、物流机器人以及无人仓、无人机、无人驾驶物流车等相关产业进一步发展。无接触物流以全新的运营方式改变了物流业传统的运行状态，利用智能技术大大提高了物流运行的安全性，从各个关键环节展

---

① 一般认为无接触物流源自"无接触配送"形式，是2020年疫情防控期间兴起的一种物流模式。"无接触配送"是快递物流末端配送服务方式的一种表现形式。

示了数字化、智慧化的魅力，为智慧物流业态的发展奠定了良好的社会心理认同基础。

社会发展上，近年来我国对智慧交通运输、智慧物流园区、国家物流枢纽①等基础设施建设以及固定资产的投资力度持续增加，在这个利好大环境的促进之下，智慧物流建设发展迅速。同时，随着工业化、城镇化进程不断加快、人力成本的不断增加，制造企业的内陆迁移、无人工厂、黑灯车间的出现，产生了越来越大的无人物流、智能物流需求，为智慧物流业态的发展提供了良好的社会环境。

（二）社会对智慧产业仍处于观望阶段

1.无人化运营成本

国内第一个无人超市"缤果盒子"于2016年8月落地广东，美国电商巨头亚马逊也于同年12月在西雅图开设无人零售便利店Amazon Go，7个月后的中国杭州"淘宝造物节"，阿里巴巴的无人超市"淘咖啡"登场，使得无人零售迅速兴起。无人零售虽然省去了收银员这一人力成本，但是营销、补货、整理货架、清洁等工作仍需要人工操作，再加上无人技术成本高昂，使得无人超市的运营成本并不比传统的零售店低。而Amazon Go、淘咖啡在推出初期采用不计成本的方式进行试运营，但一直未进行大规模推广，主要也是因为无人化运营的成本过高。

除此之外，无人化运营下售卖的商品品类受到限制，目前无人便利店售卖的商品还是以饮料、零食、日用品、鲜食等快速消费品为主。但是，考虑到消费者不同时间段的不同购物需求，传统便利店会根据早、中、晚不同高

---

① 2020年3月12日，国家发展改革委与交通运输部联合印发通知，正式启动2020年国家物流枢纽建设工作。国家物流枢纽是集中实现货物集散、存储、分拨、转运等多种功能的物流设施群和物流活动组织中心，是物流体系的核心基础设施，是辐射区域更广、集聚效应更强、服务功能更优、运行效率更高的综合性物流枢纽，在全国物流网络中发挥关键节点、重要平台和骨干枢纽的作用。

峰时段在货架上摆放不同的商品，而无人便利店目前则只能选择陈列高度标准化的商品种类，无法实时根据需求提升消费者的购物体验。在智慧化转型进程中，企业如果不能做到以实际需求为核心追求价值提升，而是为了追求"智慧"而"智慧"，那么智慧化发展就难以持久。

2.数字化转型难点

从互联网1.0到互联网4.0时期①以至今日，企业在进行数字化转型的过程中面临各种由于技术、机制、管理上的不足而交织在一起形成的固有难点，主要有如下四个方面。

一是企业对"数字化"及"数字化转型"的界定和理解不清，对于企业而言，典型的问题之一是"数字化转型和信息化的区别是什么？是不是包括业务模型变革？"概念不清导致理解不一。

二是企业具体的数字化转型目标难以确定，传统实体经济发展方式下企业在制定运营目标时所需考虑的市场边界、功能边界相对固定，对自身能力和市场预期的认知也比较清晰。但在确定数字化转型发展目标时，企业对数字技术的能力和预期的认知则比较模糊。

三是数字化转型从技术、机制、管理上均可切入，由于切入点众多，企业要从哪个角度入手以及沿着什么路径推进则很难科学选择。企业数字化转型的机会点如图1-4所示，横向沿着企业价值链每个环节，纵向沿着不同技术，每个交叉单元格都可以是数字化转型的切入点。在有限的资源里，企业选择从哪个机会点切入数字化转型是难点。

---

① 一般认为互联网发展经历了若干个阶段，互联网1.0是单向传播，网站主要做信息发布工作，网民被动接受信息；互联网2.0是双向互动，网民和网站、网民与网民、网站和网站之间的信息可主动进行交流互动；互联网3.0是全方位互动，网民和网站在衣食住行等各个层面全方位紧密结合，网民以个人终端（手机）为中心点出发与整个网络世界进行信息互动；互联网4.0是共生网络(Symbiotic web)、大规模网络(Massive web)、同步网络(Simultaneously web)和智慧网络(Intelligent web)等特征的下一代互联网络。

内部管理	采购	生产	研发	营销	客户服务	业务1
社交媒体	线上交易			线上交易	线上互动	业务2
	供应链金融			数字营销	数字营销	业务3
	区块链			区块链		
大数据						
IoT						
人工智能						
移动应用						
云						

图 1-4　企业数字化转型的机会点

四是数字化转型的机制建设不足，数字化转型涉及企业几乎所有部门和业务，如何建立一套科学机制，包括选择切入点、发展方向、组织机构协同和业务分工、数字化转型业务开展等，都是企业进行数字化转型时的关键点和难点。

四、技术环境

产业层面上，大数据、物联网、云计算等作为智慧物流业态发展的底盘技术（见图1-5），越来越广泛地被应用于现代物流业，在整个智慧物流体系框架中起到关键的支撑作用。行业和企业层面上，无人仓、无人机、工业机器人等技术和装备在近几年来发展迅速，未来将进一步与物流行业结合，广泛应用在仓储、运输、配送等各个物流环节。

图 1-5　智慧物流发展的底盘技术

具体而言，智慧物流业态发展的技术环境主要有如下特点。

第一，随着底盘技术的不断普及，已经可以进入大范围推广与应用阶段，为智慧物流业态发展提供基础准备。如，从物联网的市场规模来看，根据中国物流与采购联合会的统计数据，我国物联网市场规模不断提升，在2010—2021年年均增长率在80%以上，其中物联网的基础组成设施RFID（Radio Frequency Identification，射频识别）技术的市场需求规模达到千亿元级别，占全球需求总量的30%，为第一市场大国。

第二，在新一代信息技术发展及产业融合方面不断突破。尤其是在5G通信协议、网络管理、智能计算等领域实现了技术突破。在信息产业发展方面，大量大型数据处理企业不断涌现，云计算、大数据等技术水平居世界前列，且这些技术正逐步融入物流产业，为智慧物流业态发展提供了必要的技术基础。

第三，企业的自动化、智能化水平不断提升，物流作业的自动化、智能化设备不断增加，自"十三五"以来，每年我国物流企业的自动化设备数量增长率保持在20%左右。目前，智慧物流技术与设备供应商，如德马泰克、音飞、精星、世仓等多家企业拥有自己的核心技术，可自主研发生产物流自动化、智能化设备，为智慧物流业态发展提供了必要的设备支持。

第三节　智慧物流业态发展定位

从上述政策、经济、社会、技术宏观环境来看，当前发展智慧物流基本得到了各方的认可，无论是国家政策和市场需求，还是社会认知和技术条件，智慧物流业态的发展雏形已初步显现。

一、发展特点

（一）从技术层面看，智慧物流底盘技术发展迅速

1.物流互联网逐步形成

随着移动互联网的快速发展，大量物流设施和设备通过传感器接入互联网。如我国的重载货车安装北斗定位装置当前已经普及，还有大量的托盘、集装箱、仓库、货物已经开始接入互联网。物流要素之间的连接呈快速增长趋势，以信息互联、设施互联、设备互联、运作互联带动物流互联，物流活动"在线化"奠定了智慧物流业态发展的基础。

2.物流大数据得到应用

物流活动"在线化"产生大量业务数据，使得物流大数据[①]从理念变为现实，数据驱动的商业模式推动物流产业智慧化变革。如菜鸟网络推出智能路由分单，实现包裹跟网点的匹配，准确率达98%以上，分拣效率提高50%以上。物流大数据服务对数据进行处理与分析，挖掘对企业运营管理有价值信息，从而进行智慧决策。典型应用场景包括以下5个方面。

（1）数据共享。实现物流数据互联互通，减少物流信息的重复采集，消除物流企业的"信息孤岛"，提高服务水平和效率。如供应链上下游各方共享货品、车辆等基础物流数据。

（2）销售预测。利用消费特征、历史销售等数据，对订单、促销、清仓等多种场景下的销量进行精准预测，为仓库商品备货及运营策略制定提供依据。

（3）网络规划。利用历史物流大数据、销量预测构建成本、时效、覆盖范围等多维度的运筹模型，对仓储、运输、配送网络进行优化布局。

---

① 物流大数据就是通过海量的物流数据，即运输、仓储、搬运装卸、包装及流通加工等物流环节中涉及的数据、信息等，挖掘出新的增值价值，通过大数据分析可以提高运输与配送效率，减少物流成本，更有效地满足客户服务要求。

（4）库存部署。在多级物流网络中科学部署库存，智能预测和补货，实现库存协同，加快库存周转。

（5）行业洞察。利用大数据技术，挖掘分析不同行业以及仓配、快递、城配等不同环节的物流运作特点及规律，形成最佳物流解决方案。

3.人工智能正在起步

以人工智能（Artificial Intelligence，AI）为代表的信息技术，通过赋能物流各环节、各领域，实现物流资源的智能配置。特别是在无人驾驶、无人仓、无人配送、物流机器人等人工智能应用的前沿领域，菜鸟、京东、苏宁等一批领先企业已经开始开展试验，典型场景包括以下3个方面。

（1）自动化设备。通过自动化立体库、自动分拣机、传输带、RGV（Rail Guided Vehicle，有轨穿梭小车）等设备，实现存取、拣选、搬运、分拣等环节的机械化、自动化。

（2）智能设备。通过自主控制技术，进行智能抓取、码放、搬运及自主导航等，使整个物流作业系统具有高度的柔性和扩展性，例如，物流机器人、AGV（Automated Guided Vehicle，自动导引运输车）、AMR（Automatic Mobile Robot，自主移动机器人）等。

（3）智能终端。使用5G技术的移动智能终端设备，物流人员的操作更高效便捷，人机交互协同作业更为人性化。

（二）从资源层面看，智慧物流注重资源整合和模式创新

1.物流云服务强化保障

物流云服务依托大数据和云计算能力整合、管理和调度资源，并为各个参与方按需提供信息系统及算法应用服务，是智慧物流业态发展的核心需求。物流运营"数据化"正成为智慧物流的重要基础。物流云服务的典型场景如下。

（1）统筹资源。整合社会仓库、车辆及配送人员等物流资源，通过车辆和货源匹配分析、仓库租赁需求分析、人力资源需求分析、融资需求趋势分

析和设备使用状态分析等，实现物流资源利用产生的效益最大化。

（2）SaaS（Software as a Service，软件即服务）化。将WMS（Warehousing Management System，仓储管理系统）、TMS（Transportation Management System，运输管理系统）、OMS（Order Management System，订单管理系统）等传统IT系统进行SaaS化，为企业提供系统服务和迭代升级。

（3）算法组件化。将运输/配送路径优化、装箱、配载/积载、车辆调度等算法组件化，为更多的企业提供单个或组合式的算法应用服务。

2.协同共享助推模式创新

"互联网+物流"是协同共享理念的体现，是智慧物流业态转型的基石。智慧物流的核心是"协同共享"，协同共享理念克服了传统社会的产权所有观念，通过分享使用权而不占有所有权，打破了传统企业边界，深化了企业分工协作，实现了存量资源的社会化转变和闲置资源的最大化利用。其典型场景如下。

（1）互联网+高效运输。通过信息平台进行货运供需信息的在线对接和实时共享，将分散的货运市场整合起来，改进了运输组织方式。

（2）互联网+智能仓储。应用智能仓储机器人完成货物的上架、拣选、打包、贴标签等操作，通过仓储信息的集成、挖掘、跟踪与共享，实现取货自动化、进出货无缝化和订单处理准确化。

（3）互联网+便捷配送。提供信息平台构建城市配送运力池，开展共同配送、众包配送、集中配送、智能配送等物流模式。

（4）互联网+智能终端。整合末端人力资源、服务网络和智能终端，进行资源的分布式布局和共享式利用，提升物流资源利用效率。

二、发展阶段

1.智慧物流起步阶段：互联网+物流

智慧物流业态的发展基石是"互联网+物流"。在"互联网+"环境下，信息化的时效性使得空间距离相对缩短，由此引发市场对线上线下物流资源整合和物流运营效率提升的强烈需求。随着物流活动由制造业驱动向电商服务业驱动转变，快递、零担类的物流在部分取代传统合同物流，并越来越倾向于小批量、多批次、高频率的物流作业，传统的粗放式物流运营模式越来越跟不上市场需求的步伐，针对服务内容同质化、恶性价格竞争、服务水平低下、遭遇客户投诉等问题，"互联网＋物流"模式应运而生，以它为载体，物流由自动化、智能化向数字化方向发展。

2.智慧物流发展阶段：物流数字化

智慧物流业态经由物流数字化发展而形成。在"互联网＋物流"融合发展的基础上，以物流数字化或信息化为特征的物流模式开始形成。一是定位在数字物流信息市场，以互联网为媒体建立的新型信息系统，它将客户企业或货主的物流需求信息及物流企业可调配的车辆、仓储等信息确认后，双方签订合同；从功能来看，数字物流信息的主要功能有三个，即信息查询、发布、竞标，附属功能有行业信息、货物保险、物流跟踪、路况信息、GPS等。二是定位在为专业物流企业提供供应链管理的数字化物流系统，利用数字化手段，尤其是利用互联网技术来完成物流全过程的协调、控制和管理，实现从网络前端到最终客户端的所有中间过程服务，最显著的特点是各种互联网信息技术与线上线下物流一体化服务的融合应用。

3.智慧物流形成阶段：智慧物流价值链

智慧物流业态的终极目标是形成智慧物流价值链。在线上线下物流数字化转型的基础上，经历信息化、网络化和数字化发展，智慧物流高度集成了物流资源，实现物流业务环节、物流管理环节及物流技术之间的无缝衔接，形成具有"降本增效"卓越绩效的智慧物流价值链。智慧物流作为物流商业模式的最高级形式，具有协同物流产业各环节发展的作用。一方面新技术与新管理模式结合与应用可以降低企业成本，实现物流企业经济效益最大化，另一方面也可以提升物流服务质量，满足客户的多元化需求，在同一时间内满足不同主体的目标。

第四节　国内外研究现状

国内外对智慧物流的研究主要集中于智慧物流的应用领域，如智慧交通、智慧城市等。在当前智慧物流理论研究与发展应用领域，社会、政府及企业更多关注技术层面，但是"数据烟囱""信息孤岛"和"过度智慧"等问题表明，不是一切物流活动都应该被智慧化、数字化，而是那些符合智慧化、数字化特征，具有智慧化、数字化价值的物流环节、物流流程、物流领域，才具备发展智慧物流的可行性，智慧物流更应该是一种价值模式的体现，将整个物流价值链[①]上的价值环节用数字化、智能化技术进行联结。因此，目前与本研究内容相关的理论研究主要涉及智慧物流、数字化转型及物流价值链等方面。

一、智慧物流方面

研究主要集中在智慧产业及发展政策、智慧物流技术与运营、智慧物流平台（系统）等方面，如何黎明提出智慧产业推动信息化与工业化深度融合，推进产业结构优化升级，是建设智慧城市的重要内容；李立望基于价值共创理论，提出以智能技术为支撑的智慧物流生态体系的价值主张、基于强化平台竞争的资源整合能力营造良性物流生态体系的价值实现，并对智慧物流的生态体系协同机制进行剖析；Woschank et al.针对制造业物流的领域探讨了智慧物流系统集成的潜力，提出制造企业使用智慧物流系统的框架，等等。这

---

① 物流价值链目前尚无统一定义，周兴建曾在博士学位论文《基于价值工程物流价值链优化》中对物流价值链进行过详细论述。

些文献主要关注智慧物流的作用、意义及发展趋势等应用领域，而对智慧物流发展机制与规律的理论研究则比较分散，主要为相关理念提出、思维变革等层面。

1.智慧物流发展理论及相关研究

（1）智慧产业及发展政策方面的相关研究。如于博等构建了基于物联网的智慧物流服务体系，并据此给出我国物流企业升级改造的优化措施方案；黄晓野等从商业生态系统的角度，认为发展智慧产业是推动信息化与工业化深度融合的重要举措，是推进中国产业结构优化升级的重要途径，也是建设智慧城市的重要内容；金江军阐述了智慧产业的基本内涵，介绍了智能制造、智慧制造、知识经济等智慧产业的相关概念，论述了物联网、云计算、移动互联网、大数据等智慧产业的技术基础，等等。

（2）智慧物流技术与运营方面的研究。如 Butala et al. 提出了一个可持续发展物流的网络模型，促进区域物流信息资源共享及风险分担，以共同应对商业机遇和取得整体效应；李佳借助大数据、云计算等技术，构建一种智慧型物流发展模式，以促进物流信息共享、资源协同化利用及供应链的一体化发展；邹筱等重点分析了冷链智慧物流中配送中心选址的影响因素，通过AHP和EM算法确定配送中心建设中的环境因素、社会影响、经济因素及自然因素等众多因子的权重，根据选址模型评价冷链物流配送中心的选址决策，等等。

（3）智慧物流发展战略方面的研究。如吴萍提出了智慧物流发展需要企业间的战略合作与协同创新，借助"互联网＋"的高效服务创新运营模式进行供应链管理优化，同时智能化与物联网是智慧物流发展的必然趋势，主要通过可视化信息技术、智能机器人运营、车辆调度与货物溯源等方面的物联网化路径实现；伍宁杰认为智慧物流对完善物流产业链、实现物流产业优化升级具有重要意义，等等。

（4）智慧物流平台方面的研究。研究主要集中于对智慧物流平台的设计、功能，以及对商业模式的定义和构成要素等方面。如李佳认为智慧物流平台是基于大数据、云计算等现代信息技术，由供给、需求、监管系统构成的平台；张方风等认为智慧物流平台分为云平台层、云应用层和云管理层三个层次；邢大宁利用双边市场理论阐述了智慧物流平台的激励机制和定价机制；何新华等从智慧物流平台的参与主体方面着手分析了政府、企业和平台之间通过协调以达成最优的区域性智慧物流平台，等等。

2.智慧物流发展模式及相关研究

（1）物流企业发展模式方面。企业的发展模式是指在一定地区、一定历史条件下，具有特色的企业发展规划，也就是对特定时间和空间下企业发展特点的概括。当前由于电商带动了物流市场的空前扩大，物流企业正在经历前所未有的考验。因此，越来越多的学者开始探究互联网背景下物流企业的发展模式问题。如吴晗等研究了"互联网+"背景下物流企业的转型发展，提出了物流企业网络化发展的概念；李素雯研究了信息时代物流企业网络化发展模式；王萍萍研究了电子商务环境下现代物流的发展模式；夏禹等研究了信息不对称视角下中小物流企业的发展模式。也有研究探索了智慧物流发展模式问题，如杨丽华做了基于物联网技术的智慧物流发展模式研究；刘伟华提出了我国企业发展智慧物流的三种发展模式，并提出智慧物流的兴起成为解决未来物流业痛点的重要方式，可以真正促进物流业降本增效，等等。

（2）物流企业发展路径方面。企业的发展路径是指企业在完成某个目标或向某个方向发展的过程中的发展经历、发展方式，以及今后的发展道路、发展趋势，它是对企业过去发展过程的总结和对今后发展的展望。在这一领域，蒋冉冉进行了"互联网+"背景下物流业发展转型路径研究；葛青在"互联网+"视角下研究了企业物流创新发展的路径；林君暖提出了电子商务环境下物流管理创新发展路径；张晓芹研究了面向新零售的即时物流发展路径；蔡娜娟提出了物联网背景下物流企业网络化三步发展路径；刘佳佳认为智慧物流是最能代表物联网的一个体系，智慧物流能够直接或间接地对物联网产生需求；吴萍研究了"互联网+"背景下智慧物流发展的路径；马强认为智慧物流背景下现代物流业的发展路径有四个步骤；王继祥从技术发展角度总结了发展智慧物流的路径，等等。

二、数字化转型方面

数字化正在影响企业的内外部环境，数字化转型逐渐成为传统企业的核心战略方向，学界也开始探讨传统战略管理理论对数字化转型的适用与指导。现有关于数字化转型的研究内容主要集中在数字化转型的内涵特征、影响因素、机制、战略等方面，如李晓华认为数字经济具有颠覆性创新不断涌现、平台经济与超速成长、网络效应与"赢家通吃""蒲公英效应"与生态竞争等新特征，这些新特征蕴含着数字化转型的形成和发展机制；肖旭等（2019）认为产业数字化转型的价值维度体现在驱动产业效率提升、推动产业跨界融合、重构产业组织的竞争模式以及赋能产业升级四个方面，并分析了数字化转型重构产业组织的竞争模式；Alnuaimi et al. 认为数字化转型是通过数字技术整合特定资源和能力并将其重新配置为企业核心竞争力。这些文献主要集中于界定概念、阐述思想和提供典型案例佐证方面，对数字化转型的模式和路径，以及数字化转型的典型模式和整合性的理论框架研究较少。

1.数字化转型的内涵、作用、意义

如马赛等认为数字化转型是一个从管理到运营、从生产到销售、从领导到员工，涉及信息化、人力资源、业务模式以及经营模式等创新的、综合的、全方位的转型过程；Gemini认为数字化转型是以技术为主导，利用数字技术从根本上提高企业的绩效，且数字技术的运用可以消除行业内层级之间的数据壁垒，促进运行效率，构建全新的数字经济体系。

2.数字化转型的模式与影响因素

如邢纪红等基于理论梳理和经验总结，提出企业实现"互联网+"商业模式创新的三种主要路径——产出智能化、活动网络化、打造智能O2O（线上线下）平台和大数据系统；吴群认为，用数字技术改造传统企业，需要使信息数字技术渗透企业生产制造、销售物流和产品创新等环节，让数字技术更好地为制造业的转型升级服务。

3.数字化转型的实现机制

如Liu et al.整合了资源基础观和战略适配观，提出了企业数字化转型的资源适配理论框架，认为企业数字化转型成功的前因变量是内外部资源和内外部能力，外部能力对于实现成功的数字化转型至关重要；Christopher认为，企业的内部能力也可以定义为通过数字技术整合特定资源和能力，并以相对快速和灵活的方式将其重新配置为企业核心竞争力，影响组织适应环境变化。

4.数字化战略管理

如陈冬梅等总结了数字化对现有战略管理理论的挑战，从理论性和应用性角度讨论了数字化拓展战略管理理论的可能性，并展望了未来可能的研究方向，为开展基于数字化情境的战略管理研究提供借鉴。此外，在大数据背景下的企业管理与决策领域，如韩丽华等通过研究数据科学与信息资源管理的相关性，并对应用场景进行分析，总结出三种信息资源管理创新模式，即"物联网＋大数据"创新模式、"数据挖掘技术＋信息资源"融合模式以及"技术框架＋用户核心"的信息服务模式，为企业数字化转型中信息资源的管理提供可借鉴的模式框架；陈国青等讨论了管理决策研究以及应用范式转变，结合大数据特征和重要研究方向的要素矩阵，阐述了全景式PAGE框架，刻画了大数据驱动的管理决策框架等。

三、物流价值链方面

物流价值链是价值链理论（Porter）引入物流领域而形成的概念，是价值链理论的分支之一，目前相关研究主要有物流环节价值、价值链分析和物流价值链优化等方面。

1.物流环节价值方面的研究

这方面的研究最早由国外学者开展，如Torsten分析了生产流程中物流环节各个部分的增值情况，通过运用量化模型将各个环节统一界定，区分价值创造。相较于国外学者的理论研究，我国学者也对物流环节价值增值做过一定的探索，如潘小勇通过将价值链体系引入企业的整个供应链，指出了集成的供应链中物流环节价值增值的部分，等等。

2.物流价值链分析方面的研究

如刘伟华是站在全球化的视角下对物流价值链进行分析和探讨，通过对仓储、分包、运输等物流环节的研究，提出物流企业应该用发展的眼光看待物流价值链的提升；党国英等是从价值链的评价角度分析企业逆向物流各个环节的价值增值情况，指出价值链是一系列连续的工作，成本产生于逆向物流的各个环节，对于各种资源的消耗，企业可以经过分析和研究，识别出价值增值和价值损耗环节，进而做出加强或减弱的决策；王亮明通过对物流价值链上下游的满意度调查，提出物流的某些环节中可能存在的缺陷，并在此基础上提出改进物流企业价值链；李慧建主要从顾客满意的角度来评价物流环节的增值，通过给予顾客让渡价值，对企业物流进行分析，最终提出可以通过满足客户需求来提高顾客满意度，等等。

3.物流价值链优化方面的研究

如周兴建通过对物流价值链的研究，将价值工程引入物流价值链，并对物流的各个环节进行分解，对物流价值链进行优化，最后构建了新的物流价值链；王瑶对企业物流环节的成本费用进行了详尽的分析，其中包括包装费用、运输费用、保管费用、装卸费用和加工费用，通过比较分析得出每个环节的价值增值贡献程度与其成本支出的比例，进而指出企业需在哪些环节加强；王姝等对供应链管理下的物流成本进行了研究，将供应链下的物流成本分为广义和狭义两部分，指出了物流环节中成本消耗最大以及贡献最多的部分，并据此提出改进意见，等等。

第五节 研究述评

一、智慧物流及相关研究

目前较多文献主要关注智慧物流的作用、意义及发展趋势等应用领域，多为从产业政策层面、产业发展战略层面或产业技术层面等展开的应用研究，着重于描述互联网环境下企业在某种技术上的应用，这些应用性的研究大多只适合某一特定企业；同时，基于智慧物流应用中的问题而展开对其本质认识的理论研究比较分散，主要为相关概念的提出、推广和普及，重点针对物流行业及企业的发展变革等思维意识层面，处于理论研究的初级阶段。此外，现有文献对发展智慧物流业态的模式和路径研究较少。

总体而言，目前关于智慧物流的研究主要集中在物流过程的信息化建设方面，缺少针对智慧物流发展战略和策略层面的设计，以及"由上而下"的整体规划研究。数字化、智能化新兴信息技术深度渗透物流过程，带来物流价值链结构的变化。传统的以单个企业为主体的、基于信息技术的物流系统，正不断向一个多价值网络（技术、经济、社会以及产业、行业、企业等）融合的智慧物流系统演变。作为一个全新的物流价值形态，智慧物流具有传统物流系统不一样的特征，它的发展值得进一步深入剖析、探索。

二、数字化转型及相关研究

现有研究主要集中于界定概念、阐述思想和提供典型案例佐证，对数字化转型的模式和路径研究还相对不足，没有归纳出企业数字化转型的典型模式和整合性的理论框架，无法为企业数字化转型提供可借鉴的理论依据。与物流数字化转型相关的物流信息化方面，虽然对策略、模式有较为深入的探讨，但着重从技术的角度进行，对企业管理层面上的转型路径、方法等研究较为缺乏。

三、研究趋势与方向

综上所述，尽管智慧物流发展及数字化转型得到业界和学术界的普遍关注，然而现有研究主要从技术层面展开，从资源配置和价值创造的策略与战略层面展开的相关研究较少。基于智慧物流产生的新业务流程、商业模式、管理实践究竟对产业、区域、企业的发展会产生怎样的影响？数字化转型对智慧物流的发展有何作用？智慧物流的发展有哪些一般规律和可行模式？原有的物流体系如何借助数字化转型形成智慧物流体系？这些都是目前研究亟待解决的问题，尤其需要理论和实证研究的支持。为此，将智慧物流视作产业、区域和企业的发展战略，从资源层面和价值层面对智慧物流业态进行全面和深入的剖析，是又一个值得研究的方向。

结合现有关于物流价值链理论研究的相关成果，考虑到价值链理论对产业、行业及企业战略行为的重要指导作用，智慧物流价值链是智慧物流发展的原动力，因此，本书从价值链[①]的视角，以物流数字化为智慧物流业态转型发展的基础，深入研究智慧物流业态发展机制、路径及战略等一系列问题。

第六节　术语说明

为避免混淆，特对本书中出现的术语名称进行说明。

---

① 价值链概念首先由迈克尔·波特（Michael E.Porter）于 1985 年在其著作《竞争优势》中提出。

一、智慧物流与"互联网+物流"

"互联网+物流"概念提出前的传统物流或实体物流，称为线下物流（Offline logistics），"互联网+物流"则为线上线下相结合的物流形态（Internet + logistics 或 On/offline logistics）。智慧物流是"互联网+物流"经过数字化转型发展到高级阶段的产物，即"互联网+物流"是智慧物流发展的基础，数字化物流是智慧物流的发展过程。

其中，智慧物流活动（Logistics activity）由若干个"物流环节"（Logistics parts/links）（即组成物流系统的功能要素）组成，物流环节分为企业内物流环节和企业间物流环节。企业内物流环节是指第三方物流企业为客户提供相应的物流服务；企业间物流环节是指第四方物流企业在为客户提供物流整体解决方案的过程中需要组织和整合的环节。智慧物流服务（Logistics service）的表征为"物流功能"（Logistics functions）的实现，是智慧物流活动的集合；智慧物流活动是物流环节的集合；智慧物流价值链是智慧物流活动中各个具有物流价值的物流环节组成的网链。文中各个概念之间的关系如图1-6所示。

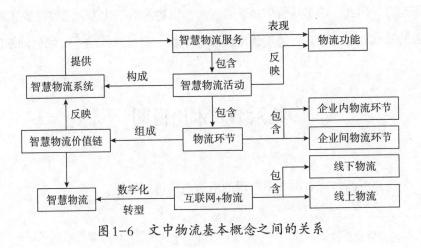

图1-6　文中物流基本概念之间的关系

二、智能物流与数字物流

智能物流（Intelligent logistics，Smart logistics）是利用集成智能化技术，使物流系统能模仿人的智能，具有思维、感知、学习、推理判断和自行解决物流中某些问题的能力。智能物流是物流系统向智慧物流进化的重要阶段，但是智能物流不等于智慧物流，智能物流的能力聚焦于"知晓"，聚焦于系统的感知、分析、判断、执行形成的闭环，重点体现的还是执行的能力，系统只知其然，不知其所以然，还不具备智慧能力。智能物流的进化重点主要是执行能力与感知能力，执行能力体现的是智能硬件与智能软件的系统集成。感知能力是指物联网技术的全面感知能力。

数字物流（Digital logistics）是运用数字化手段实现物流运作的过程，包含运输、仓储、配送等物流活动和物流服务的数字化。通过对物流流程实现数字化，从企业战略层面重构物流价值链，使线上线下物流资源得到充分利用、成本有效降低和运行效率提升。数字物流是物流系统的数字化，包括物流作业对象"物品"的数字化、作业流程的数字化和物流系统技术装备等硬件的数字化；数字物流体现的是智慧物流"软"的一面，是智慧物流的虚体，是物流大脑的本质特征。数字物流是智慧物流的一部分，智慧物流包括数字物流。

三、智慧供应链与数字供应链

智慧供应链（Intelligent supply chain）是以物流互联网和物流大数据为依托，以增强客户价值为导向，通过协同共享、创新模式和人工智能先进技术，实现产品设计、采购、生产、销售、服务等全过程高效协同的组织形态。因此可以认为，智慧物流是智慧供应链形成的基础。

数字供应链（Digital supply chain）目前尚无统一的定义，但一般而言，数字供应链具有四项属性：①连接。连接是实现数字供应链的基础，借助各种数字化技术，企业享有更高的能见度、更出色的掌控力及更为充分的互动。②智能。企业通过互联获得更多供应链数据，如何让这些数据有价值，关键就是要充分利用认知及人工智能等技术进行数据分析，为企业决策提供支持。③灵活。数字技术使供应链具备了更高的互联与智能水平，企业可以通过配置，更灵活地满足市场环境的变化。④迅捷。供应链合作伙伴的加入可以实现"即插即用"，这样可以更快速地参与供应链的协同。数字供应链管理（Digital supply chain management）是指基于收集的大数据，利用人工智能的算法指导供应链预测、计划、执行、决策等活动。数字供应链发展的最终目标是形成智慧供应链，与此同时，数字供应链也是智慧物流发展的基础。

【本章小结】

在数字化浪潮和智慧化转型的新发展格局下，智慧物流就是在"互联网＋物流"融合发展的基础上，通过充分的数字化转型形成的一种新型线上线下一体化物流业态。智慧物流是数字化驱动下的物流技术、物流资源和物流价值的体现。智慧物流通过对物流资源的社会化转变和闲置资源的最大化利用，实现物流业的根本价值——全社会范围内的"降本增效"。因此，应该将智慧物流视作产业、区域和企业的发展战略，除了从数字化进程的技术层面，更应该从资源层面和价值层面，基于价值链数字化管理的角度，对智慧物流业态进行全面和深入的剖析。现有关于智慧物流的应用研究较为集中而理论研究较为分散，缺少基本原理与一般规律性的理论基础研究。考虑到价值链理论对战略行为的重要指导作用，智慧物流价值链是智慧物流发展的原动力，因此，本章提出从价值链的视角，以物流数字化为智慧物流业态转型发展的基础，深入研究智慧物流业态发展机制、路径及战略等一系列问题。

第二章　价值链的数字化转型

数字化转型正逐渐成为全球经济增长的新动能，世界主要国家纷纷在数字技术研发、数据开发与应用、数据风险与安全、技术人才培养等方面加快布局。我国的数字经济近年来发展迅猛[①]，国家从战略层面提出产业数字化发展和数字产业化发展[②]，大力促进企业数字化转型。无论是产业数字化还是数字产业化，两者的本质均涉及企业价值链的数字化转型。

第一节　数字经济与数字化转型

数字经济下，数字化被认为是信息处理的一场革命，数字化转型通过开发数字化技术及其支持能力，构建了一个富有活力的创新发展模式，进而推动数字经济发展。数字化转型是建立在数字化转换、数字化升级基础上，进一步触及核心业务，以新建一种价值模式为目标的高层次转型。数字化转型

---

① 国家互联网信息办公室发布的《数字中国发展报告（2020年）》显示，我国数字经济总量跃居世界第二，成为引领全球数字经济创新的重要策源地。

② 2016年，G20杭州峰会提出数字经济发展与合作的倡议；2017年，"数字经济"被写入党的十九大报告；2018年，习近平总书记在全国网络安全和信息化工作会议上指出"要发展数字经济，加快推动数字产业化"；2020年，习近平总书记在浙江考察时再次强调"要抓住产业数字化、数字产业化赋予的机遇"。

主要有以下方面的转变。

技术层面：数字技术尤其是新一代信息技术的应用，如大数据、机器学习、人工智能、物联网、区块链等一系列技术，实现"云计算"这一重要基础设施，为数字化转型和数字经济发展提供强有力的支持。

资源层面：组织结构上，打破业务与信息技术的传统边界和"鸿沟"，建立新的数字化组织作为数字化转型的"推动者"，实现"整合创新"，重构业务组合、协作模式和管理水平；运营管理上，以推动核心业务数字化转型为目标，开辟端到端①数据流；外部合作上，从控制和拥有物质资源（股权、资本、技术和市场）到共享"数字"和创造"数字生态"。

价值层面：发展理念上，数字化转型的本质是以客户需求为"龙头"，从外部需求"迫使"内部变革。因此，产业、行业和企业发展的价值观和战略方向应该从能力驱动转变为数据驱动，从经验判断转变为"数据为王"和"智慧决策"。

一、数字产业：数字化经济

（一）数字化与数字经济

数字化及数字经济作为引领世界发展的新常态，由基于"互联网+"的数字产业化阶段向基于智慧化的产业数字化阶段发展。数字产业化是推动数字相关产业的优化升级，产业数字化是对产业链上下游全要素进行数字化改造，即通过技术和经济的深度融合，以数字技术促进实体经济发展。产业数字化在我国催生了许多新产业、新业态和新模式，如以智能网联汽车、智能无人机、智能机器人等为代表的制造业融合新业态，以及以共享经济、平台经济以及智慧物流为代表的服务业融合新业态等。

---

① 端到端是指业务流程从起点到终点两端的全流程，数据从用户设备中来，经过处理后，可以再到用户中去，即服务于客户。

（二）数字经济的运行特点

1.数字经济运行效率

在新一代信息技术的支撑下，产业价值链上生产、流通、物流等环节经历着数字化的深刻变革，智能制造、数字贸易、数字金融、智慧物流等新业态不断涌现。这些新业态的出现带来的是与传统业态大相径庭的组织模式和运作模式。如组织结构趋向扁平化、信息不对称大大降低、物品送达的时效性和精准性提高、生产者与消费者可直接联系、中间商存在的必要性大大弱化、有效降低交易成本等。

2.数字经济创新速度

数字经济的信息技术含量和信息价值更高，而信息技术的一大特点就是迭代更新速度很快，从而带来信息价值的不断更新。如IT领域普遍存在"摩尔定律"（Moore's Law）现象，存储器、芯片等的处理能力每18个月就会翻一番，IT革命带来商业模式价值创新，推动经济运行模式快速变化。与"摩尔定律"相对应的"达维多定律"（Davidow's Law）[1]提出，企业必须不断更新产品和服务，要在市场上占据主导地位，必须第一个开发出新产品和服务，被动地以第二或第三家企业的身份将新产品和新服务推进市场，获得的收益将远不如第一家企业。因为尽管第一代产品不够完善，却也能够自动获得足够大的市场份额。企业要实现这一目标，前提是在技术上和价值创新上保持领先，数字经济在这方面具有明显优势。

3.数字经济辐射半径

数字技术突破了区域在物理空间上的限制，信息传输、经济往来可以在更短时间内进行，经济交往中的沟通、交易、物流等成本大幅降低，辐射范围更广，能够突破原有经济交往半径，实现更大范围的跨区域交易。也就是说，数

---

① 达维多定律是由曾担任英特尔公司高级行销主管和副总裁的威廉·H.达维多（William H. Davidow）提出并以其名字命名的。

字经济以更加快速的渗透能力，把各行各业融合得更彻底，各行各业的经营半径互相渗透甚至叠加，使得数字经济和传统经济都展现出更为强大的生机和活力。

4.数字经济规模效应

根据"梅特卡夫定律"（Metcalfe's Law）[1]，一个网络的价值等于该网络内的节点数的平方。数字化的信息资源的奇特性在于，它不仅可以被无损耗地消费，而且信息的消费过程可能同时就是信息生产的过程，它所包含的知识或感受在消费者那里催生出更多的知识或感受，即需求创造了新的需求。消费的人越多，产生的信息资源总量就越大。因此，数字经济网络上的节点越多，其规模经济的"增值"效应就越明显，网络产生和带来的效益随着网络用户的增加呈指数级增长。

二、数字行业：数字化与信息化

数字化并不是将以往的信息化推倒重来，而是需要整合优化行业资源，在整合优化的基础上提升管理和运营水平，用新的技术手段提升新的技术能力和价值创新能力，以支撑数字化转型变化带来的新要求。

1.从应用的范围看

信息化主要是单个部门的应用，很少有跨部门的整合与集成，其价值主要体现在效率提升方面；而数字化则是对企业整个业务流程进行数字化的打通，破除部门"墙"、数据"墙"，实现跨部门的系统互通、数据互联，全面进行数据融合，为决策提供精准洞察。

2.从连接的角度看

信息系统最大的问题是没有建立连接，特别是没有建立与消费者的连接，

---

① 梅特卡夫定律由乔治·吉尔德于1993年提出，但是以3Com公司的创始人、计算机网络先驱罗伯特·梅特卡夫的姓氏命名的。

导致企业面对外部环境时的运行效率低下，响应环境变化的能力差。数字化环境下企业依托互联网构建平台，而移动互联网则把消费者连接在一起，消费者可以通过移动互联网与企业实时交互，这就要求企业的运营过程、业务流程要数字化，设备、产品/服务、资源、决策体系都要数字化。连接在改变企业效率、降低运行成本方面发挥着重大价值，在连接的环境下产生去中间化的效果，并重构新的商业模式。

3.从数据的角度看

信息化中的很多数据分散在不同的系统里，没有真正发挥出数据的价值。一方面，数字化把"数据"看作"资源"和"资产"，随着大数据技术的发展，数据的价值得到了充分的体现；另一方面，数字化也促进了各种资源的数据化进程，包括物联网的发展也在一定程度上为数字化整合了更多的资源。

4.从思维方式上看

信息化从构建之初所体现的思想就是一种管理思维。企业建立信息化管理的主要指导思想就是通过这一套管理工具，把企业的各个环节、涉及进销存、涉及相关岗位的运营权流程都管起来，这种在管理者思维环境下设计的信息系统，没有从用户角度来考虑问题。而数字化的核心是要基于用户来改善经营效率，也就是数字化转型的过程是要有效提升包括用户在内的各个供应链节点的效率，特别是关注企业与消费者的连接。

5.从企业战略上看

信息化时代是通过满足客户需求体现企业比较优势，而数字化时代则是以客户为中心，通过供应链节点间的互动去创造更大的客户价值和获取更宽广的生长空间。

三、数字企业：数字化转型

数字化转型是利用数字化技术来推动企业组织转变业务模式、组织架构、企业文化等的变革措施。数字化转型旨在利用新一代信息技术为组织构想、设计和交付创新的、差异化的价值。

采取数字化转型的企业，一般都会去追寻新的收入来源、新的产品和服务、新的商业模式，因此，数字化转型是技术与商业模式的深度融合，数字化转型的最终结果是商业模式的变革。这也表明，只有企业对其业务进行系统性、彻底的（或重大和完全的）重新定义——不仅是IT建设，而且是对组织活动、流程、业务模式和员工能力的方方面面进行重新界定（见图2-1）的时候，数字化转型才会得以实现。

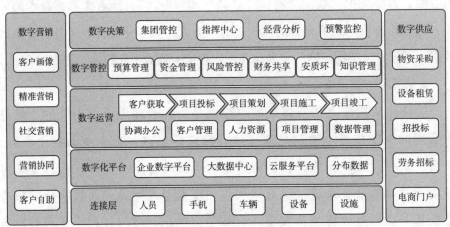

图2-1　企业全面数字化运营管理体系

第二节　全球物流价值链数字化转型

在数字经济发展和数字化转型推动下，全球经济活动组织模式的数字化变革正在加速演进，从研发、制造直至最终消费等价值链不同环节的数字化水平不断提高，全球物流价值链（Global logistics value chain）数字化转型呈现出以下几方面特点。

1.技术层面：技术垄断被强化

以互联网为主导的新一代信息技术本质上属于分层技术。人工智能、智能制造等应用技术都是基于数字化底盘技术来实现的，这就为拥有底层技术的国家创造了更大的垄断性的技术空间。新一代技术相对于传统技术而言，迭代更新的周期更短，而且一旦更新，尤其是底层技术实现升级，就意味着上一代技术和相关的应用都可能被替代甚至退出市场，技术相对落后的国家已很难如传统工业化时期那样，通过引进发达国家相对成熟的技术进行适应性改进和创新来实现本国的技术升级和追赶。

2.资源层面：功能分工碎片化

全球价值链分工的数字化直接表现为不同功能的模块化和标准化，这就为分布于不同地理空间的功能实现互联创造了更有利的条件，也在一定程度上降低了中低端分工环节在地理空间上的迁移成本。全球物流价值链的主导者可以在更大的空间范围内细化整个价值链的功能分工，实现成本更低、收益更高的分工组合，不仅导致企业间的横向竞争加剧，也会使价值链垂直分工企业之间的竞争加剧，增值收益进一步流向全球价值链中具有垄断地位的主导企业。

3.价值层面：网络化集聚效应

全球物流价值链数字化最具变革性的影响之一是"服务"的数字化，即传统上不可贸易或者具有地域属性的"服务"转变成几乎不受地理区位限制的可贸易产品。电子商务、线上支付、数字化平台等新的商业模式进一步强化了高收入国家和全球领先企业的先发优势。同时，由于在数字技术的价值链中，要素和产品的价格形成机制发生变化，领先企业利用自身网络垄断的数据资源以及人工智能等技术，进行更精准的定价，并在全球范围内进行市场需求与生产地的优化匹配，能在事实上控制全球物流价值链的定价权。

第三节　数字化优先价值链管理

全球物流价值链数字化转型不仅掀起了一场技术革命，也引发商业逻辑和商业模式的革命。

一、数字化优先价值模型

在数字经济驱动下，出现了多样化和云端化的全新工作模式，数字化生产线成为常态，企业组织边界被打破，工作任务和企业组织正在分离，平台性和开放性日益成为组织的主要特征。旧的基于有形物质商品的生产方式及商务规则正在逐步退出历史舞台，新的基于无形数字商品的生产方式及商务规则正在主导商业世界。

数字化商品生产线是无形的，生产出来的信息商品边际成本为零，没有时空概念，完成过程可以随时反馈优化，甚至可以并行进行，客户通过网络参与使用体验，实现价值共创，而无须在购买获得所有权之后再体验。可见，数字化提供了一种前所未有的新型企业价值链模式。数字化能力已经成为数字经济时代企业获得竞争优势的源泉。

在美国波士顿举办的AOM（美国管理学会）2019年年会"Digital 'X'：In Need of New Theories or Do Prior Theories Suffice?"（数字化"未来"：需要新的理论还是旧理论依然管用？）的专题研讨会中，Youngjin Yoo提出了数字化优先价值模型（Digital First Value Creation Model），数字化优先价值创造过程如图2-2所示。

数字化优先价值模型中，数字化工件（Digital Artifacts，如数据和软件等）

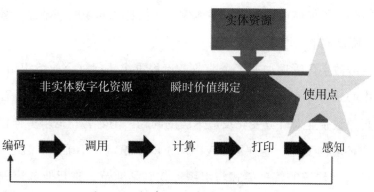

图2-2　数字化优先价值创造过程

没有实体的形态，但可以高效低成本地与其他数字化工件、物质的实体工件快速连接，并创造价值。数字化工件能发挥这一作用归因于两个特质，一是无实体，二是可计算。有效组织的数字化工件为企业构建了支持大规模价值创造的数字化平台，该平台将企业分散的实体资源与非实体资源调动起来，运用3D打印技术，在最为靠近用户使用场景的时点让用户先行体验，并反馈信息进行第二次价值创造迭代，从而在大规模的实体产品生产之前通过数字化手段优化了价值链的可能环节，确保实体化价值链过程可以获得期望的价值回报。

二、价值链数字化管理

在数字化优先价值模型下，价值链的数字化管理表面上是一种新型信息管理系统，实质上是一场对产业、行业、企业现有组织结构、管理观念、管理方式等管理系统的变革，它可以对价值链上所有环节，如订单、采购、库存、计划、制造、运输、分销等进行数字化管理。

价值链数字化管理有助于信息流通，信息不仅起辅助支撑作用，而且通过聚合、组织、选择、合成和分配产生新的价值。在企业价值链中，可在三个方面通过数字化管理利用信息增加价值：一是可视化管理，二是反应能力，三是建立新型客户关系。实体经济时代，价值体现在物质产品的增值中；数字经济时代，价值增值则越来越多地建立在信息和知识的基础上，数字化管理有利于降低成本，增强竞争力。

价值链数字化管理加速了企业业务流程重组，促进企业组织结构优化。传统的中心式（即直线型、Tall型）组织结构层次多、机构臃肿，存在信息传递失真导致企业对外界变化反应迟缓的问题。随着客户需求多样化、个性化及社会环境的变化，企业面临VUCA（即不稳定、不确定、复杂、模糊）的市场环境，传统的管理模式与组织形式必须变革，进行业务流程再造和组织结构重建，被精准、敏捷、具有创新精神的扁平化（即水平型、Flat型）动态网络结构取代。在扁平化结构中，企业内部数字化管理系统将取代大部分中层管理部门的大量职能，极大地增强企业内部沟通与交流。企业管理方式从中心式控制型转为分布式参与型，实现充分授权与集权的有机结合。

未来，智慧化将是数字化转型的终极阶段，在人、技术、管理之间，在智慧型价值链中自由交互，并逐步走向共生、共赢和共创。

【本章小结】

数字经济具有更高的运行效率、更快的创新速度，具有更广的辐射半径和具有更强的规模效应。数字化并不是将以往的信息化推倒重来，而是需要整合优化现有资源、提升管理和运营水平。数字化转型是利用数字化技术来推动企业组织转变业务模式、组织架构、企业文化等的变革措施。数字化转型旨在利用新一代信息技术为组织构想、设计和交付创新的、差异化的价值。在数字经济发展和数字化转型推动下，全球经济活动组织模式的数字化变革正在加速演进，表现为：技术层面，技术垄断优势在价值链数字化转型中被强化；区域层面，全球价值链的数字化导致区域间功能分工碎片化；产业层面，全球价值链数字化网络集聚效应促使分配机制发生变化。全球价值链数字化转型表明，数字化提供了一种前所未有的新型企业价值链模式，数字化能力已经成为数字经济时代企业获得竞争优势的源泉。数字化优先价值模型表明数字化手段优化了价值链的可能环节，确保实体化价值链过程可以获得期望的价值回报。因此，价值链的数字化管理实质上是一场对产业、行业和企业在管理系统上的变革。

上篇 智慧物流发展机制：
基于物流数字化价值层面

在现有对智慧物流的界定主要从技术层面研究的基础上，提出智慧物流的发展是一个从数字化价值创造与数字化资源配置的层面，进行物流价值链数字化管理，并最终实现"降本增效"的过程。智慧物流的发展机制是从数字化价值创造层面，以"降本增效"为根本目标，寻求物流活动的数字化投入与产出比即智慧物流价值最大化，并形成智慧物流价值链体系，即借助数字化技术实时、高效地整合物流资源，根据市场和客户需求尽可能地创造价值。数字化物流价值链本质上是一个投入产出过程，其产出是物流数字化创造的总体物流价值，这也表明，只有那些具有"智慧物流价值"的环节、模式，才具备智慧化投入和发展的必要性。

第三章　数字化变革下的物流业态

数字化是运用计算机、互联网将各种信息转化为0和1的过程，是信息领域的数字技术向人类社会各个领域全面推进的过程。从数字化进程的价值层面来看，物流作为工业制造及商贸流通的基础服务设施，在数字化时代迎来了深刻变革——智慧物流的提出，对现有物流运行模式进行了系统的提升和转换，对物流业的影响将是全方位的——这种影响的底层逻辑就是工业制造企业、商品流通企业等的物流价值链数字化变革。

第一节　物流企业价值环节变化

一、物流的集约化

工业制造企业的供应链变得越来越复杂，为了获取价格最有竞争力的原材料，一家企业可能会向全世界的供应商询价、下单。如何跨越不同的时区、管理来自不同国家的供应商是一个难题，工业制造企业在应对供应链物流的集约化管理时面临巨大的挑战，物流控制塔（Logistics Control Tower）就是在这样的背景下出现的。

一些大型跨国企业，如Robinson等借用机场控制塔的理念，提出了物流控制塔。它由一系列的供应链管理流程和工具组成，通过物联网、大数据、云计算等互联网信息技术规划物流仓储网络，监控订单履行状态，实时追踪原材料、零部件及产成品等，为企业提供端到端的、可视化的供应链物流服务。如在汽车零部件制造领域，以博世（Bosch）和法雷奥（Valeo）为代表的汽车零部件企业在中国设立合资或独资企业（即不同的业务单元），构建面向全国的生产、销售和物流网络，以高效地满足客户和市场需求。这些汽车零部件企业采用共享服务中心（Share Service Center）模式，其理念是将企业内部的共用职能集中起来，高质量、低成本地向各个业务单元提供标准化的供应链物流服务。

在分散型的组织结构中，每个业务单元有自己的财务、IT（Information Technology，偏硬件）/ IS（Information System，偏软件）和供应链职能，但是业务单元之间缺少沟通，协同合作效率低下。在共享服务中心组织结构中建立起了集约型的职能部门，负责制定统一的标准和系统，协调各个业务单元之间的联系。各个业务单元需要向共享服务中心汇报每个月运营的KPI（关键绩效指标），比如库存、准时交货率、运费等，而共享服务中心会结合企业的供应链物流战略，制订一些持续改善的行动计划，并配合各个业务单元一起实施。共享服务中心供应链组织结构如图3-1所示。而物流控制塔就是共享服务中心的组织结构下的一个产物。

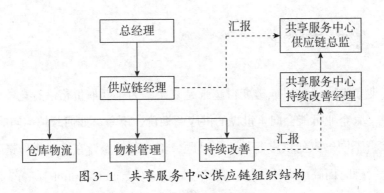

图3-1　共享服务中心供应链组织结构

为了增强企业的核心竞争力，大型跨国企业把物流业务外包给第三方物流（TPL），基于互联网的共享服务中心整合所有业务单元的物流活动，但是

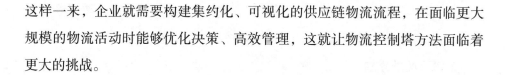

这样一来，企业就需要构建集约化、可视化的供应链物流流程，在面临更大规模的物流活动时能够优化决策、高效管理，这就让物流控制塔方法面临着更大的挑战。

二、物流的场景化

商贸流通企业的分销体系中，商品通过多级分销（Multi-level Marketing）体系被输送到客户的前沿阵地（终端店面）。随着互联网经济的兴起，一部分商品和服务的线下消费场景向线上发生了转移，形成了商品和服务销售通路的扁平化。从这个意义上来说，企业的价值环节发生了变化，而商贸流通物流则在这样的场景中开始变革。

1. 物流维度转换

从商贸流通物流活动范围扩散的角度来看，商品从生产制造企业到终端消费者是一个物流覆盖范围直径不断变小的过程。通常从生产制造企业CDC（Central Distribution Center，中央配送中心）发出的商品批量大、批次少，通过越高维度（容量）的运输工具长距离运输到RDC（Regional Distribution Center，区域配送中心），相应的单位物流成本就越低；而由RDC发到城市配送中心FDC（Front Distribution Center，前端配送中心）的商品批量小、批次多，越是接近终端消费者则采用越低维度（容量）、越轻量化的运输工具，相应的单次物流成本也越小。因此，从整个运输价值链（Transportation Value Chain）来说，商品在供应链上从产地向分布在各地的终端消费者扩散的过程中，需要通过更具有规模效应的高维度运输工具进行集约化物流，而越是靠近终端消费者就越需要采用低维度运输工具进行快速响应。这种因物流维度转换带来的矛盾，对商贸流通物流的变革产生了巨大影响。

互联网在优化了销售价值链（Marketing value chain）的情况下，依然无法完全改变上述生产集中化和消费分散化的天然矛盾。这一规律在某种程度上左右了整个社会层面物流分工的演变趋势，具体表现为商贸流通物流领域从原有的横向分工（按行业或品类分工）逐步过渡到纵向分工（按运输段分工），并体现出相应的网络效应（Network Effect）和规模效应（Scale Effect）。

2.物流场景分割

通过发展"互联网＋物流"，物流运力资源的"没有满载"或者"资源闲置"等现状在不同的物流场景下得以改善。所谓的物流场景分割，一般而言就是根据物流密度、物流数量、物流价值进行分类，即高密、大量、高价的品类，集中运力资源发挥规模效应；低密、少量、低价的品类，运力资源优化组合发挥网络效应，只有这样才能最大限度地提高物流效率和降低物流成本。这一场景分割从本质上讲，是指商贸流通物流中的运输成本与其总货值的占比必须处于一个合适的水平，如对于手机、时装这类体积较小而货值较高的商品，在合适的运输成本占比下，为了保证时效可以采用更高维度的运输工具（如空运）。

因此，如何在不同的物流场景下，将物流成本、物流时效、物流安全等多个因素进行综合考虑和权衡，进而进行优化决策，是商贸流通物流面临的一个挑战。

3.出现物流规模效应

物流规模取决于物流资源的整合程度，现有的"互联网＋物流"典型模式，如无车承运人、网络货运平台（Logistics Online Platform）等的运作始终是以"车—货"之间的"撮合"为主导，解决的还是物流运力资源"没有满载"或者"资源闲置"等问题。无论是以自建还是众（外）包的方式整合物流运力资源，如何保证物流服务长效供需平衡都是保证"互联网＋物流"在发展中度过"成长期陷阱"[①]的关键。无车承运人或网络货运平台必须有足够的"流量"（即订单规模、订单密度）才能形成提供规模化运力资源的动力，从而有足够的物流资源供应以确保能及时响应客户的物流需求。

---

① 成长期陷阱包括战略冒进陷阱（一般是在企业的成长初期出现）和战略保守陷阱（一般是在企业的成熟期与衰退期之间出现）。

尽管互联网在发挥物流规模效应和缓解"车—货"信息不对称方面具有更高的效率，但是在规模化的商贸流通物流需求和供应之间存在时间差、空间差、成本差等各种客观因素的情况下，如何在区域内（如RDC覆盖范围内）或网格内（如FDC覆盖范围内）保证有效的、更优的物流供需匹配率是关键。

第二节　物流行业价值形式移动

"互联网＋物流"融合发展为应对工业制造物流的集约化变革及商贸流通物流的场景化变革挑战奠定了基础，而随着数字经济的不断发展，工业制造物流和商贸流通物流中越来越多的环节开始进行数字化转型，促使物流价值链进行数字化变革。

一、"互联网＋物流"：价值链信息化

"互联网＋物流"是以互联网为纽带对物流活动进行集约化控制与管理的过程，因此，可以认为"互联网＋物流"是价值链信息化后的物流控制塔的一种形式。

1.基于信息技术的价值链内涵

"互联网＋物流"是信息技术在物流领域对物流价值链的一次重要变革而带来的产物。迈克尔·波特在《竞争优势》一书中首次提出"价值链"（Value Chain）的概念，认为价值链为一系列连续完成的活动，是原材料转换成最终产品的过程。后来Peter Hines将价值链重新定义为"集成物料价值的运输线"，把顾客对产品的需求作为生产过程终点，将原材料和顾客均纳入价值链中。价值链这一理念的提出最先以生产制造企业为背景，但在企业的实

践应用中，无论是生产制造企业还是商贸流通企业，均通过价值链管理提高了企业的竞争力，因此，价值链管理被证明是企业应对市场变革的一条有效途径。在互联网经济浪潮下，信息技术的迅速发展促进"互联网＋物流"的兴起。价值链的构成示意如图3-2所示。

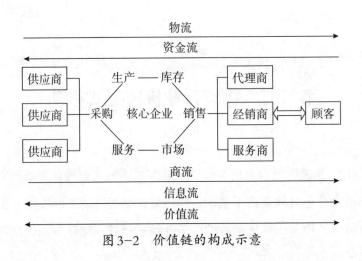

图3-2　价值链的构成示意

在物流企业或企业的物流部门中，也存在着物流价值链规律。周兴建认为，"物流价值链"（Logistics Value Chain）是指企业围绕将物品送到顾客手中这个过程中的所有为达到目标而进行的有价值的活动的集合，物流价值链可以看成集成的一系列活动，它为企业从原材料/零部件的采购物流、产品的生产物流、产品的销售物流以及将商品送达消费者的快递物流等全部活动创造了时间价值和空间价值。物流企业或企业的物流部门每进行一项作业，都要消耗一定的资源（如人力、物力和财力），而每完成一项物流作业都会产生一定价值，消耗资源与产生价值随作业环节在供应链上逐步转移，最后转移到最终产品和终端客户，因此形成一条物流价值链。随着物流作业的推移，表现为物流价值的逐步积累和转移，最后形成提供给终端客户的总价值。而终端客户的购买行为给企业带来收入，收入补偿完成有关作业所消耗资源的价值之和的余额，就是企业的盈利。因此，在企业通过物流"降本增效"的过程中，物流成本管理的目的是尽可能消除不能增加价值的物流作业环节，而对于能够增加价值的物流作业环节，则应帮助它提高效率，减少作业耗费。

因此，所谓"互联网＋物流"的价值链是以市场和客户需求为导向，运用现代信息技术，以提高竞争力、市场占有率、客户满意度和获取最大利润为目标，以协同商务、协同竞争和多赢原则为运作模式，达到对整个物流价值链中信息流、物流、资金流和商流的有效规划与控制，将企业与客户、分销商、供应商、服务商连成一个完整的物流网络结构，形成极具竞争力的物流战略联盟。

2.信息技术支撑的"互联网＋物流"

传统实体物流向"互联网＋物流"转型的过程中，物流价值链开始逐步变革。信息技术的应用、信息平台的建设、信息资源的整合等，这些都是基于物流价值链不断优化物流作业环节、不断提升物流活动价值的途径。作为物流数字化转型的基石，"互联网＋物流"是互联网与物流行业融合发展下的一种新的物流形态，通过充分发挥互联网及移动互联网在物流资源要素配置中的优化和集成作用，重构物流价值链，并实现供应链上下游信息共享、资源共用和流程可视，从而深度参与采购、运输、仓储、配送等物流全过程，深刻了解客户需求，实时调度运、储、配等中间物流环节的资源，达到增强客户体验和提升物流服务效率的目标。

物流价值链不是一成不变的，它必须在激烈的市场竞争环境下不断优化、不断完善。商流、信息流和物流、资金流的融合形成了物流价值链，信息流和商流的及时性和安全性极大地决定了物流价值链的通畅与效率，高速、安全的信息流和商流是捕捉商机、保障物流活动顺利进行的重要因素。因此，可以说数字经济（面向商流）、数字技术（面向信息流）将在未来物流价值链竞争中起决定性的作用，以速度效应应对规模效应、以速度价值战胜规模价值，将成为最强的竞争手段。

二、数字化物流：价值链网络化

在"互联网＋物流"发展的基础上，信息化的价值链可以进行外向延伸或连接，企业内的"物流控制塔"在企业之间形成了价值链网络，通过供应链控制塔连接并进行同步流程管理，实现物流价值链一体化、网络化连接。

近年来，一些供应链管理研究和咨询机构，如高德纳（Gartner）、埃森哲（Accenture）、凯捷咨询（Capgemini）、核心研究（Nucleus Research）、阿伯丁（Aberdeen）等提出供应链控制塔的概念，并把它作为价值链网络化下物流数字化转型的重要举措之一。

1.供应链控制塔产生的背景

Martin Christopher最初提出"21世纪的竞争不是企业与企业之间的竞争，而是供应链和供应链之间的竞争"，如今早已成为现实。供应链是一种动态的网络化价值链体系，它比传统的线性资产驱动的价值链要复杂得多。特别是当供应链是面向全球时，也就是供应商、制造商、消费者在不同的国家，价值链网络的复杂性将急剧增加。因此，传统的供应链正在向数字化供应链—价值网络转型，并且越来越受需求驱动，供应链的价值网络转型如图3-3所示。

 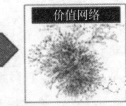

图3-3　供应链的价值网络转型

如何应对复杂的供应链，实现数字化供应链并达到新供应链目标？高德纳研究列出了实现新供应链目标的最大障碍，如图3-4所示。

实现新供应链目标的排名前四的最大障碍为不确定性、协同性、可见性和复

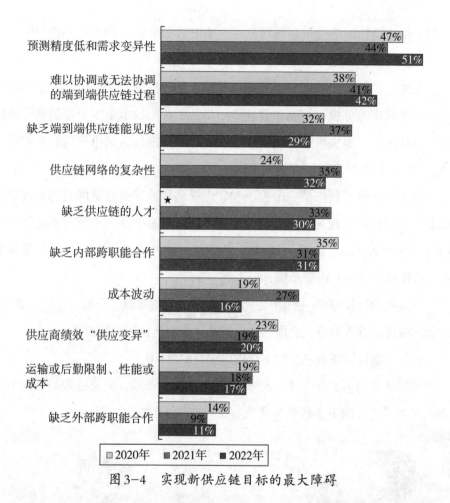

图3-4 实现新供应链目标的最大障碍

杂性。由于不确定性，缺乏端到端的可见性和复杂性，供应链充满风险。为了达到新供应链的目标，解决新供应链所面临的问题，供应链控制塔应运而生。

2.供应链控制塔的定义

高德纳的定义中供应链控制塔提供供应链端到端整体可见性和实时信息及决策的概念；埃森哲定义供应链控制塔是一个共享服务中心，负责监控和指导整个端到端供应链的活动，使之成为协同的、一致的、敏捷的和需求驱动的供应链；凯捷咨询定义供应链控制塔是一个中心枢纽，具有所需的技术、组织和流程，以捕捉和使用供应链数据，以提供与战略目标相一致的短期和长期决策的可见性，等等。虽然这些定义侧重点不同，但是具有一些共同的认识：供应链控制塔提供整体可见性、实时数据分析、预测和决策的解决方案，是协同的、敏捷的和需求驱动的价值链网络。

此外，供应链控制塔与智慧城市的可视化的控制和管理中心方法非常相似。智慧城市的可视化控制和管理中心用数字智能技术来集中控制和管理城市的市政民生，而供应链控制塔也可以用数字智能技术集中控制和管理供应链。因此，供应链控制塔有如下内涵。

（1）供应链控制塔是一个控制和管理模型和数字供应链网络的关键组成部分。它可以被实现为一个"硬件+软件"的智能平台，此平台连接供应链内外的各种数据源、数据/大数据分析系统，以及智能设备、可视化显示装置、合作伙伴系统、内部系统、云系统①等。

（2）供应链控制塔一般用于控制和管理整个供应链（采购、生产、物流、销售）或跨供应链网络，它提供供应链端到端的信息和决策服务。

3.供应链控制塔演进和数字化供应链控制塔4.0

根据供应链可见度水平、分析成熟度、技术水平，供应链控制塔的演进和基于人工智能的下一代数字化供应链控制塔4.0如图3-5所示。

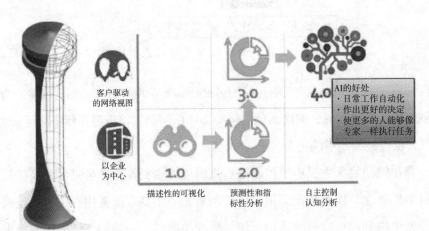

图3-5 供应链控制塔的演进和基于人工智能的下一代数字化供应链控制塔

---

① 云系统是采用国际首创的HFP及HDRDP技术在局域网架构下实现云计算使用效果的新一代通用计算机系统产品。

供应链控制塔 1.0 和 2.0 是传统方式的控制塔。它们都是以单个企业为中心，贸易伙伴是外部的，能见度有限，信息共享程度低。控制塔 1.0 只有描述性的可视化，控制塔 2.0 有预测性和指标性分析能力。控制塔 3.0 与控制塔 1.0 和 2.0 有本质的区别，它处于客户驱动的供应链网络中并且控制和管理整个供应链网络。控制塔 4.0 和控制塔 3.0 一样都处于客户驱动的供应链网络中，而控制塔 4.0 是下一代具有人工智能的数字化供应链控制塔，其价值链逐步呈现出从信息化、网络化到数字化的特征。

三、智慧物流：价值链信息化、网络化与数字化的集成

在价值链信息化的物流控制塔和价值链网络化的供应链控制塔的基础上，人与设备、人与人、设备与设备之间通过数字化集成为一体，形成智慧物流。

1. 人与设备的数字互联

物流价值链的信息化特征表现为人与设备的数字互联，通过 WMS、TMS 等信息技术，对物流资源进行更有效调度和更精准计划。结合企业的 ERP（Enterprise Resource Planning，企业资源规划）和主生产计划（Master Production Schedule，MPS），并通过制造企业生产过程执行系统（Manufacturing Execution System，MES）实现基于资源能力变动的智慧调度。

2. 人与人的数字互联

物流价值链的网络化特征表现为人与人的数字互联，物流渠道从规模化的成本、效率考量，往往难以满足产品/服务差异化和客户个性化需求，即便是由于市场竞争需要而设计的差异化、系列化产品/服务，也依然难以让客户满意。基于价值链上下游——从研发设计者、生产者到销售者及客户——之间互联的网络化，可以做到低成本、高时效满足差异化供给与个性化需求，同时，应用大数据技术面向客户（C 端）精准地捕捉到需求的共性，进而实施反向定制（C2B 或 C2M），面向公司（B 端）形成产业互联网，供应端与需求

端通过数字互联。

3.设备与设备的数字互联

物流价值链的数字化特征表现为设备与设备的数字互联，并由此与信息化、网络化共同实现了物流设施和技术资源的全面数字互联，最终发展成智慧物流。与工业4.0中CPS[①]类似，智慧物流是通过人与设备、人与人及设备与设备的数字化互联，形成低成本、高效率的数字物流系统。

因此，智慧物流是物流价值链经过信息化、网络化和数字化发展之后形成的高阶物流系统。其中，信息化和网络化推进了物流活动的规模经济和网络效应，特别是网络化实现了个性化需求与差异化供给，可以精准匹配并超越物理地址的约束而形成规模化；数字化则在规模经济和网络效应的基础上推进了范围经济，可以利用数字技术实现范围经济，构筑物流产业链生态和生产制造及商贸流通产业链的高质量发展。

第三节　物流产业智慧形态形成

无论是信息化、网络化还是数字化，本质上而言均是物流数字化进程中技术层面的反映（见表3-1）。在此基础上智慧物流产业开始兴起。

----

① 德国提出的工业4.0中，CPS居核心地位，它是赛博物理系统的缩写。CPS是一个包含计算、网络和物理实体的复杂系统，通过3C技术有机融合与深度协作以及人机交互接口实现和物理进程交互，使赛博空间以远程、可靠、实时、安全、智能化、协作的方式操控一个物理实体。

表3-1　　　　　　　　　　　　智慧物流产业的发展演进

演化阶段	技术特征	物流特征
信息化	以传感器、GPS、条码、ERP等技术为标志	信息技术初次应用在物流产业，主要负责物流规划、管理、设计和控制等环节，使技术逐步替代人工，部分物流环节实现了自动化、信息化和数字化运作
网络化	物联网技术使物流实体得以连接，传感器、通信网络和大数据解决了物流信息集成应用和控制问题	物联网改变了物流产业的管理方式，实现了物流企业对每个物流环节实时跟踪、定位、监控与管理功能，使物流业务与服务可追溯、可视化及实现自动配送
数字化	在物联网网络基础上结合了自动控制、人工智能、决策管理等技术手段	智能物流可以为物流企业提供日常经营决策和战略决策，如物流配送最优路径决策、自动分拣机控制决策、自动导向车作业控制决策等
智慧化	大数据、云计算等技术手段改变了物流信息的获取和存储方式，使物流信息更加透明，解决物流信息不对称问题	新技术借助门户网站、移动App、移动终端等载体不断收集与分析物流信息，为客户提供了定制化和个性化物流服务。多点及分布式的存储方式使客户既是物流信息的发布者也是物流信息的接收者，整合并透明化了物流信息资源

一、智慧产业的发展现状

智慧产业是直接运用人的智慧进行研发、创造、生产、管理等活动，形成有形或无形智慧产品以满足社会需要的产业，是各类智慧行业的集合，是高端服务业。智慧产业在一些发达国家得到了不同程度的重视。

（1）美国。美国的智慧产业发展始于1993年开始实施的先进制造技术（Advanced Manufacturing Technology，AMT）计划。2004年，美国启动了"下一代制造技术计划"（NGMTI），通过加速开发实施具有突破性的制造技术，支持国防工业基础的转换，最终实现推广国家制造技术投资战略；通过投资具有战略意义的制造技术，实现美国国防工业基础的转换；快速交付用于国防与反恐的经济可承受的系统。2012年美国确立了智慧制造4个方面的优先行动计划，包括为智慧制造搭建工业建模与仿真平台、可负担的工业数据采集和管理系统、业务系统、制造工厂和供应商企业级集成。

（2）德国。德国的智慧产业源于2000年开始制定的"微系统技术2000+"计划，旨在开发微系统技术和产品的实际应用，扩大微系统技术在经济和社会中的广泛影响。2007年德国启动了"ITK2020"计划，以推动信息通信技术创新应用，提升德国经济地位。2010年德国联邦政府经济和技术部制定了新的信息化战略——数字德国2015（Digital Germany 2015），提出通过数字化获得新的经济增长和就业机会，具体内容包括发展电子能源和智能电网、研发电动汽车，建设智能交通系统、在工业领域推广云计算技术等。

（3）日本。日本的智慧产业源于1989年提出的智能制造，日本20世纪90年代中期开始实施"新制造业"战略，利用信息技术改造和提升制造业。2000年以来，日本"新制造业"战略重点转变为智能型制造业。2009年，日本制定了中长期信息技术发展战略——"i-Japan"，该战略计划通过信息通信技术与产业的融合，从根本上提高生产效率，提高产品的附加值，开拓新的市场，使日本经济保持全球领先地位。

（4）中国。我国的智慧产业源于2011年工业和信息化部等印发的《关于加快推进信息化与工业化深度融合的若干意见》，把"智能发展，建立现代生产体系"作为推动两化深度融合的基本原则之一，提出把智能发展作为信息化与工业化融合长期努力的方向，推动云计算、物联网等新一代信息技术应用，促进工业产品、基础设施、关键装备、流程管理的智能化和制造资源与能力协同共享，推动产业链向高端跃升。目前，物联网、云计算、移动互联网等新一代信息技术已在我国一些智慧产业领域（如智慧物流）得到广泛应用。

二、智慧物流产业链环节

在智慧物流产业中，物流数字化技术（技术层面）、物流企业（资源层面）、信息平台（价值层面）构成了整个智慧物流的产业链。智慧物流产业链的核心环节主要包括以下3个方面。

（1）基础运作。智慧物流运用感知识别和定位追踪技术进行物品信息数据的获取，通过对物流大数据进行挖掘和处理，实现物流智慧化的运作能力。

（2）云平台。智慧物流云平台将运输、仓储、配送等业务模块的优势资源进行融合，形成基础静态资源池；同时，利用信息技术优化物流资源配置及动态管理，为企业提供一体化的物流服务与供应链解决方案。

（3）产业群落。智慧物流通过物流资源整合，满足生产制造、商贸流通等产业群落的市场需求，促进产业群落交易流通高效运转，最终构建起多产业群协同发展的智慧物流产业可持续发展生态圈（见图3-6）。

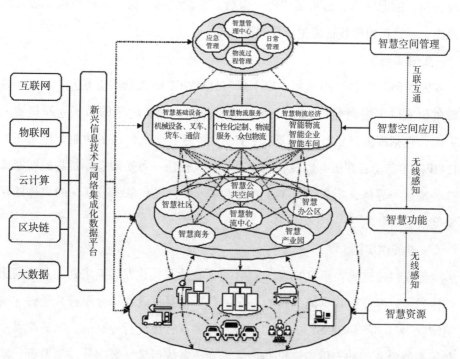

图3-6　智慧物流产业可持续发展生态圈

三、智慧物流领域典型企业

在实际运营中，企业一般通过智能软硬件、物联网、大数据等智慧化技术手段，力图对物流全流程进行精细化、动态化、可视化管理。根据企业规模、发展现况、市场前景、融资进展等多个角度综合考量，我国当前智慧物流领域较为典型的企业如下。

1. G7

G7成立于2010年，是物联网科技公司、公路物流产业的数字化基础设施和产业连接平台，G7从面向车队的车队管理SaaS平台，逐步发展为向货主、物流公司、车队和司机提供商业服务的综合型平台公司。目前，G7连接了高速公路、能源网络、后市场服务、银行、保险公司、资产管理机构、装备制造商、监管机构等各物流生产要素提供方。

2. 海柔创新

海柔创新成立于2016年，旗下库宝HAIPICK箱式仓储机器人（ACR）系统的研发则可追溯至2015年，是全球首款投入商业使用的箱式仓储机器人系统，包括库宝HAIPICK机器人、HAIQ智慧管理平台、多功能工作站（如HAIPORT自动装卸机）以及智能充电桩四大模块，可实现仓库货物的智能拣选、搬运与分拣，提高工人3~4倍的工作效率，提高80%~130%的立体储存密度。

3. 健安供应链

健安供应链成立于2018年，是针对畜牧业现代化发展需求的专业流通服务体系，以专业畜牧物流为核心，布局数字化畜牧流通综合服务，通过"洗消防疫"与"产业SaaS"的启动实施，开展畜牧流通行业赋能、物资交易平台等增值服务。健安供应链已初步建成专业畜牧运输、数字化洗消监管、实时链接行业监管部门与养殖企业的产业SaaS，三位一体相互联动的畜牧流通综合服务体系。

4.迦智科技

迦智科技（IPLUS MOBOT）成立于2016年，是智能移动机器人研发与制造企业，在工业物流自然导航AMR市场占有率高。迦智科技面向制造业提供物流自动化、数字化与智能化产品，辅助企业提高生产、流通资源的配置效率，提升综合运行效率效益，业务场景覆盖半导体、FPD（平板显示）、电子、锂电池、光伏、汽车、航空、家电、医药、能源、食品等行业。

5.快狗打车

快狗打车成立于2014年，是同城物流行业的独角兽企业，是为用户提供拉货、搬家、运东西的同城物流平台，通过"互联网＋大数据"运营系统设计智能物流解决方案，通过智能运力调配整合货运供需信息、快速匹配车货。快狗打车在亚洲多个国家及地区的城市开展业务。

6.梅卡曼德

梅卡曼德是以"AI+3D"视觉为核心的机器人智能基础设施平台，在3D感知、视觉和机器人算法、机器人软件、行业应用方案方面均有深厚积累，已在汽车、家电、钢铁、食品、物流仓、医院、银行等领域落地应用，应用范围涵盖视觉引导拆码垛、工件上料、货品播种、高精度定位/装配、自动生成轨迹涂胶/开坡口、质量检测等。

7.普渡科技

普渡科技成立于2016年，是一家研发、设计、生产及销售商用服务机器人的企业。普渡机器人的核心技术包括定位导航、运动控制、多机调度、感知避障等，主要产品为送餐机器人、配送机器人、消毒机器人、配送迎宾机器人和清洁机器人等。

8.未来机器人

未来机器人（VisionNav）精耕工业车辆无人驾驶领域，推动物流节点内柔性无人化进程。通过将5G通信、人工智能（AI）、环境感知、深度学习、伺服控制等核心技术应用于工业无人驾驶领域，未来机器人为产线物流、仓储物流提供工业无人车辆产品及柔性物流无人化解决方案，已研发和生产系列无人叉车、无人牵引车产品，突破高位存取、窄通道存取、无人装卸车、多层移动式料框堆叠等刚需场景需求。

9.优艾智合机器人

优艾智合机器人是移动机器人及解决方案提供商，应用高精度SLAM导航移动机器人和软件系统核心技术，基于工业物流、智能巡检运维两大业务，为泛工业场景提供自主移动机器人产品及一体化解决方案，打造智慧生产场域，支持产业智能化升级。

10.鱼快创领

鱼快创领成立于2020年，由一汽解放、四维图新—中寰卫星、一汽创新基金、罗思韦尔联合组建。鱼快创领以智能硬件为基石切入智能运力运营服务市场，拥有AIoT[①]、5G—V2X、大数据及AI算法技术平台等技术储备，为汽车物流行业提供闭环解决方案。

【本章小结】

在数字经济发展及经济全球化的背景下，企业的物流价值环节发生变化，工业制造企业出现了物流活动集约化管理特征，商贸流通企业出现了物流活动维度扩散、场景分割和规模效应等场景化特点。行业的物流价值形式发生移动，以"互联网+物流"、数字化物流和智慧物流为典型形态的物流价值链朝着信息化、网络化和数字化的特征方向发展，价值链信息化支撑"互联网+物流"融合发展，供应链控制塔模式下的价值链网络化支撑物流数字化转型，而智慧物流则是价值链信息化、网络化和数字化集成下的产物。物流业态的数字化变革是对物流资源的集约化和场景化管理，是物流价值链中资源层面的反映；信息化、网络化和数字化是物流价值链中技术层面的反映。从物流

---

① AIoT（人工智能物联网）＝AI（人工智能）+IoT（物联网）。AIoT就是人工智能技术与物联网在实际应用中的落地融合。它并不是新技术，而是一种新的IoT应用形态，从而与传统IoT应用区分开来。

数字化进程中的价值层面来看，物流持续转型、不断创新价值模式，使得物流价值链不得不进行数字化变革，促进智慧物流产业的形成。在智慧物流产业中，物流数字化技术（技术层面）、物流企业（资源层面）、信息平台（价值层面）构成了整个智慧物流的产业链。

第四章 智慧物流的价值内涵及解析

从数字化进程的价值层面来看，智慧物流具有社会价值和经济价值。智慧物流既是"互联网＋物流"寻求进一步融合发展的必由之路，也是物流数字化转型下的战略考虑，其内涵在于经历信息化、网络化和数字化以及三者集成阶段，不断变革原有物流价值形态。

第一节 智慧物流界定与辨析

智慧是生命所具有的基于生理和心理器官的一种高级创造性思维能力，包含对自然与人文的感知、理解、分析等所有能力。智慧是由知识系统、观念与思想系统等多个子系统构成的复杂体系蕴育出的能力。依据智慧的内容以及所起作用的不同，可以把智慧分为三类：创新智慧、发现智慧和规整智慧。创新智慧是指可以从无到有地创造或发明新的东西，如策划、设计等都属于创新类智慧产业的范畴。发现智慧是指可以发现本来就存在但还没有被认知的东西。规整智慧是指可以运用现有的规则等来调整、改变已经存在的东西，显然，智慧物流也属于这一类型。

智慧物流是在物流价值链由信息化、网络化、数字化的发展演变下，通过对物流模式、物流流程、物流环节等进行不断地调整、优化后形成的规整类智慧产物。具体而言，智慧物流的规整过程需要经历自动化、智能化，向数字化和智慧化升级发展。

1.以"互联网+物流"为载体的物流自动化

互联网若要把物流活动连接起来，物流自动化是前提。自动化是指具备自动的感知和自动的执行功能，传统线下物流的自动化不具有主动感知的功能，称为物流自动化1.0。随着互联网与物流融合即线上线下物流一体化的发展，出现了主动感知功能、无线感知功能，并出现对感知的命令根据预设条件进行简单判断后自动执行的功能，这是物流自动化2.0。借助物联网技术连接入网，可以在互联网基础设施上架构自动化系统，可以按照模块化理论对物流自动化系统进行柔性调整，这是物流自动化3.0。这样的自动化系统具备了作为智慧物流执行系统的基本功能，但是，以"互联网+物流"为载体的物流自动化本身虽然能够进行状态感知，却往往不具备实时分析、科学决策的能力，还只局限于直接执行命令或根据预设条件判断分析后执行命令的阶段。

2.以物流数字化转型为契机的物流智能化

物流向数字化转型发展，物流智能化必不可少。当物流自动化系统的知晓能力上升到状态感知和精准执行层面，就可以视为进入物流智能化阶段。智能化物流系统是由大数据、云计算技术来控制与主导的线上线下物流系统，借助物联网感知技术实时分析物流状态，依靠数据实时传输与计算分析进行决策和执行。智能化物流可以做到无人化，也可以有人，人也可以成为智能物流执行系统的一部分。智能化物流一般由智能物流单元和智能物流系统构成，智能物流单元由智能硬件或人组成，是具有不可分割性的智能物流系统的最小单元。智能物流硬件如AGV、物流机器人、配送机器人、无人叉车等通过感知系统组成智能物流系统。智能物流系统基于多个智能物流单元的状态感知、信息交互、实时分析，实现物流资源的智慧配置与决策。

3.以智慧物流为最终目标的物流智慧化

智慧物流的发展必须要求物流系统知其然也要知其所以然，能够实现物流系统的实时分析和科学决策，进一步达到自主决策和学习提升。因此，可以将智慧物流定义为：基于智慧物流技术应用，通过线上线下物流资源的优化配置，以及技术和管理的融合创新，实现物流价值提升的现代物流体系。从价值链管理的角度，可以认为智慧物流是物流数字化转型发展下的一种新的物流形态，通过充分发挥数字化技术在线上线下物流资源要素配置中的优化和集成作用，最终实现物流活动协同共享与降本增效。

第二节　智慧物流的价值模式

一、产业价值：物流枢纽布局

物流枢纽是物流产业创造价值的主要载体，智慧物流产业所产生的价值经由物流枢纽向其覆盖范围内传递。物流枢纽依托城市而形成，是城市物流的"物流控制塔"。

物流1.0、2.0和3.0时期[①]，传统物流枢纽以实体货物流动为核心自然形成，先有交通运输网络，并由道路交通网络节点带动实体产业集中，形成现代物流网络体系与枢纽节点。强调的是实体的网络枢纽，物流的要素"物"必须在枢纽进行集中配置。更多是以交通枢纽的形式体现，即在交通线路和多种运输方式衔接的空间节点建设枢纽，聚焦实物流动的网络节点。

[①] 一般认为物流1.0为实体物流阶段，物流2.0为一体化物流阶段，物流3.0是供应链物流阶段。

物流4.0时期[1]，不局限于过去传统的区位优势和交通条件等"老基建"禀赋进行物流产业布局，虽然区位优势与交通条件仍极为重要，但核心是通过物流的流量管理智慧化推动物流枢纽升级，其条件是借助"新基建"如大数据、云计算的支撑，让经济要素的流向、流量、聚集点发生变化。智慧物流在"新基建"上重构物流枢纽布局，以聚集各种"流"的资源要素，再通过"流"的价值传递推动智慧物流网络重构，对物流产业布局进行迭代更新。

二、行业价值：物流资源共享

资源共享是物流企业间协作创造价值的主要路径之一，智慧物流所产生的价值经由物流资源共享向企业间传递。物流资源依托共享经济而发展。

物流资源共享具有信息化、标准化、网络化的需求特征。物流1.0、2.0、3.0时期的传统线下物流由于信息化建设不一致，物流流程标准化不统一，企业间的物流资源不能互联互通，难以形成物流网络效应；物流4.0时期的数字化技术让多个企业的信息化建设在一个统一的标准上对接，物流资源具有深度链接的可行性，在标准化和网络化的基础上进行决策系统规划，形成企业间物流资源协同共享方案。因此，智慧物流在企业层面的价值体现在通过共享物流资源实现物流价值增值的最大化。智慧物流下的资源共享模式如表4-1所示。

表4-1　　　　　　　　智慧物流下的资源共享模式

模式	特点	发展趋势
共同配送	共同配送是多品牌或多客户共享配送资源的共享模式	随着信息化发展，共同配送爆发了巨大的创新活力，新模式层出不穷
托盘循环共用	托盘循环共用是供应链中上下游共享托盘的共享模式	随着商务部推进商贸物流标准化，托盘循环共用发展很快

---

[1] 一般认为，物流4.0是互联网经济下"互联网+物流"、数字化物流及智慧物流阶段。

续表

模式	特点	发展趋势
周转箱循环共用	周转箱循环共用是供应链上下游共享物流周转箱的共享模式	随着商贸物流标准化推进，周转箱循环共用将得到广泛重视
车货匹配	车货匹配是目前最接近优步和滴滴的共享模式	通过信息化手段实现货运行业O2O创新，是目前最热的物流创新
共享云仓	共享云仓是共享仓储资源，实现物流仓储配送最佳网点布局和仓储布局，提升供应链效率	随着电子商务物流的快速发展，仓储互联网、云计算、大数据技术在物流业应用带来的创新
叉车租赁	叉车租赁是共享叉车设备资源的共享模式	目前叉车租赁在国际叉车市场占主导地位，中国叉车租赁发展很快
公共信息平台	公共信息平台是物流信息共享平台	公共信息平台是推动共享物流的重要信息平台
跨界共享	通过信息化手段，打破物流边界，实现颠覆式创新，实现跨界共享	主要有物流与金融、服务、流通、生产跨界共享，物流金融发展最快

三、企业价值：智慧物流中心

物流中心、配送中心是企业将物流资源集约化管理以创造价值的主要组织形态，智慧物流活动所产生的价值经由物流中心、配送中心向企业内传递。物流中心依托企业集约化管理而形成，是企业的"物流控制塔"。

智慧物流中心是智慧物流企业的中枢机构，是智慧物流网络的重要节点，其特点可概括为"一硬、一软、一网、一平台"。"一硬"是指智慧仓储中心、智慧物流技术装备、智慧配送车辆、智慧商业办公设施等实体物流系统，由物流硬件组成；"一软"是指基于大数据的信息化网络，由数字型的虚体组成；"一网"是指连接实体（线下）的智慧物流设施设备硬件系统与虚拟（线上）的智慧物流信息平台软件系统，"一平台"是指支撑数据与物品流动的智慧物流信息平台，是智慧物流中心的神经网络。

第三节　智慧物流的价值内涵

一、产业的价值定位

智慧物流在产业层面通过重构物流枢纽推动物流产业体系重构，营造更高水平的产业布局，其价值定位主要为以下方面。

1.社会资源的整合

智慧物流能够打破企业边界和信息不对称问题，可实现闲置物流资源的充分利用。如在物流运力资源、仓储资源的整合上，应用车货匹配、仓货匹配等信息平台，可以实现供需信息的在线对接和闲置资源的实时共享，进一步提升物流的时间价值和空间价值。

2.分散市场的集中

在物流运力市场，运力资源的分散经营是市场痛点。智慧物流可通过数据赋能，实现分散资源的互联共享，促进物流组织化和集约化。如满帮、货拉拉、卡行天下等企业通过加盟/直营网点和线路整合运力资源，使分散的物流资源加快向物流平台集中。

3.人力资源的优化

物流产业作为劳动密集型产业，人力资源紧缺问题已逐步显现，直接反映在人员成本持续上涨方面，越来越多的企业加大技术和装备升级力度，提升物流智慧化水平，在单一性、重复性且危险性大、强度大的物流作业环节，实现"机器替代人"的人力资源优化战略。

4.个性需求的满足

智慧物流产业借助分布式物流资源网络，能够以快速、便捷、低成本、个性化的方式满足客户需求。智慧物流业态能够通过大数据分析提前将所需货物布局到离消费者最近的物流园区或配送中心，满足即时物流需求，提升客户体验。

5.绿色生态的创造

物流产业能耗主要集中在无效的长距离运输、产成品库存、过度包装等环节上。智慧物流通过物流枢纽布局、中央物流园区和物流资源共享、智能规划和资源共享，减少无效物流的能耗排放和碳排放，为绿色环保、碳减排及可持续发展创造有利条件。

二、行业的价值主张

智慧物流在行业层面通过促成物流资源共享，提供物流服务，满足物流需求者的需要，从而实现价值。智慧物流所提供的价值主要体现在以下方面。

1.行业信息共享

物流行业中的主体，如物流需求者、物流企业、信息平台、政府部门、消费者等，提供综合物流信息记录、查询、追踪等服务，物流需求者可以在智慧物流平台上根据自身需求筛选意向合作物流服务商；物流企业可以在智慧物流平台上逆向寻找物流需求者信息，以及根据行业信息进行经营状况分析并及时做出经营战略调整；智慧物流平台为政府部门监督、管理物流行业提供便利，等等。总体上，智慧物流所具备的信息共享机制成为价值创造的源头。

2.物流交易匹配

物流供需双方可以在智慧物流平台利用电脑端或者手机App注册登录，并在线上发布需求信息，智慧物流平台根据货物的体量、距离、种类、双方意愿等要求进行智能匹配，既可提高企业的信息搜寻效率，也可使物流需求者在众多物流供给者中能够进行择优选择。智慧物流下的交易匹配过程如图4-1所示。

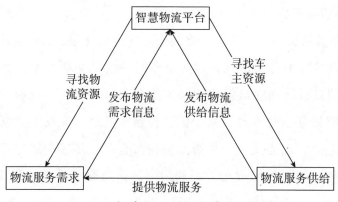

图4-1 智慧物流下的交易匹配过程

3.物流增值服务

智慧物流平台借助供应链金融来实现增值。在为物流供需双方提供物流信息的同时，智慧物流平台可提供资金交易信息，利用金融机构获得利息或者佣金收入，以此实现增值。智慧物流下的金融服务如图4-2所示。

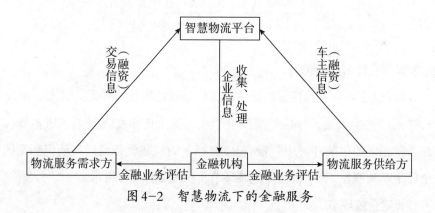

图4-2 智慧物流下的金融服务

三、企业的价值环节

智慧物流在企业层面通过智慧物流中心，利用数字化物流资源和智慧运营能力进行物流各个环节间的协作，提供满足客户需求的物流服务。智慧物流在企业层面的价值环节主要有如下方面。

1.信息服务环节

企业智慧物流平台高效接收物流信息并进行处理，通过物流共享信息平台及时对接社会各类信息，加快企业间的信息互联互通。面向企业的智慧物流信息系统和立足行业的物流信息共享平台（由政府或行业协会搭建的物流信息公共平台）基于信息传递、处理、互动的共同目标，可进行有效连接、优势互补，从而增强物流仓储、运输配送等环节的信息交换和共享，同时提高信息资源利用率。信息服务环节价值流如图4-3所示。

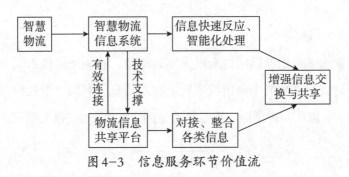

图4-3　信息服务环节价值流

2.智慧装卸/包装环节

装卸/包装为企业的智慧物流活动提供高效的衔接。如无人叉车、AGV物流机器人可承担搬运、分拣等高强度作业，其工作精度高且人工成本低。与装卸紧密相连的包装环节中，带有RFID标签的包装设备通过自动识别系统可被全程跟踪和调控。智慧装卸/包装环节价值流如图4-4所示。

3.智慧仓储环节

在无人叉车、自动化立体仓库、AR（Augmented Reality，增强现实）辅助拣选等的应用下，仓储作业逐渐实现柔性化、管理精确化。通过智慧物流平台整合线上线下物流资源，在全国范围建立物流中心或配送中心网络，缩短商品从包装到发货的时间，拉近物品与客户之间的距离。智慧仓储环节价值流如图4-5所示。

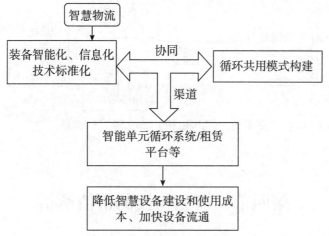

图4-4 智慧装卸/包装环节价值流

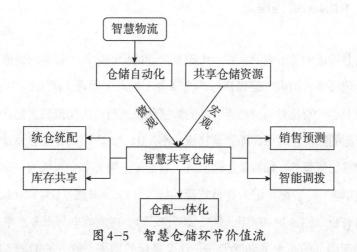

图4-5 智慧仓储环节价值流

4.智慧运输/配送环节

在运输/配送过程利用大数据、GPS等对车辆交通及拥堵状况等信息进行识别,自动生成最优配送路线。智慧物流还以共享理念延伸出各种O2O共享平台,如物流众包平台、运力共享平台,从而形成末端共享配送模式,进而优化线上线下物流资源配置。智慧运输/配送环节价值流如图4-6所示。

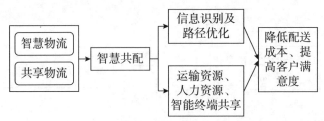

图 4-6　智慧运输 / 配送环节价值流

第四节　智慧物流的价值解析

一、价值函数构建

从智慧物流的价值内涵来看，无论是产业的价值定位、行业的价值主张还是企业的价值环节，追求的终极目标均为降本（投入）增效（产出），因此，智慧物流实质上追求的是对某一物流活动的数字化投入与产出比值最大化。投入的是对物流资源的数字化转型，即智慧物流成本（ILC）；产出的是能够满足客户要求的各种智慧物流服务，如智能运输服务、智能配送服务等，表征为一定服务水平（或服务功能）的实现，记为智慧物流功能（ILF）。显然，ILC 和 ILF 之间存在着"效益背反"（Trade off，也称"二律背反"）。物流成本与服务水平的效益背反是指物流服务的高水平必然带来企业业务量的增加，收入的增加，同时却也带来企业物流成本的增加，使得企业效益下降，即高水平的物流服务必然伴随着高水平的物流成本，而且物流服务水平与成本之间并非呈线性关系。如果把物流功能看成物流成本的函数，那么智慧物流价值函数可表示如下：

$$ILF = f(ILC) \qquad (4-1)$$

企业很难同时做到提高物流水平和降低物流成本，考虑到 ILC 和 ILF 之间的背反关系，智慧物流价值在上述函数关系下呈现出具有变化斜率的曲线形态，如图 4-7 所示。

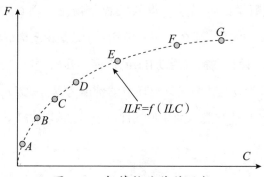

图4-7　智慧物流价值函数

图4-7中的点为某一智慧物流活动中的多个物流环节，点与点之间形成互相衔接、互相作用的链状结构。设某一智慧物流活动中有 n 个物流环节，某一物流环节 x_i（$i = 1, 2, \cdots, n$）的物流价值函数为：

$$ILF_i = f(ILC_i) \tag{4-2}$$

式（4-2）中，ILC_i 为该物流环节 x_i 的物流成本，ILF_i 为该物流环节 x_i 的物流功能。

智慧物流活动的价值为组成该物流活动的物流环节的价值之和，即存在以下关系：

$$ILF = \sum_{i=1}^{n} ILF_i = \sum_{i=1}^{n} f(ILC_i) \tag{4-3}$$

二、价值环节描述

智慧物流价值体现为某一智慧物流活动或智慧物流服务的使用价值。在价值工程（Value engineering）中，对某一产品的价值分析（Value analysis）既是对其功能和成本进行分析，也是从客户使用时的效用来考虑的。价值公式即功能与成本的比值，表达了"价值"是单位成本的功能。

智慧物流是从企业到最终客户的物流过程中，"所有增加价值的物流环节"所组成的实现某种程度的物流服务功能的一系列活动，智慧物流的价值就是组成物流活动的一系列物流环节一体化和协同运作产生的物流服务功能产出。用数学语言描述，设某一智慧物流活动 ILS 由 n 个物流环节 x_i（$i=1, 2, \cdots, n$）构成，那么智慧物流活动 ILS 是由 x_i 构成的一个集合 $\{x_1, x_2, \cdots, x_i, \cdots, x_n\}$。设智慧物流活动 ILS 的价值为 ILV，各个物流环节的功能为 ILF_i，相应的成本为 ILC_i，则该物流环节的价值为 $ILV_i = ILF_i/ILC_i$。智慧物流的价值为该环节的功能与成本的比值，即该点处的斜率 ILV_i，智慧物流价值曲线如图 4-8 所示。

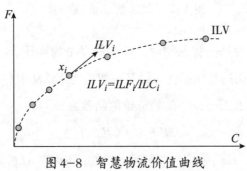

图 4-8　智慧物流价值曲线

三、价值提升途径

智慧物流活动的产出为服务，属于无形产品，且这个无形产品不是单个存在的形态，而是由一系列物流环节共同构成的，也就是说要增加智慧物流活动的价值，就是增加由各个物流环节价值之和构成的总体价值。因而，需要把某一智慧物流活动进行细分，分解成构成这一智慧物流活动的多个物流环节，然后分别对这些物流环节进行价值分析，最后各个物流环节形成的价值之和为这一智慧物流活动的价值。

根据西方经济学中的供求关系，从物流市场的需求角度来看，客户对智慧物流服务的需求数量 Q 受到服务价格 P 的影响，需求曲线如图 4-9（a）所示。从物流市场的供应角度来看，企业愿意提供的智慧物流服务数量 Q 受到客户愿意支付的价格 P 的影响，供应曲线如图 4-9（b）所示。智慧物流服务数量和服务价格必然会形成均衡，如图 4-9（c）所示。

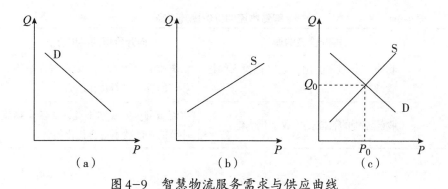

图4-9　智慧物流服务需求与供应曲线

企业为了提供智慧物流服务进行了必要的投入，即智慧物流成本ILC。按照成本加成定价原理，智慧物流服务价格ILP与智慧物流成本ILC之间存在着对应关系：$ILP = ILC + k$，$k > 0$。企业的智慧物流服务产出为ILQ，ILQ与智慧物流功能ILF之间存在着对应关系：$ILQ = k \cdot ILF$，$k > 0$。因此，智慧物流服务的需求和供给均衡转换为如图4-10所示的智慧物流功能和成本的均衡。

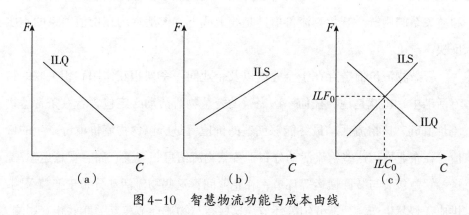

图4-10　智慧物流功能与成本曲线

在这种均衡关系下，智慧物流价值的提升通过对组成该物流服务各个投入要素优化管理的途径来实现，智慧物流的价值提升途径如表4-2所示。

表4-2 智慧物流的价值提升途径

序号	提升价值的途径	提升价值的具体方法
1	物流环节的智能化、数字化投入优化管理	物流服务总体功能不变，对各个物流环节的投入进行优化组合
2	物流流程的智能化、数字化优化	物流服务总体成本不变，对各个物流环节的功能要素进行优化组合

第五节　智慧物流价值链（ILVC）

一、ILVC定义

智慧物流价值链（Intelligent Logistics Value Chain，ILVC）是在线上线下物流流程价值关系中，一系列智慧物流环节依顺序相互连接、具有内在价值利益关系的网链。智慧物流价值链是线上线下物流活动内在价值关系的本质反映。

智慧物流价值链存在于企业内以及企业间一系列相互作用和相关联的物流活动中，也就是说，任何一次完整的智慧物流活动必定包含着一条智慧物流价值链，该物流活动最终能够创造的价值就是所包含物流价值链产生的价值。在企业内，这些物流活动分布于智慧物流信息、智慧仓储、智慧运输/配送、智慧包装与装卸搬运等环节；在企业间，这些物流活动分布于智慧采购/供应、智慧生产、智慧分销等环节。这些智慧物流环节相互关联并相互影响，形成以智慧物流价值为核心的链条结构。

二、ILVC曲线

用智慧物流价值链（ILVC）来描述智慧物流活动的本质，与上述智慧物流价值函数中的假设一致，设某一智慧物流价值链上有 n 个环节 x_1, x_2, $\cdots$, x_i, $\cdots$, x_n，其中某个物流环节 x_i（$i = 1, 2, \cdots, n$）的功能为 ILF_i，其物流成本为 ILC_i，那么该环节 x_i 的物流价值函数为：

$$ILV（x_i）= ILF_i / ILC_i = ILV_i \qquad (4-4)$$

即智慧物流价值链 ILVC 是一个由 ILV_i（$i = 1, 2, \cdots, n$）构成的集合，那么，$ILVC = \{ ILV_1, ILV_2, \cdots, ILV_i, \cdots, ILV_n \}$。根据 ILV_i 数值的大小进行排序，使 $ILV_1 > ILV_2 > \cdots > ILV_i > \cdots > ILV_n$，那么智慧物流价值链在平面坐标中便反映为一条曲线，即 ILVC 曲线，如图 4-11 所示。

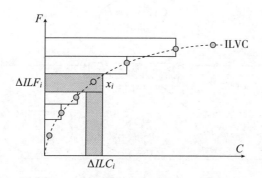

图 4-11　智慧物流价值链曲线

结合式（4-1）、式（4-2）和式（4-3），智慧物流价值链曲线中，纵坐标为功能增量 ΔILF_i，横坐标为成本的增量 ΔILC_i，物流环节 x_i 在智慧物流价值链曲线中的斜率即该物流环节的物流价值 ILV_i。智慧物流价值链的物流价值 ILV 表述为：

$$ILV = ILF / ILC = \sum_{i=1}^{n} ILV_i \qquad (4-5)$$

三、ILVC 类型

对智慧物流价值链进一步分析，结合郑霖和马士华的观点，将智慧物流价值链分为水平物流价值链和垂直物流价值链。

1.水平物流价值链

水平物流价值链（Horizontal logistics value chain）是企业内部物流环节中基本或主要的环节之间紧密关联、相互交叉与支持所形成的网链结构（见图4-12）。在水平物流价值链中，由第三方物流企业主导整个智慧物流价值链，通过对智慧物流信息、智慧运输/配送、智慧仓储、智慧包装/装卸搬运等资源的整合利用，满足了物品在供应方到需求方之间使用价值的增加。

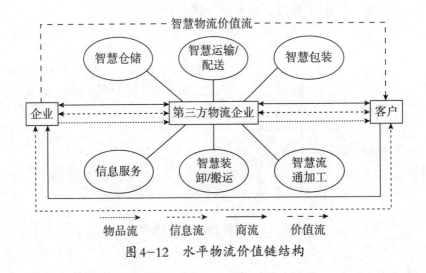

图4-12 水平物流价值链结构

2.垂直物流价值链

垂直物流价值链（Vertical logistics value chain）是企业外部的供应链物流环节中一系列环节形成相互联系、自上游到下游的垂直网链结构（见图4-13）。在垂直物流价值链中，由智慧物流平台型企业主导整个智慧物流价值链。一般而言，智慧物流平台型企业通过专业化组织、管理优势和品牌力量，将智慧采购物流、智慧生产物流、智慧分销物流和智慧退货物流进行整合，减小供应链"牛鞭效应"（Bullwhip effect）。

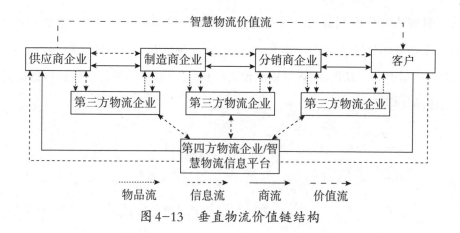

图4-13 垂直物流价值链结构

【本章小结】

智慧物流可以定义为基于数字化技术应用，通过线上线下物流资源的优化配置，以及技术和管理的融合创新，实现物流价值提升的现代物流体系。从价值链管理的角度，智慧物流是物流数字化转型发展下的一种新的物流形态，通过重构物流价值链，充分发挥数字化技术在线上线下物流资源要素配置中的优化和集成作用，最终实现降本增效。智慧物流的产业价值体现在物流枢纽的布局上，智慧物流的产业定位为社会资源的整合、分散市场的集中、人力资源的优化、个性需求的满足和绿色生态的创造；智慧物流的行业价值体现在物流资源共享上，智慧物流行业的价值主张为物流信息共享、物流交易匹配和物流增值服务；智慧物流的企业价值体现在智慧物流中心上，智慧物流企业价值环节包括信息服务、智慧装卸/搬运、智慧仓储、智慧运输/配送等。智慧物流实质上追求的是对某一物流活动的数字化投入与产出比值最大化，如果把物流功能看成物流成本的函数，智慧物流价值函数可描述为$ILF = f(ILC)$，在物流功能和物流成本的效益背反关系下，智慧物流价值的提升通过对组成该物流服务的各个投入要素优化管理的途径来实现。智慧物流价值链是在线上线下物流流程价值关系中，一系列物流环节依顺序相互连接、具有内在价值利益关系的网链，智慧物流价值链ILVC可描述为一个由若干个物流环节价值ILV_i（$i=1$，2，$\cdots$，n）构成的集合，即$ILVC=\{ILV_1$，$ILV_2, \cdots, ILV_i, \cdots, ILV_n\}$。智慧物流价值链ILVC有水平物流价值链和垂直物流价值链两种类型。

第五章　智慧物流的形成及体系结构

智慧物流价值链是物流活动内在投入产出关系的本质反映，是物流业态不断发展演进的原动力。智慧物流业态的形成，其本质就是数字驱动下智慧物流价值链的形成。从数字化进程的价值层面来看，智慧物流是一个由企业、行业、产业等多层次构成的综合体系，但是无论哪个层次上的智慧物流价值链结构，本质上均是一个数字化投入（表现为某物流环节运行产生的成本）和数字化产出（表现为形成了物流环节的功能）的过程。

第一节　智慧物流的形成特征

智慧物流价值链以物流价值为核心，从战略层、策略层和作业层分别表现出增值链（Value addition chain）、协作链（Collaboration chain）和作业链（Operation chain）的特征。

1.智慧物流增值

从物流发展战略层面看，智慧物流活动的本质在于物流价值的增加，包括物流成本降低、物流服务水平提高或物流效益提升。企业在提供智慧物流服务时，实质上是在提供该种物流服务所带来的物流价值。因此，智慧物流形成的本质就是实现增值。物流价值链上每一物流环节增值与否、增值的大小都会成为影响企业竞争力的关键。所以，要增加企业竞争优势，就要求企业通过物流价值链分析，在价值链的每一环节做到智慧物流价值增值。

2.智慧物流协作

从物流运营策略层面看，智慧物流活动可以采用自营或外包的方式完成，以实现物流价值最大化。智慧物流活动中任何一个环节的效果和效率都会影响其他环节，从"智慧物流价值"出发，以对智慧物流活动整体有无价值和价值大小来决定物流环节间的相互关系，或数字化改进，或重组、外包，以实现智慧物流系统整体协调运作，在动态、有序、合作、协调的运行机制下实现物流价值链上各个环节间的多赢。

3.智慧物流作业

从物流作业流程层面看，智慧物流活动由一系列的物流作业环节组成，可以看作最终为满足客户需要而设定的"一系列物流作业的集合"，形成一个由此及彼、由内到外的"智慧物流作业链"。随着物流作业环节的推移，同时表现为智慧物流价值在供应链上逐步积累和转移，形成"价值传递系统"，最后，以某种服务形态（如更低的物流成本、更快的物流速度、更短的物流时间等）转移给终端客户并转化为客户的使用价值。

第二节　智慧物流的形成机理

一、ILVC形成背景

智慧物流价值链ILVC是智慧物流活动中的一系列物流环节由于相互作用和相互依赖，从而形成的一个物流价值系统（Logistics value system）。智慧物流价值链的形成过程如下。

（1）智慧物流价值链的发起。由于资源的稀缺性和自身能力的局限性，任何企业都不可能拥有智慧价值链所有环节上的优势，也就不可能在整条价值链上寻求竞争优势，只能在关键的战略环节上建立自己的竞争优势。

（2）智慧物流价值链的发育。对企业智慧物流价值链上的基本价值活动进行分析，显示出在智慧运输/配送、智慧仓储、智慧装卸搬运等物流环节之间存在广泛的物流"效益背反"关系，如果不能合理地解决内部的利益冲突问题，显然将降低价值链的总体价值。

（3）智慧物流价值链的调整。由于受到市场需求不确定性的影响，供应链运营中容易产生"牛鞭效应"，这对智慧物流服务提出灵活性的要求，企业需要对其智慧物流活动进行合理的规划设计。

（4）智慧物流价值链的形成。以价值链分析为出发点，围绕如何创造更高的物流价值，通过整合外部资源和内部一体化实现线上线下物流协同运营。

以生产物流为例，智慧物流价值链的形成过程如图5-1所示。

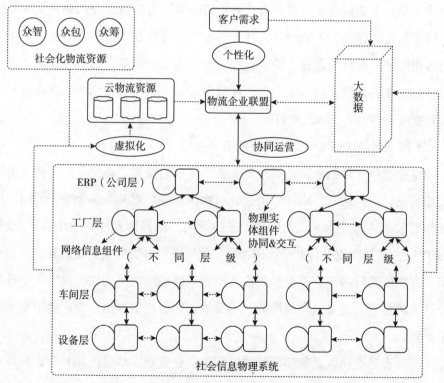

图5-1　智慧物流价值链的形成过程

智慧物流价值链 ILVC 的形成具有必然性，表现为：从水平物流价值链的角度来看，对于主导智慧物流价值链构建的第三方物流企业，在寻求线上线下物流一体化的过程中，必然会形成一条提升各个物流环节价值的价值链；从垂直物流价值链的角度来看，对于主导智慧物流价值链构建的智慧物流平台型企业，在寻求数字化供应链物流协同运作的过程中，必然会形成一条提升供应链物流价值的价值链。具体如下。

1.线上线下物流一体化的需要

在物流 1.0 和 2.0 时代，传统线下物流活动中的各个环节是相互分离的。随着专业分工的不断深入，企业越来越关注于自己的核心业务，而将一些非核心业务的运输、仓储等环节外包给专业的物流组织，在这种背景下，各种分散的、独立的物流环节向一体化、综合性物流活动转变。在物流 3.0 和 4.0 时代，第三方物流企业从最终客户的价值需求出发，对企业内和企业间的线上线下物流流程进行重新设计，并对企业内外流程和资源进行整合，使企业与客户间密切配合与衔接，缩短流程时间。这个过程中，第三方物流企业将原来隐含在各个物流环节中的价值释放出来，一系列对物流活动具有贡献的智慧物流环节创造了物流价值。

2.数字化供应链物流协同运作的需要

企业竞争优势的来源是供应链上各个环节的协同，即整个供应链上的新产品研发、生产运营、市场营销、分销物流、客户服务等各个业务部门，以及如财务、信息技术、人力资源等支持部门，能够协同一致。在物流 3.0 和 4.0 时代，智慧物流平台型企业作为数字化供应链解决方案的提供者，通过对第三方物流进行协调、整合和集成，使供应链物流协同的整体价值大于各部分价值的总和。正是这种隐性的、不易被识别的价值增值，为企业带来了竞争优势。

在为客户提供智慧物流活动的过程中，企业难以通过优化分析达到该次物流活动最优。如果能够对整体进行分解，细化到组成一次智慧物流活动的各物流环节，并能按照客户需求在更大范围实现这些物流环节的优化，那么，按照这种方式重组这些物流环节就能最终形成最优的智慧物流系统。然而，这种细分虽然可以提高物流活动的效率、降低物流成本，但是由于分工而产生的交易又会引起或增加交易成本。因此，为了寻求分工专业化和交易成本之间的均衡，即实现智慧物流价值的最大化，必然要从智慧物流价值链的角度进行研究。

二、ILVC形成动力

以上从细化分工和交易成本的平衡角度，定性分析了智慧物流价值链ILVC形成的必然性。从定量的角度，智慧物流价值链ILVC的形成受到物流价值最大化驱动，可用数学语言对其形成动力机制进行描述。

1.ILVC形成的数学描述

从功能和结构上看，智慧物流价值链可以简化为由多个物流价值节点（即物流环节）通过一定的协调机制形成的集合，智慧物流价值链结构模型可以通过物流环节的集成得到。因此，应用图论方法，构建智慧物流价值链结构模型。

设一条智慧物流价值链中的智慧物流环节用x_i表示，则ILVC可以表示为：

$$ILVC = \{x_1, x_2, \cdots, x_i, \cdots, x_n\}, i = 1, 2, \cdots, n \qquad (5-1)$$

物流环节可以简化为数字化资源、数字化投入产出服务、数字化管理技术方法和智能作业（四者构成价值活动单元）的集合，分别用子集R_{ILVC}、P_{ILVC}、M_{ILVC}及A_{ILVC}表示。

通过关联价值函数$ILV_{ijp}(Y_{ijp})$与有向偶图$B_{ILVC} = B(E_{ILVC}, D_{ILVC}, L_{ILVC})$的边$L_{ILVC} = \{(E, D), E \in E_{ILVC}, D \in D_{ILVC}\}$来表示ILVC系统，其中，$E$、$D$分别为有向偶图$B_{ILVC}$顶点集合$E_{ILVC}$和边集合$D_{ILVC}$中的元素，$ILV_{ijp}$为ILVC结构中物流环节$X_i$向物流环节$X_j$传递数量为$Y_{ijp}$的物流服务而创造的价值。则智慧物流价值链ILVC也可以用有向偶图表示为：

$$B_{ILVC} = B(E,D;L) = B(E_{ILVC}, A_{ILVC}; L(E_{ILVC}, A_{ILVC})) \qquad （5-2）$$

式（5-2）中，$E_{ILVC} = \{R_{ILVC}, P_{ILVC}, M_{ILVC}\}$。

因此通过以上的定义，把物流环节加入ILVC中的数字化资源、数字化投入产出服务、数字化管理技术方法和智能作业单元集合分别记为R_{xILVC}、P_{xILVC}、M_{xILVC}和A_{xILVC}，则存在如下关系：

$$R_{xILVC} = R_x \bigcap R_{ILVC}; P_{xILVC} = P_x \bigcap P_{ILVC};$$
$$M_{xILVC} = M_x \bigcap M_{ILVC}; A_{xILVC} = A_x \bigcap A_{ILVC} \qquad （5-3）$$

则该物流环节加入ILVC的部分用有向偶图表示为：

$$B_{xILVC} = B(E,D;L) = B(E_{xILVC}, A_{xILVC}; L(E_{xILVC}, A_{xILVC})) \qquad （5-4）$$

其中，$E_{xILVC} = \{R_{xILVC}, P_{xILVC}, M_{xILVC}\}$。

因为某一物流环节可能拥有ILVC以外的资源和价值活动，那么ILVC中的所有资源、价值活动、中间投入产出服务以及管理技术方法并非所有参与ILVC的物流活动节点简单的相加，而是ILVC根据价值目标对各物流环节核心能力进行提取后的集成，因此有：

$$R_{ILVC} = \sum_{x \in ILVC} R_{xILVC}; P_{ILVC} = \sum_{x \in ILVC} P_{xILVC};$$
$$M_{ILVC} = \sum_{x \in ILVC} M_{xILVC}; A_{ILVC} = \sum_{x \in ILVC} A_{xILVC} \qquad （5-5）$$

ILVC的形成可以通过任何类型的合约来实现，可以通过在时间区间上对价值网的所有边指定价值函数$ILV_{ijp}(Y_{ijp})$来定义这样的合约。

2.ILVC形成的动力机制分析

ILVC能把构成网链的物流环节聚集在一起，需要一些特殊的驱动力，这些动力包括降低物流成本、增加柔性等，但实现最大价值是最终目标。运用合作博弈理论可以定量分析促使物流环节形成ILVC的动力机制。

设ILVC由n个物流环节组成，则各物流环节为最大化自身的效用、实现最大收益（表现为物流价值），均与ILVC内其他物流环节进行合作博弈，其特征函数$\phi(ILVC)$是一个实函数，$\phi(ILVC)$表示ILVC通过协调其物流环节的策略所能保证得到的总体收益，且$\phi(\phi) = 0$。ILVC中进行合作博弈的

物流环节 X_i 获得的收益分配用 $\phi_i(ILVC)$ 表示，$i = 1,2,\cdots,n$，用 $\phi(i)$ 表示物流环节 X_i 独立运作时的收益。各物流环节要形成 ILVC，必须满足如下条件。

（1）个体理性条件，$\phi_i(ILVC) > \phi(i)$，$i = 1,2,\cdots,n$。

个体理性条件表明每个物流环节在 ILVC 内通过与其他物流环节进行合作都能获得比不加入 ILVC 单独运营时更多的收益。

（2）超可加性条件，$\phi(ILVC) > \phi(1) + \phi(2) + \cdots + \phi(n)$。

ILVC 把各参与物流环节分别具有的独特资源和核心能力进行有效组合，通过资源、信息共享和优势互补，获得各物流环节独立运作时无法具有的综合优势，ILVC 总体收益大于或等于各物流环节单独运营时的收益之和。这是 ILVC 中合作博弈存在的一个基本条件，若满足超可加性条件，则说明各物流环节协作形成 ILVC 是合理的。

（3）集体理性条件，$\displaystyle\sum_{i \subset ILVC} \phi_i(ILVC) = \phi(ILVC)$。

集体理性条件表明 ILVC 中各物流环节最大限度地获得了协作带来的收益。

定义 5-1：对 ILVC 内任意两个物流环节集合 N'，$N'' \subset ILVC$，如果存在如下条件，即：$\phi(N') + \phi(N'') \leqslant \phi(N' \bigcup N'') + \phi(N' \bigcap N'')$，则称合作博弈 $(ILVC, \phi)$ 为凸博弈。

定义 5-2：ILVC 中的物流环节之间可以进行有效协调。

如果 ILVC 中物流环节各自策略的一个可行变化使所有物流环节都受益，那么在实际协调中，它们就会同意作出这样的策略改变。通过有效协调，ILVC 各物流环节可以建立一个利益平衡机制，使合作中获益受损的智慧物流环节确信，暂时的获益受损可以从长期稳定的 ILVC 关系中得到补偿，而获益较高的智慧物流环节会自愿在利益分配上作出一定的让步，也即从长远来看，一种稳定的 ILVC 关系会使所有合作物流环节获得比较公平的收益分配。

命题 5-1：ILVC 中各物流环节收益的提高大于或等于其直接收益损失。

证明：对 $\forall i, j \in n$，用 δ_j^i 表示物流环节 X_i 不参与 ILVC 合作造成 X_i 的直接收益损失，σ_i^j 表示 X_i 与 X_j 合作带来的直接收益。根据合作的相互性，δ_i^j 表示 X_j 不与 X_i 合作造成 X_j 的直接收益损失，σ_j^i 表示 X_j 与 X_i 合作带来的直接收益。根据这些定义可知表达式 $[(\sigma_i^j - \delta_j^i) + (\sigma_j^i - \delta_i^j)]$ 反映了 X_i、X_j 两个物流环节合作带来的净收益。表达式 $\sum\limits_{i,j \subset LVC} [(\sigma_i^j - \delta_j^i) + (\sigma_j^i - \delta_i^j)]$ 则表示所有参与 ILVC 合作的物流环节的净收益。显然只有 $\sigma_i^j - \delta_j^i \geqslant 0$ 和 $\sigma_j^i - \delta_i^j \geqslant 0$ 同时成立时 ILVC 的总净收益才不小于零，证毕。

命题 5-1 说明了参与形成 ILVC 的各物流环节，只有其收益的提高不小于其直接收益损失时才有动力进行合作。

ILVC 形成的必要条件是物流活动中各物流环节之间进行优势互补，而充分条件是物流环节间能够通过有效协调、合理分配彼此之间的利益，并最终达成有约束力的价值分配协议，约束彼此的经济行为，这样的 ILVC 一定会给各物流环节带来大于或等于不合作时所能获得的价值（命题 5-1），对这样的 ILVC，要求各物流环节参与合作，并且在合作中获益较多的物流环节应给获益受损的物流环节以一定量的利益补偿，ILVC 中各物流环节合作的基本目的是寻求各自利益的最大化。

第三节　智慧物流的体系结构

根据智慧物流价值链结构模型，以智慧物流价值链为基石，智慧物流体系得以建立，并在宏观和微观上形成相应的结构。

一、宏观结构

从宏观上看，根据价值网理论，智慧物流体系可以分为企业层面智慧物流、行业层面智慧物流和产业层面智慧物流三个层次，如图5-2所示。

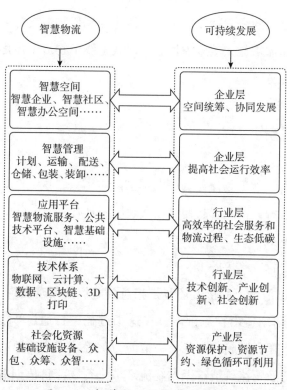

图5-2 智慧物流体系的宏观结构

（1）企业层面的智慧物流体系。表现为应用智能技术实现仓储、运输、装卸、搬运、包装、配送、供应链等各个环节的智慧化。

（2）行业层面的智慧物流体系。表现为区域智慧物流中心、区域智慧物流行业的形成。

①区域智慧物流中心。区域智慧物流中心的建立关键为搭建区域物流信息平台，这是区域物流活动的神经中枢，连接着物流系统的各个层次、各个方面，将原本分离的商流、物流、信息流和采购、运输、仓储、代理、配送等环节紧密联系起来，形成了一条完整的供应链。

②区域智慧物流行业。以快递物流为例，在快递行业中加强先进技术的

应用，通过信息主干网的建设、PC机和手提电脑、无线通信和移动数据交换系统的建设等，实现物流信息实时跟踪和降低服务成本。

（3）产业层面的智慧物流体系。一体化的现代物流支持平台，以制度协调、资源互补和需求放大效应为目标，以线上线下物流一体化推动数字物流经济的可持续发展。

二、微观结构

从微观上看，智慧物流是为了获得"降本增效"这一产出而进行必要的数字化投入的过程，因此智慧物流在微观层面具有投入产出（I/O）结构的基本特征。

1.智慧物流的I/O结构分析

智慧物流价值链上的价值环节是相对独立但又紧密联系、相互支持的，共同为物流活动创造出物流价值。在这个过程中，通过智能设备、算力[①]（大数据、云计算等形成的运营与决策能力）等数字化资源的投入（反映为物流成本），智慧物流价值链上的物流环节进行物流价值创造，得到物流价值的产出，最终形成企业的竞争优势。智慧物流价值链的微观结构如图5-3所示。

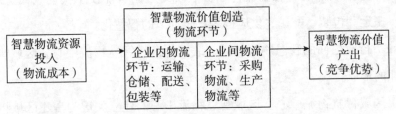

图5-3 智慧物流价值链的微观结构

---

① 人类经历了马力时代、电力时代，已经进入了算力时代。算法、算力和数据构成了数字经济时代基本的生产基石，算法是新的生产方式，数据是新的生产资料，算力是新的生产力。

因此智慧物流价值链ILVC本质上是一个投入—产出过程（Input-output process），其产出是形成该ILVC的物流活动的总体价值，这一产出与物流活动中各个物流环节的功能和成本有关，用函数表示为：

$$ILV = f(ILF, ILC) \tag{5-6}$$

式（5-6）中，ILV为智慧物流价值链的产出（即智慧物流价值），ILF为物流环节的物流功能，ILC为物流环节的物流成本。根据前文分析，物流功能取决于物流基础设施和物流技术水平，在短期内物流功能是一个确定水平。因而，在上述函数中，作为投入要素的ILF固定不变，即ILVC的产出主要由数字化物流资源投入要素决定。为简化研究，将数字化物流资源投入要素分为数字化投入和资金投入，即上述函数改写为：

$$ILV = f(L, K) \tag{5-7}$$

为此，在函数式（5-7）的基础上，建立ILVC投入—产出模型（Input-output model）。

2.智慧物流的I/O结构模型

设智慧物流活动中有n个物流环节，令ILV为智慧物流价值，L为总算力，L_1，L_2，L_3，$\cdots$，L_n分别为n个物流环节的数字化投入，K_1，K_2，$\cdots$，K_n分别为n个物流环节的年末资本存量和成本支出。

总产出（即智慧物流价值）由各物流环节的投入所决定，各物流环节的数字化平均投入分别为K_1/L_1，K_2/L_2，$\cdots$，K_n/L_n，平均产出为ILV/L，在时间T内，两者之间存在如下函数关系：

$$ILV / L = F(K_1 / L_1, K_2 / L_2, \cdots, K_n / L_n, T) \tag{5-8}$$

对式（5-8）两边进行全微分，然后两边除以ILV/L，整理可得：

$$\frac{1}{(ILV / L)}\mathrm{d}(ILV / L) = \sum_{j=1}^{n} \frac{\partial F}{\partial(K_j / L_j)} \frac{K_j / L_j}{ILV / L} \frac{1}{K_j / L_j}\mathrm{d}(\frac{K_j}{L_j}) + \frac{\partial F}{\partial T}\frac{1}{(ILV / L)}\mathrm{d}(T)$$

$$\tag{5-9}$$

在式（5-9）中，令：

$$\alpha_j = \frac{\partial F}{\partial (K_j / L_j)}, j = 1, 2, \cdots, n \ , \quad \lambda = \frac{\partial F}{\partial T} \frac{1}{(ILV / L)}$$

则其中 α_j（$j = 1$，2，$\cdots$，n）表示在第 j 个物流环节平均投入下的平均物流价值产出弹性（Elasticity），体现了平均产出变化对平均投入变化的反应程度，为常数；λ 表示技术进步速度，是时间 T 内的平均值。对式（5-8）两边积分并取 e 为底的指数函数，变形为：

$$ILV / L = A_T \prod_{j=1}^{N} (K_j / L_j)^{\alpha_j} \qquad （5-10）$$

式（5-10）中，$A_T = Ae^N$，A 为效率系数，A_T 为效率参数，代表某个时期整个企业的智慧物流技术水平，它反映了 n 个物流环节之间联合程度和各自的数字化投入。式（5-10）中的解释变量是各物流环节的平均投入，用来衡量各物流环节对智慧物流价值链上最终物流价值产出的影响。

3.智慧物流的I/O性质分析

性质5-1：ILVC中第 j 项物流环节和智慧物流技术水平 A_T 为ILVC上平均物流价值产出所作的相对贡献分别为：

$$RC_j = \alpha_j / (1 + \sum_{i=1}^{n} \alpha_i) \ , \quad RC_A = 1 / (1 + \sum_{i=1}^{n} \alpha_i) \qquad （5-11）$$

证明：令第 j 项物流环节的边际产出为 MP_j，智慧物流技术水平的边际产出为 MP_A，则有：

$$MP_j = \mathrm{d}(ILV / L) / \mathrm{d}(K_j / L_j) = A_T \alpha_j (K_j / L_j)^{\alpha_j - 1} \prod_{i \neq j} (K_i / L_i)^{\alpha_i} \qquad （5-12）$$

则在某一时间 T 内，第 j 项物流环节的平均投入与智慧物流技术水平 A_T 分别占整个ILVC平均物流价值产出的比重为：

$$Sh_j = MP_j \times (K_j / L_j) / (ILV / L) = \alpha_j \ , \quad Sh_A = MP_A \times A_T / (ILV / L) = 1$$

$$（5-13）$$

经过归一化处理，则第 j 项物流环节和智慧物流技术水平 A_T 为智慧物流价值链上平均物流价值产出所作的相对贡献分别为 $RC_j = \alpha_j / (1 + \sum_{i=1}^{n} \alpha_i)$，$RC_A = 1 / (1 + \sum_{i=1}^{n} \alpha_i)$。

从式（5-13）可以看出，α_j的经济意义是第j项物流环节平均投入所得在整个企业平均物流价值产出所占的份额，而智慧物流技术水平A_T所占的份额为常数1。性质5-1衡量了ILVC中的n项物流环节以及智慧物流技术水平的相对重要程度。

性质5-2：ILVC中物流环节的边际智慧物流技术替代率遵循递减规律。

借鉴西方经济学中的生产要素边际技术替代率概念，ILVC中存在物流环节X_i对物流环节X_j的边际智慧物流技术替代率，即其他条件不变，每增加物流环节X_i一单位的平均投入时所减少的物流环节x_j的平均投入数量。物流环节i对物流环节X_j的边际智慧物流技术替代率用$MRTS_{ij}$表示，其公式为：

$$MRTS_{ij} = -\Delta(K_j / L_j) / \Delta(K_i / L_i) \text{ , } MRTS_{ij} = -\mathrm{d}(K_j / L_j) / \mathrm{d}(K_i / L_i)$$

$$（5-14）$$

以下证明性质5-2。

证明：在保持其他条件不变下，物流环节X_i增加数字化投入所带来的平均物流价值产出的增加量等于由物流环节X_j减少投入所带来的平均物流价值产出的减少量：

$$|\Delta(K_i/L_i) \times MP_i| = |\Delta(K_j/L_j) \times MP_j|$$

变形后：

$$-\Delta(K_j/L_j) / \Delta(K_i/L_i) = MP_i/MP_j$$

由式（5-14）可得：

$$MRTS_{ij} = MP_i/MP_j = (\alpha_i/\alpha_j) \times ((K_j/L_j) / (K_i/L_i)) \qquad （5-15）$$

从式（5-15）可以看出，$MRTS_{ij}$随着第i项物流环节K_i/L_i的增大而减小，物流环节i对物流环节j的边际智慧物流技术替代率递减。

物流环节边际智慧物流技术替代率递减表明：随着对某一项物流环节不断增加数字化投入，那么这一物流环节将越来越难以被其他物流环节替代。从经济学的角度来说，智慧物流活动中要求各物流环节之间的数字化投入应有适当的比例，以保证物流活动的总物流价值最大。

性质5-3：ILVC中平均物流价值产出的年增长率方程为：

$$LV_{ir} = \sum_{j=1}^{n} \alpha_j \times IR_j + \lambda \qquad (5\text{-}16)$$

其中$LV_{ir} = 1/(ILV/L) \times \mathrm{d}(ILV/L)/\mathrm{d}(T)$，表示平均物流价值产出年增长率，$IR_j = 1/(K_j/L_j) \times \mathrm{d}(K_j/L_j)/\mathrm{d}(T)$，表示第$j$项物流环节平均投入的年增长率。式（5-16）是由式（5-10）中等号两边对时间T求导后除以ILV/L得到的。

性质5-3表明，ILVC中平均物流价值产出的增长来源于对各项物流环节平均投入的增加和智慧物流技术水平的提高。在性质5-3的基础上，第j项物流环节对平均物流价值产出增长率的贡献可用公式表示为：

$$Con_j = \begin{cases} \alpha_j \times IR_j / |LV_{ir}|, LV_{ir} \neq 0 \\ \alpha_j \times IR_j / (\sum_{j=1}^{n} |\alpha_j \times IR_j| + |\lambda|) \\ 0, \sum_{j=1}^{n} |\alpha_j \times IR_j| + |\lambda| = 0 \end{cases} \qquad (5\text{-}17)$$

性质5-4：物流环节的数字化投入与相应的对物流环节的评价（即对物流功能的要求）存在正向关系。

假设5-1：存在n个物流环节，x_i表示第i个物流环节数字化投入的数量，$x_i > 0$，$i = 1, 2, \cdots, n$。

假设5-2：实施n个物流环节数字化投入后的总效用为：

$$U(w_1, w_2, \cdots, w_n; x_1, x_2, \cdots, x_n) = \sum_{j=1}^{n} w_j u(x_j) \qquad (5\text{-}18)$$

其中，w_j为外生变量，表示第j个物流环节产生效用的权重，即对某个物流环节的评价，且$w_j > 0$，$\Sigma w_j = 1$。

假设5-3：总的效用函数为凹函数，即第j个物流环节带来的边际效用递减，$\dfrac{\partial U}{\partial x_j} = w_j \dfrac{\partial u}{\partial x_j} > 0$，$\dfrac{\partial^2 U}{\partial x_j^2} = w_j \dfrac{\partial^2 u}{\partial x_j^2} < 0$。

在以上假设条件下，ILVC优化的目标是在经济资源（如时间、成本）约束的条件下合理分配经济资源、最大化物流效用。数学表示为：

$$\max_{x_1, x_2, \cdots, x_n} U(w_1, w_2, \cdots, w_n; x_1, x_2, \cdots, x_n)$$

$$\text{s.t. } x_1 + x_2 + \cdots + x_n = m \tag{5-19}$$

式（5-19）中，m 为既定的经济资源数量。

为解决上述优化问题，构造拉格朗日函数：

$$L = U(w_1, w_2, \cdots, w_n; x_1, x_2, \cdots, x_n) + \lambda[m - (x_1 + x_2 + \cdots + x_n)] \tag{5-20}$$

极值的一阶条件为：

$$w_j \frac{\partial u}{\partial x_j} - \lambda = 0, j = 1, 2, \cdots, n$$

$$x_1 + x_2 + \cdots + x_n = m \tag{5-21}$$

将式（5-21）中的两个式子联立方程组，容易求得各个物流环节的最优投入量 x_1^*, x_2^*, $\cdots$, x_n^* 以及 λ^*。

由于 $\partial u / \partial x_j$ 为减函数，各个物流环节的最优投入量与对物流环节相应的评价存在正向关系，即对某个物流环节的评价（对物流功能的要求或物流服务水平的要求）越高，所投入的智慧化物流资源越多。

基于上述性质，有如下分析。

（1）基于智慧物流环节弹性系数的流程优化。

性质 5-1 中提出的弹性系数 α_j 反映了第 j 项物流环节在时期 T 内为 ILVC 总产出所作贡献的大小。α_j 越大，对应的物流环节对企业的物流利润贡献越大，企业的物流竞争优势则主要来源于这些关键性的物流环节。因此，在构建 ILVC 时，要重点针对那些弹性系数较大的关键性的物流环节，围绕这些环节进行必要的数字化流程优化，以保持其持续发挥优势。

（2）基于边际智慧物流技术替代率的投入优化。

性质 5-2 中提出的物流环节的边际智慧物流技术替代率是呈递减规律的，那么，ILVC 中各项物流环节的平均投入之间必然存在着一个适当的比例。

命题 5-2：假设 ILVC 中对物流环节 X_i 和 X_j 的投入之和为定值，在其他项物流环节平均投入不变以及物流环节 X_i 和 X_j 各自的数字化投入不变的条件下，为使ILVC中平均产出最大化，物流环节X_i和X_j的数字化投入之比等于它们的弹性系数之比。

证明：因为ILVC中对物流环节X_i和X_j的数字化投入之和为定值，则有$(K_i/L_i) \times L_i + (K_j/L_j) \times L_j = K$，$K$为常数。对式（5-9）作拉格朗日函数（其中$\phi$为拉格朗日乘子），得到$N = F(K_1/L_1, \cdots, K_n/L_n, T) + \phi(K - (K_i/L_i) \times L_i - (K_j/L_j) \times L_j)$。

那么，平均产出的最大化一阶条件为：

$$\partial N / \partial(K_i/L_i) = \partial F / \partial(K_i/L_i) - \phi \times L_i = 0 \qquad （5-22）$$

$$\partial N / \partial(K_j/L_j) = \partial F / \partial(K_j/L_j) - \phi \times L_j = 0 \qquad （5-23）$$

$$\partial N / \partial \phi = K - (K_i/L_i) \times L_i - (K_j/L_j) \times L_j = 0 \qquad （5-24）$$

由式（5-22）和式（5-23）得：

$$MRTS_{ij} = (F/(K_i/L_i)) / (F/(K_j/L_j)) = MP_i/MP_j = L_i/L_j$$

即平均产出的最大化条件为物流环节i对j的边际智慧物流技术替代率等于物流环节X_i和X_j的数字化投入之比，再由式（5-16）可得出：

$$K_i/K_j = \alpha_i/\alpha_j \qquad （5-25）$$

在性质5-3中提出平均产出增长取决于智慧物流技术进步速度λ、各项物流环节投入增加值IR_j（$j = 1,2,\cdots,n$）和各项物流环节所对应的弹性系数α_j（$j = 1,2,\cdots,n$）。因此，可以通过资金和数字化投入在不同物流环节之间的合理分配来增加ILVC中的平均产出，从而增加ILVC的总价值。根据这一分析，ILVC中各项物流环节投入管理过程可按表5-1进行。

表5-1　　　　　　　　　　　ILVC中物流环节的投入管理

弹性系数	算力数量	投入方式
α_i较大	L_i较小	增加智慧物流总投入，如智慧物流基础设施投资；在资金的允许范围内增加数字化投入，以扩大智慧物流规模
α_i较大	L_i较大	一方面，适当增加资金的总投入；另一方面，如果企业的目标是扩大物流规模、增加总产出，那么扩大此项价值活动的数字化投入规模是比较有效的

续表

弹性系数	算力数量	投入方式
a_j 较小	L_j 较大	减少数字化投入
a_j 较小	L_j 较小	维持现状不变，或者按照企业的平均数字化投入增加水平进行投入，维持平衡发展

【本章小结】

智慧物流价值链是"物流控制塔"和"供应链控制塔"一体化的一种形式，以物流价值为核心，从战略层、策略层和作业层分别表现为增值链、协作链和作业链。智慧物流的形成具有必然性，表现为：从水平物流价值链的角度来看，对于主导智慧物流价值链构建的第三方物流企业，在寻求线上线下物流一体化的过程中，必然会形成一条提升各个物流环节价值的价值链；从垂直物流价值链的角度来看，对于主导智慧物流价值链构建的智慧物流平台型企业，在寻求数字化供应链物流协同运作的过程中，必然会形成一条提升供应链物流价值的价值链。在此基础上，应用图论方法，构建智慧物流价值链结构的数学描述模型，对智慧物流价值链的形成动力机制进行了定量分析。从宏观上看，智慧物流体系可以分为企业层面智慧物流、行业层面智慧物流和产业层面智慧物流三个层次。从微观上看，智慧物流是为了获得"降本增效"这一产出而进行必要的数字化投入的过程，因此智慧物流具有投入产出（I/O）结构的基本特征，智慧物流的投入产出结构模型为 $ILV/L = A_T \prod_{j=1}^{N} (K_j/L_j)^{\alpha_j}$，反映了智慧物流发展的基本路径是基于智慧物流环节弹性系数的流程优化和基于边际智慧物流技术替代率的投入优化。

中篇　智慧物流发展路径：基于物流数字化资源层面

在现有智慧物流发展主要进行信息化建设的基础上，提出智慧物流的发展路径是对智慧物流价值链进行分析、优化、重组并形成增值链、协作链和作业链。从数字化资源配置层面，首先对智慧物流价值链体系进行分析与评价，其次进行数字化投入与管理优化，最后进行数字化投入与管理重组，通过对物流资源的优化配置最终实现物流业"降本增效"。这一过程为：首先对智慧物流进行价值链分析，并构建智慧物流发展模糊综合评价模型 FCEIL 和智慧物流发展成熟度模型 CMMIL 进行评价，以明确智慧物流发展方向；其次对智慧物流发展中的物流环节、物流模式进行价值分析，引入智慧物流价值系数，识别出具有"智慧物流价值"的环节、模式，并对其进行数字化流程与投入的优化；最后从水平物流价值链、垂直物流价值链和平台网络化三个方面，分别从企业、行业和产业层面提出智慧物流数字化流程与管理重组策略。

第六章　智慧物流的发展分析与评价

在物流活动中，并不是对每一个环节进行数字化投入或应用智慧物流技术都能够实现价值增值。通过价值链分析，智慧物流所创造的价值实际上来自智慧物流价值链上的某些特定的价值环节，这些真正创造价值增值的环节，就是智慧物流价值链的"战略环节"。智慧物流的竞争力（对企业而言）和竞争优势（对产业、行业而言），尤其是能够长期保持的优势，也是在智慧物流价值链某些特定的战略价值环节上的优势。发展智慧物流，首先需要对产业、行业或企业层面的智慧物流发展进行分析和评价。

第一节　智慧物流发展分析模型

企业是构成行业和产业的基本单位，为此，将针对企业竞争优势进行的价值链分析理论拓展应用到针对智慧物流的竞争力（对企业而言）和竞争优势（对产业、行业而言）的研究中，着重从企业层面进行智慧物流价值链分析（Intelligent Logistics Value Chain Analysis，ILVCA）。

一、ILVCA

1.ILVCA的渊源

迈克尔·波特提出的价值链分析法（VCA），将生产、销售、进料物流、发货物流、售后服务等作为企业的基本活动，而将人事、财务、计划、研究与开发、采购等作为企业的支持活动，两种活动共同构成了企业的价值链，企业的价值链分析模型如图6-1所示。

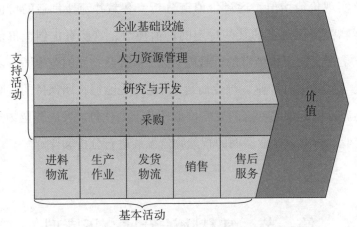

图6-1　企业的价值链分析模型

因而，物流价值链分析（LVCA）是将企业物流活动及供应链物流活动视为一系列的输入、转换与输出的物流环节序列集合，每个环节都有可能对最终物流服务产生增值，通过分析这些环节各自的价值，将这些环节的功能和成本进行优化组合，从而提升物流活动的整体价值，增强企业物流或供应链物流的竞争优势。与迈克尔·波特的价值链分析相似，智慧物流价值链分析（ILVCA）同样是为了寻找和识别物流活动中的增值环节，从而提升物流竞争优势。但有所不同的是，ILVCA着重关注"生产"无形产品（即提供物流服务）。

2.ILVCA的思想

根据ILVC曲线的数学描述，$ILVC = \{ILV_1, ILV_2, \cdots, ILV_i, \cdots, ILV_n\}$，对$ILV_i$

数值进行排序，即 $ILV_1 > ILV_2 > \cdots > ILV_i > \cdots > ILV_n$。这一排序借助了价值工程中ABC分析的思想。所谓ABC分析，是根据事物在技术、经济方面的独立或综合的特征，对事物的重要性所进行的分析，又称帕累托（Pareto）分析法[①]。ABC分析是价值工程对象选择最常用的方法之一，ABC分析的精髓在于实现对物品进行资金上和价值上的管理。ILVCA的对象是物流活动的价值，在这一点上，ILVCA的思想与ABC分析的思想是一致的。借助这一思想，ILVCA可以对物流活动中众多物流环节的价值分析进行分类管理。物流价值ABC分析如图6-2所示。

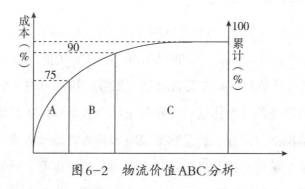

图6-2　物流价值ABC分析

3. ILVCA的特点

（1）ILVCA的基础是物流价值，物流价值是客户愿意为智慧物流服务所支付的价格，也代表客户需求满足（使用价值）的实现。

（2）智慧物流活动可分为基本活动和辅助活动两种，前者涉及构成一次完整智慧物流活动所必需的各智慧物流环节，后者则通过辅助和支持这些物流环节以保证物流服务的质量。

（3）ILVC列示了物流活动中的物流总价值，智慧物流总价值包括了客户价值（消费者剩余）和企业价值（生产者剩余）或产业、行业价值（竞争优势）。

————————

① 1897年意大利经济学家V.Pareto在研究个人所得的分布状态时，用坐标曲线反映出"少数人的收入占总收入绝大部分，而多数人收入很少"的规律，相关方法称为帕累托（Pareto）分析法。

（4）ILVC有整体性（Entirety）、层次性（Hierarchy）和可叠加性（Superimposition），ILVC追求的是整体物流价值的提升。

（5）ILVC的异质性（Heterogeneity），反映了企业战略和策略以及实施战略和策略的方法的不同，同时代表着企业竞争力和产业、行业竞争优势的一种潜在来源。

二、ILVCA模型

（一）ILVCA的定性模型

根据价值链分析原理，智慧物流的价值活动（Value activity）可以分为两大类：基本价值活动（Primary Value Activity）和支持价值活动（Support Value Activity）。基本价值活动是涉及智慧物流服务的物流咨询、物流营销、物流作业和增值服务的各种活动。支持价值活动包括提供智慧物流设施与设备、智慧物流网络与流程、智慧物流策略和算力资源等活动。因而，每一个企业的智慧物流活动都是进行营销、咨询、物流作业、增值服务，以及对智慧物流价值起辅助作用的各种相互分离的活动的集合。ILVCA的定性模型如图6-3所示。

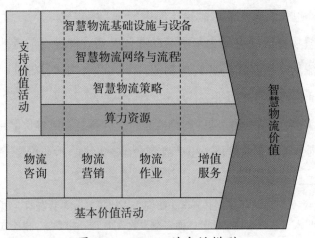

图6-3　ILVCA的定性模型

1.基本价值活动

与迈克尔·波特的价值链分析模型比，ILVCA模型中的基本活动没有生产作业、进料物流和发货物流实际上对应了物流作业，企业的物流作业也包括了原材料搬运、仓储、库存控制、车辆调度等，还有诸如包装、流通加工、配送等活动。销售对应了物流营销，既然物流服务也是一种产品，必然需要进行广告、促销、营销策划等。售后服务对应物流咨询和增值服务，物流咨询通过整合资源提供智慧物流解决方案，增值服务提供基本物流服务之外的相关活动，如代收货款、电子商务等。

2.支持价值活动

迈克尔·波特的价值链分析模型中的采购对应了ILVCA定性模型中的智慧物流策略，智慧物流策略包含了外包和自营两种方式，无论是外包还是自营，实际上是对"智慧物流服务"的一种购买；研究与开发对应了智慧物流网络与流程，物流流程取决于物流装备的革新、物流技术的研发以及物流工艺路线的开发；人力资源管理对应算力资源，是物流价值的实施者，是物流价值链的支撑；企业基础设施对应智慧物流基础设施与设备：物流网络由物流节点和物流线路构成，包括智慧物流中心、智慧物流基地、智慧配送中心或仓库等智慧物流设施和相应的智慧物流装备和设备，以及智慧物流信息系统；智慧物流网络支撑了物流价值链条。

（二）ILVCA的定量模型

ILVCA的基础是物流价值。因此，对于某次智慧物流活动中物流环节价值的定量分析是ILVCA的基础。智慧物流价值为物流功能与物流成本的比值，反映在ILVC曲线上，为该物流环节所对应点的斜率。ILVC曲线由这些代表智慧物流环节价值的斜率按照一定的顺序进行排列而形成，结合价值工程中ABC分析的思想，对这些"智慧物流价值"也可以进行分类管理。根据ILVC中的投入产出分析，将用以反映某个智慧物流环节在时期 T 内为ILVC总产出所作贡献大小的弹性系数 α 引入，得到智慧物流价值系数（Intelligent Logistics

Value Index，ILVI）。

根据ILVC中的投入产出性质，*ILVI*是反映物流价值大小的指标，这个指标指出了相应物流环节的功能与成本的匹配程度。借助*ILVI*可以对ILVC进行定量分析。根据*ILVI*与1之间的关系，对ILVC的分析分为*ILVI* > 1、*ILVI* = 1和*ILVI* < 1三种情况。用数学语言描述为：在ILVC曲线上，智慧物流环节x_i（$i = 1, 2, \cdots, n$）的价值$ILV_i = ILF_i/ILC_i$，根据弹性系数的概念，该环节的*ILVI*为：

$$ILVI_i = \frac{\Delta ILF_i \Big/ ILF_i}{\Delta ILC_i \Big/ ILC_i} = \frac{ILFI_i}{ILCI_i} \qquad (6\text{-}1)$$

式（6-1）中，ILVI_i为第i个智慧物流环节的价值系数，$ILFI_i$为第i个智慧物流环节的功能系数，$ILCI_i$为第i个智慧物流环节的成本系数。

根据价值工程中价值的取值情况，智慧物流环节x_i的智慧物流价值系数ILVI_i会出现$ILVI_i > 1$、$ILVI_i = 1$和$ILVI_i < 1$三种情况（见图6-4）。

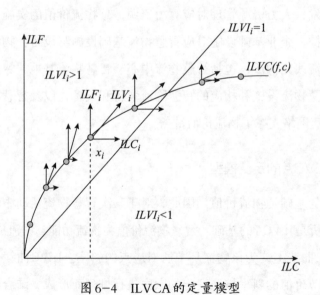

图6-4　ILVCA的定量模型

（1）$ILVI_i > 1$。

在$ILVI_i > 1$的情况下，认为该智慧物流环节x_i的功能超出了其成本，也就是说，相对于该环节 x_i 的数字化成本投入 ILC_i，其功能 If_i 发挥超出了预期，亦即所谓的"物超所值"。在这种情况下，根据价值链理论，这些智慧物流环节既是智慧物流活动中的增值环节，也是 ILVC 中试图找到和识别的关键环节，它们对于整个智慧物流活动有较大贡献，企业的核心竞争力或产业、行业的竞争优势就建立在这些增值环节上。

（2） $ILVI_i = 1$。

在 $ILVI_i = 1$ 的情况下，认为该智慧物流环节 x_i 的功能与其成本基本匹配，也就是说相对于该环节 x_i 的数字化成本投入 ILC_i，其功能 If_i 发挥与预期基本一致，亦即所谓的"物有所值"。在这种情况下，根据价值链理论，从 ILVC 上看，这些智慧物流环节不是智慧物流活动中的增值环节，对于企业的整个物流流程而言，可能没有必要智慧化，也可能有必要智慧化，要根据企业的实际情况进行必要性分析。

（3） $ILVI_i < 1$。

在 $ILVI_i < 1$ 的情况下，认为该智慧物流环节 x_i 的数字化成本超出了其功能，也就是说相对于该环节 x_i 的成本投入 ILC_i，其功能 If_i 发挥没有达到预期。在这种情况下，根据价值链理论，要对这些智慧物流环节即智慧物流活动中的不增值、价值较小的环节进行优化。

第二节　智慧物流发展分析过程

一、分析步骤

结合 ILVCA 的定性模型和定量模型，ILVCA 的步骤如下。

（1）现有价值链分解。把现有价值链分解为多个物流环节，以便于对各物流环节进行价值分析。

（2）智慧物流环节价值分析排序。应用价值分析方法将各个物流环节进行功能与成本的比较，得到该物流环节的智慧物流价值系数。

（3）价值变动环节识别。根据某一环节的ILVI识别出对智慧物流价值链具有较大贡献或没有贡献的环节。

（4）智慧物流价值链优化。若某环节对应的$ILVI \geq 1$，则进行流程优化保持其优势；若某环节对应的$ILVI < 1$，则对该环节投入成本优化以提升物流价值。

（5）智慧物流价值链重组。重新组合或改进物流价值链，以确保竞争优势。

（6）完成后，可以返回到（1），循环往复，不断提升企业的智慧物流竞争优势。ILVCA的步骤如图6-5所示。

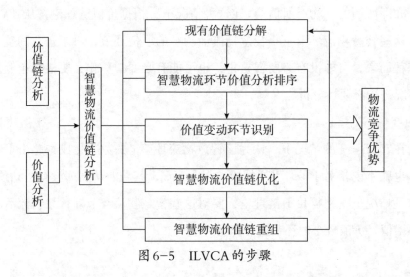

图6-5　ILVCA的步骤

二、分析内容

（一）现有价值链分解

1.水平物流价值链分解

结合ILVCA模型，水平物流价值链将物流作业分解为智慧运输/配送、智慧装卸搬运、信息处理、智慧仓储、智慧流通加工和智慧包装等基本环节（见图6-6）。除基本环节外，支持环节保障了智慧物流作业的顺利进行。支持环节中，智慧物流网络是物流运作的保障，由各种智慧物流节点构成，包括了相应的智慧物流设备；智慧物流流程的规划与设计，保障了智慧物流作业在物流网络中的协调运行；智慧物流策略包括了对企业物流业务外包、自营或外包加自营的决策；算力资源则给智慧物流活动主体提供智力支持。

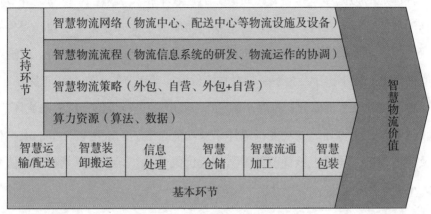

图6-6　水平物流价值链分解

2.垂直物流价值链分解

结合ILVCA模型，垂直物流价值链将智慧物流作业分解为智慧供应物流、智慧生产物流、智慧分销物流和智慧退货服务等基本环节（见图6-7）。支持环节中的智慧物流网络、智慧物流流程和算力资源与水平物流价值链分解中的相同，而智慧物流策略着重于物流供应商的选择。

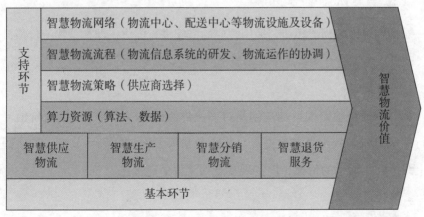

图6-7　垂直物流价值链分解

（二）智慧物流环节价值分析排序

将智慧物流活动分解为一系列物流环节后，对这些环节进行物流价值分析。将选定的物流环节作为分析对象，通过收集相关信息，对该物流环节进行物流功能分析。在这一阶段要进行物流功能的定义、分类、整理、评价等步骤，然后对该物流环节的成本进行分析，最终确定该环节的 ILVI。对这一数值进行由大到小排序，为下一步对物流价值变动环节的识别做好准备。

智慧物流环节价值分析排序步骤如下：①选择进行价值分析的物流环节；②收集资料确定该环节的功能指标体系及功能系数；③确定该环节的成本构成及成本系数；④确定该环节的智慧物流价值系数；⑤根据智慧物流价值系数大小进行排序。

（三）价值变动环节识别

从数量分析上，某一物流环节的 ILVI 会出现三种情况，即 $ILVI > 1$、$ILVI = 1$ 或 $ILVI < 1$。$ILVI \geqslant 1$ 所对应的环节为智慧物流价值链上能够实现增值或保持一定竞争优势的环节，而 $ILVI < 1$ 所对应的环节则对智慧物流价值链没有价值贡献，需要进行优化或改进。

（四）智慧物流价值链优化

对识别出来的物流环节，采用相应的措施进行优化，即智慧物流价值链优化。改良策略和整合策略是智慧物流价值链优化策略中可以采取的主要策略。

1.改良策略

智慧物流价值链改良的基础是对物流价值链网络结构中的物流价值环节进行系统分析，找出潜在改进点。采用数量模型通过物流环节投入优化提升线上线下物流活动的价值，以实现智慧物流价值链优化。

2.整合策略

智慧物流价值链整合策略是将各种物流资源进行数字化改进和整合，以实现各个物流环节之间协调运作，并实现线上线下物流活动一体化。通过流程优化可以提升物流活动的价值，以实现智慧物流价值链优化。

（五）智慧物流价值链重组

对原有的物流环节优化后，需要重新构造一条更具有核心竞争力的智慧物流价值链，智慧物流价值链重组从两个方面进行。

1.物流流程的重组

经过数字化改进和整合后，原有的物流环节出现了数字化改进等情况，因此，企业需要对优化后的价值链中的各要素进行重新整合，确保优化后的智慧物流价值链保持其竞争优势。

2.物流联盟的重组

经过数字化改进和整合后，要实现智慧物流价值链整体价值大于各个物流环节价值的简单相加，企业需将自己最擅长的能力要素与合作企业的核心能力要素进行整合，重新组成物流联盟，确保优化后的智慧物流价值链保持其竞争优势。

第三节　智慧物流发展绩效评价

通过 ILVCA 确定智慧物流价值链中的价值环节构成，进而需要对它们进行绩效评价，以识别和明确智慧物流价值提升的具体方向。

一、评价内容

1.基于流程与效率的智慧物流管理

智慧物流为企业创造的价值在于提高效率、降低成本、改变运作方式。在智慧物流"IT+IS"信息化架构下，物流活动的资金控制，资金流的管理分析，采购、生产、销售、退货等的流动分析，以及进货、销售、库存、应收、应付、结算、经营分析，都是进行智慧物流绩效评价的主要内容之一。

2.基于智慧物流管理思想的决策

智慧物流管理的实施是改变和优化业务处理过程的"催化剂"，其要求将物流运营业务流程的调整和重新设计与智慧物流"IT+IS"应用紧密结合在一起，同步进行。智慧物流管理对企业将要产生的冲击可能包括：对竞争策略的改变、对组织机构的调整及对各部门职责的重新界定等。

二、评价指标

智慧物流发展绩效的评价指标不仅要包括财务指标，同时要能反映智慧物流价值链的柔性、响应能力以及各节点间的协调性。为此，基于智慧物流价值链构建智慧物流发展绩效评价指标体系，该指标体系的设计应遵循如下原则。

（1）突出智慧物流价值链管理的重点，即对关乎企业战略的智慧物流管理绩效进行重点测评。

（2）重视智慧物流价值链中的物流流程，即要采用能反映智慧物流流程的绩效指标体系。

（3）反映智慧物流价值链的整体性，即评价指标要能反映整个智慧物流的运营情况，而不是仅仅反映单个物流节点间的运营情况。

（4）对智慧物流价值链管理评价及时，即应尽可能采用实时分析与评价的方法，要把绩效度量范围扩大到能反映智慧物流实时运营的信息上去，因为这要比仅做事后分析有价值得多。

根据以上原则，应用德尔菲法设计智慧物流发展绩效评价体系，如表6-1所示。

表6-1   智慧物流发展绩效评价指标体系

子体系	孙体系	底层指标
客户满意度 u_1	物流服务质量 u_{11}	货损率 u_{111}，货差率 u_{112}
	物流服务水平 u_{12}	客户投诉率 u_{121}，客户流失率 u_{122}
	承诺水平 u_{13}	准时交货率 u_{131}，订单履约率 u_{132}
	物流服务价格 u_{14}	性价比 u_{141}，某价格接受率 u_{142}
财务水平 u_2	盈利能力 u_{21}	净资产收益率 u_{211}，总资产报酬率 u_{212}
	变现能力 u_{22}	流动比率 u_{221}，速动比率 u_{222}
	负债比率 u_{23}	资产负债率 u_{231}，有形资产负债率 u_{232}
	资产管理比率 u_{24}	应收账款周转率 u_{241}，资产总额周转率 u_{242}
智慧物流战略 u_3	核心竞争力 u_{31}	高科技核心竞争力 u_{311}，物流服务同质化程度 u_{312}
	利润 u_{32}	利润绝对值比战略预期 u_{321}，主营业务毛利率 u_{322}
	企业成长 u_{33}	资产增长比战略预期 u_{331}，收入增长比战略预期 u_{332}
	企业文化 u_{34}	企业文化制度建设 u_{341}，企业文化匹配程度 u_{342}
	物流人力资源 u_{35}	职能结构 u_{351}，学历结构 u_{352}，年龄结构 u_{353}，管理层年龄结构 u_{354}，从业年限结构 u_{355}，薪酬结构 u_{356}
	综合风险 u_{36}	政策风险 u_{361}，行业风险 u_{362}，市场风险 u_{363}，技术风险 u_{364}，财税风险 u_{365}，经营风险 u_{366}
	综合竞争力 u_{37}	行业综合竞争力排名比战略预期 u_{371}
响应时间 u_4	供应时间 u_{41}	供应前置时间 u_{411}，供应商零部件出产循环期 u_{412}
	交货时间 u_{42}	准时送达率 u_{421}，准时交货率 u_{422}
智慧物流服务柔性 u_5	物流流程柔性 u_{51}	交货时间柔性 u_{511}，个性服务 u_{512}
合作协调 u_6	物流信息共享 u_{61}	信息传递及时率 u_{611}，信息传递准时率 u_{612}
	协调关系 u_{62}	平均产销绝对偏差 u_{621}，合作环节量比与整体流程环节 u_{622}
	合作满意度 u_{63}	最大满意度 u_{631}，最小满意度 u_{632}，平均满意度 u_{633}
智慧物流运作 u_7	物流市场营销 u_{71}	物流市场份额 u_{711}，物流市场占有率 u_{712}
	物流流程设计 u_{72}	库存周转率 u_{721}，效率提高率 u_{722}
	物流线路优化 u_{73}	物流吞吐量提高 u_{731}，运输/配送效率提高 u_{732}

第四节　智慧物流发展评价模型

一、模糊综合评价

由于智慧物流发展绩效评价指标体系中存在许多难以精确描述的指标，为此，基于智慧物流价值链构建采用智慧物流发展模糊综合评价模型（Fuzzy Comprehensive Evaluation of Intelligent Logistics，FCEIL）对智慧物流价值链进行评价。

1.因素递阶层次的确定

智慧物流发展绩效评价是一个多级模糊综合评价问题，因素集共分为3个层次，具体可见表6-2，同时该表也反映了智慧物流发展评价体系的递阶层次结构。

表6-2　　　　　　　　　　智慧物流发展评价指标1—9标度法

标度值	含义
1	u_i 与 u_j 比较，有同等的重要性
3	u_i 与 u_j 比较，u_i 比 u_j 稍微重要
5	u_i 与 u_j 比较，u_i 比 u_j 明显重要
7	u_i 与 u_j 比较，u_i 比 u_j 重要得多
9	u_i 与 u_j 比较，u_i 比 u_j 绝对重要
2,4,6,8	分别表示相邻判断1—3，3—5，5—7，7—9的中间值
倒数	若指标 u_i 与 u_j 比较的判断值为 c_{ij}，则 u_j 与 u_i 比较的判断值为 $c_{ji} = 1/c_{ij}$

2.评价集的建立

一般情况下，评价集中评语等级数 m 取[3,9]中的奇数，这样可以有一个中间等级，便于判断评价对象的等级归属。智慧物流发展评价的评价集 EV 如下：

$$EV = \{ev_1, ev_2, ev_3, ev_4, ev_5\} = \{优, 良好, 中等, 一般, 较差\}$$

3.评价指标（因素）权重系数的确定

基于综合评价指标体系的特点和层次分析法的优点，采用层次分析法与德尔菲法相结合的方法来确定指标的权重系数。

（1）专家判断。第一步，选择专家。选智慧物流领域中既有实际工作经验又有较深理论修养的专家若干人；第二步，将待定权重系数的各个指标和有关资料以及统一的确定判断矩阵的规则发给选定的各位专家，每个专家对各层次因素集给出一个判断矩阵。方法如下：通过各层次因素集中元素两两比较，构造比较判断矩阵；确定下一层次对于上一层次某因素（判断准则）的相对重要性，并赋予一定的分值，通常采用1—9标度法，如表6-2所示。

（2）计算权重向量。根据判断矩阵，先计算出判断矩阵的特征向量，然后经过归一化处理，满足 $\sum_{i=1}^{n} a_i = 1$。特征向量 $A = (a_1, a_2, \cdots, a_n)^{\mathrm{T}}$ 就是各指标（因素）相对于上一层次指标的相对重要程度，即权重向量。计算判断矩阵特征向量的方法如下：第一步，计算判断矩阵每行元素的乘积 $M_i = \prod_{j=1}^{n} b_{ij}$，$i = 1, 2, \cdots, n$；第二步，计算 M_i 的 n 次方根，$W_i = \overline{W}_i = \sqrt[n]{M_i}$；第三步，$W = (W_1, W_2, \cdots, W_n)^{\mathrm{T}}$ 进行归一化处理，即 $a_i = \dfrac{\overline{W}_i}{\sum_{i=1}^{n} \overline{W}_i}$，$A = (a_1, a_2, \cdots, a_n)^{\mathrm{T}}$ 为所求特征向量。

4.单因素评价（隶属度的确定）

本研究属于定标准的评价，即每个具体的评价指标都有确定的标准进行比较以判定其优劣程度。所依据标准如下：经验标准，即根据经济发展规律和长期的企业物流管理经验而产生的标准；战略标准，指以制定的战略年度计划、预算和预期达到的目标作为评价标准；同业标准，包括物流行业标准和国家、国际标准等；时间序列标准，即企业以前年度的物流绩效状况同类指标历史数据；标杆管理标准，则是以"最佳实践"作为评价标准。

以"智慧物流战略"中的指标 $u_{35} = \{u_{351}, u_{352}, u_{353}, u_{354}, u_{355}, u_{356}\}$ 为例，其单因素模糊关系矩阵为：

$$\boldsymbol{R}_{35} = \begin{bmatrix} r_{3511} & r_{3512} & \cdots & r_{3515} \\ r_{3521} & r_{3522} & \cdots & r_{3525} \\ \vdots & & & \vdots \\ r_{3561} & r_{3562} & \cdots & r_{3565} \end{bmatrix} \tag{6-2}$$

其中 r_{35ij}，$i = 1, 2, \cdots 6$，$j = 1, 2, \cdots, 5$ 表示因素集 u_{35} 第 i 个指标对评价集第 j 个元素的隶属度。

5.模糊综合评价合成算子选择

对客户满意度、财务水平、智慧物流战略等7个因素分别按上述方法计算出子因素的权重向量 $\boldsymbol{A}_i$ 和模糊矩阵 $\boldsymbol{R}_i$，用单层次模糊综合评价模型对上述7个因素进行单因素模糊评价，得到评价结果 $B_1, B_2, \cdots, B_7$。此合成运算中采用了 $M(\cdot, \oplus)$ 算子，在此模型中：

$$b_j = \min\left\{1, \sum_{i=1}^{n} a_i r_{ij}\right\}, \ i = 1, 2, \cdots n; j = 1, 2, \cdots, m \tag{6-3}$$

$M(\cdot, \oplus)$ 具有如下特点。

（1）在 $M(\cdot, \oplus)$ 算子中，没有取小运算，也没有取大运算，因而在决定各因素对评价集元素的隶属度时，考虑了所有因素 u_i 的影响，而不是只考虑对 b_j 影响最大的因素，在模糊关系矩阵的数据信息利用上相比是最优的。

（2）由于 $M(\cdot, \oplus)$ 算子与 $M(\cdot, \vee)$ 算子的与运算相同，又用有界和运算代替了取大运算，使 a_i 起到了代表各因素重要性的作用。

6.模糊综合评价

通过层次分析法得到各因素集的权重向量，根据底层指标的单因素模糊关系矩阵，可以进行一级模糊综合评价。

仍以"智慧物流战略"中的因素集 $u_{35} = \{u_{351}, u_{352}, u_{353}, u_{354}, u_{355}, u_{356}\}$ 为例，由层次分析法计算得到的权重集为 $A_{35} = (a_{351}, a_{352}, \cdots, a_{356})$，模糊关系矩阵为式（6-2），则相应得到的第二层次因素集 u_{35} 的模糊综合评价结果可以表征为：

$$B_{35} = A_{35} \cdot R_{35} = (\ a_{351}, a_{352}, a_{353}, a_{354}, a_{355}, a_{356}\ ) \times$$

$$\begin{bmatrix} r_{3511} & r_{3512} & \cdots & r_{3515} \\ r_{3521} & r_{3522} & \cdots & r_{3525} \\ \vdots & \vdots & \vdots & \vdots \\ r_{3561} & r_{3562} & \cdots & r_{3565} \end{bmatrix} = (b_{351}, b_{352}, b_{353}, b_{354}, b_{355}) \qquad (6-4)$$

一级模糊综合评价集：

$$B_{35} = (\ b_{351}, b_{352}, b_{353}, b_{354}, b_{355}\ ) \qquad (6-5)$$

即第二层次因素集 $u_3 = \{u_{31}, u_{32}, u_{33}, u_{34}, u_{35}, u_{36}, u_{37}\}$ 中指标（因素）u_{35} 在评价集 $EV = \{ev_1, ev_2, ev_3, ev_4, ev_5\}$ 上的模糊子集。按照同样的方法对其他第三层次因素集进行模糊综合评价，得到所有一级模糊综合评价集 $B_{3i} = (\ b_{3i1}, b_{3i2}, b_{3i3}, b_{3i4}, b_{3i5}\ )$，$i = 1, 2, \cdots, 7$，同理可得到第二层次和第三层次的模糊综合评价。值得注意的是，第二层次因素集模糊关系矩阵为：

$$R_3 = \begin{bmatrix} B_{31} \\ B_{32} \\ \vdots \\ B_{37} \end{bmatrix} \qquad (6-6)$$

得到所有二级模糊综合评价集 $B_i = (\ b_{i1}, b_{i2}, b_{i3}, b_{i4}, b_{i5}\ )$，$i = 1, 2, \cdots, 7$，而第三层次因素集模糊关系矩阵为：

$$R = \begin{bmatrix} B_1 \\ B_2 \\ \vdots \\ B_7 \end{bmatrix} \qquad (6-7)$$

得到结果 $B = A \times R = (\ b_1, b_2, b_3, b_4, b_5\ )$。

7. 评价结果分析

（1）根据隶属函数的最大原则 $\max(B)$，对应评价集 EV 中相应元素，可从总体上评价智慧物流发展绩效是否达到预期战略要求。如果所得结论为"好"和"较好"，表明智慧物流发展状态正常或基本正常，仅需进行微调；若所得结论为"差""较差"和"一般"，则表明智慧物流发展状态异常或者偏离预期，需要从战略目标设定及具体的战略执行角度逐层分析，查找关键问题所在。

（2）在模糊综合评价时，从低到高对不同层次的评价指标因素分层进行了评价，使得每一层次的每个因素都有对应的评价集；在分析评价结果时，则可以逆向而行，将最后的总评价结果逐层分解分析直至最低层次，以找出执行得好或者状态正常的行为加以巩固，或找出需要特别加以关注、整改的状态异常或者偏离预期的行为进行改进。

二、发展成熟度评价

智慧物流作为一种新形态，有必要对智慧物流价值链体系的成熟度展开深入讨论。在成熟度模型（The Capability Maturity Model，简称CMM）模型的基础上，构建智慧物流发展成熟度模型（The Capability Maturity Model of Intelligent Logistics,CMMIL），通过科学遴选一套衡量指标体系，对智慧物流价值链的成熟程度进行比较、评价，并逐步改善、提升，达到更高的成熟度。

1.成熟度指标体系

智慧物流发展能力成熟度的衡量指标分布在智慧物流价值链从构建到优化的五个层级中，如图6-8所示。

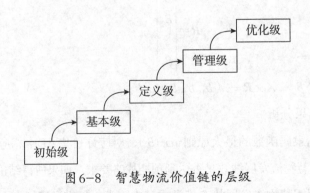

图6-8　智慧物流价值链的层级

其内涵可诠释如下。

（1）初始级。智慧物流价值链开始构建，智慧物流基础设施开始建设，智慧物流信息平台出现，智慧物流技术得到应用推广，智慧物流能力呈上下波动状态。

（2）基本级。智慧物流价值链开始形成，线上线下物流资源整合能力得到加强，供应链网络节点进行仓储、配送、运输等同步协调的能力开始展现，智慧物流体系走向稳定。

（3）定义级。智慧物流价值链主导智慧物流发展，智慧物流软件研发更新能力明显加快，企业智慧物流管理文化营造能力得到进一步增强。

（4）管理级。智慧物流价值链基本成熟，智慧物流带来的降本增效能力得到认可，智慧物流体系受到全社会的普遍认同。

（5）优化级。智慧物流价值链优化迭代，智慧物流链与智慧供应链间的竞争取代单个企业间的竞争，智慧物流体系逐步优化。

为了有利于上述五个级别的提升，每一个级别（初始级除外）又可分解为三个层次，即关键过程域、关键实践类和关键实践，其结构如图6-9所示。

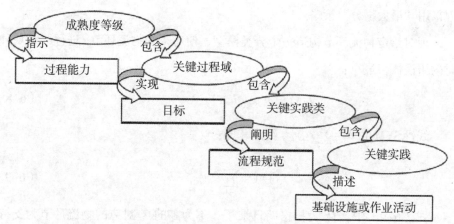

图6-9 智慧物流价值链成熟层次

智慧物流价值链成熟层次中包含若干关键过程域，每个关键过程域的相关实践活动全部完成后，就能实施关键过程目标，构建智慧物流成熟度的关键过程域，如图6-10所示。

123

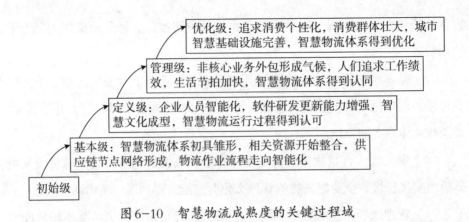

图6-10　智慧物流成熟度的关键过程域

2.成熟度确定方法

不失一般性，给定属于 n（$n=5$）级智慧物流价值链的 k 个物流环节 $T=\left\{(x_i,y_i)\right\}_{i=1}^{k}$，其中，$x_i$ 是第 i 层级输入模式（即智慧物流价值链上第 i 个物流环节投入能力的对应评价指标），y_i 是对应的第 i 层级期望输出（即智慧物流价值链创造价值增值的能力分类标志）。基于支持向量机（Support Vector Machine, SVM）进行分类，使得每个物流环节有 $n(n-1)/2$ 个学习机，学习过程采用"最大赢分"策略。

现对给定物流环节构造一个分类模型，使对未知物流环节 x 进行层级划分时的错误概率最小：

$$f(x)=\omega^{T}x-b \tag{6-8}$$

线性SVM由 $\omega=\sum_{i=1}^{k}\alpha_i y_i x_i$ 给定，即：

$$f(x)=\sum_{i=1}^{k}\alpha_i y_i x_i -b \tag{6-9}$$

式（6-9）中，α_i 为拉格朗日乘子，不为零的 α_i 对应的物流环节为支持向量（Support Vector），b 是偏置，是SVM设计时需要确定的参数。式（6-9）的学习方法也可以扩展到非线性空间。设 $\phi:X\to F$ 是输入控件 X 到特征空间 F 的非线性映射，则评价模型为：

$$f(x)=\sum_{i=1}^{k}\alpha_i y_i <\phi(x),\phi(x)>F-b \tag{6-10}$$

式（6–10）中，$<\phi(x),\phi(x)>$ 为特征空间 F 的内积。

对于非线性 SVM，可以用特征空间中非线性映射样本 $\phi(x)$ 的核函数（Kernel Function）$K(x,y)$ 来描述特征空间中的内积，即：

$$K(x,y) \leqslant \phi(x),\phi(x) > F \qquad (6\text{–}11)$$

则对于输入向量物流环节 x，其评价模型为：

$$f(x) = \sum_{i \in SV} \alpha_i y_i K(x,x_i) - b \qquad (6\text{–}12)$$

式（6–12）中，$x_i(i \in SV)$ 对应的物流环节为学习向量，SV 为支持向量集合。参数 α_i 通过下面的二次凸规划问题求解确定：

$$\max \sum_{i=1}^{k} \alpha_i - \frac{1}{2} \sum_{i=1}^{k} \sum_{j=1}^{k} \alpha_i \alpha_j K(x_i,x_j) y_i y_j$$

s.t. $$f(x) = \sum_{i=1}^{k} \alpha_i y_i = 0, 0 \leqslant \alpha_i \leqslant \beta, i = 1,2,\cdots,k \qquad (6\text{–}13)$$

式（6–13）中，β 为惩罚因子，不为零的 α_i 对应的物流环节为支持向量。把式（6–13）整理成以 α_i 为变量的标准形式二次优化问题，就可以应用 Matlab 的优化工具箱求解。求出 α_i 后即可得到 ω，并可根据全部支持向量得到 b 的平均值：

$$b = \frac{1}{I_s} \sum_{i \in SV} [y_i - \sum_{j=1}^{k} y_i \alpha_i K(x,x_i)] \qquad (6\text{–}14)$$

其中，I_s 为支持向量的个数。

由于 SVM 中引入了核函数而实现了非线性分类，同时在经验风险和函数集容量之间进行了折中防止过拟合，只需要较少的训练样本就可以获得较低的检测错误率。为此，在 SVM 训练中使用高斯核函数进行仿真训练：

$$K(x_i,x) = \exp(-\|x_i \cdot x\|^2 / 2\sigma^2) \qquad (6\text{–}15)$$

通过仿真训练，若当前学习机训练结果表明测试的物流环节 x 属于第 i 层级智慧物流价值链成熟度，则相应分数加 1，否则对第 i–1 层级智慧物流价值链成熟度的分数加 1，最后取具有最大分数的那一层级为物流环节 x 的成熟度。k 个物流环节的综合成熟度层级即为智慧物流价值链的成熟度层级，反映智慧物流相应的发展状态。

【本章小结】

　　智慧物流的发展需要对现有的物流模式进行智慧物流价值链分析和评价，以识别和确定发展重点。为此，首先，构建智慧物流发展分析模型，将物流活动视为一系列的输入、转换与输出的物流环节序列集合，每个环节都有可能相对于最终物流服务产生增值行为，通过分析这些环节各自的价值，将这些环节的功能和成本进行优化组合，从而提升智慧物流活动的整体价值；其次，结合智慧物流价值链分析的定性模型和定量模型，智慧物流发展分析的步骤为现有物流价值链分解、智慧物流环节价值排序、价值环节变动识别、智慧物流价值链优化分析和智慧物流价值链重组分析；最后，基于智慧物流价值链建立智慧物流发展模糊综合评价模型（FCEIL）和智慧物流发展成熟度模型（CMMIL），对智慧物流发展绩效进行分析与评价，为后续对智慧物流的发展优化研究奠定基础。

第七章　智慧物流的流程及管理优化

　　智慧物流通过数字化技术，对线上线下物流要素、资源进行重新组合、高效对接。从数字化进程的资源层面来看，智慧物流价值链中互不相同但又相互关联的经营活动，构成了一个创造价值的动态过程，有必要对这个过程进行优化。因此，在对智慧物流发展的分析与评价的基础上，需要从产业、行业和企业的全价值链对数字化物流流程与数字化投入管理进行优化。

第一节　智慧物流的优化内容

　　同样，视企业为行业和产业的基本单位，从企业层面进行智慧价值链优化的目的是实现各物流环节智慧化后的协调统一，实现智慧物流价值最大化，创造并保持持久的竞争优势。

一、优化含义

　　智慧物流优化要从物流价值链本身的特点和内涵出发。在价值工程中，追求功能与成本的匹配，即所谓"合适的""适当的"。将这一思想应用到智慧物流价值链中，智慧物流追求组成智慧物流价值链的一系列物流环节功能与成本的匹配，即追求企业能够提供"合适的"智慧物流服务或组织"适当的"智慧物流活动，实现智慧物流服务能够被客户接受和认同，智慧物流活动能够与产业、行业和企业的数字化转型战略、资源整合能力等实际情况相适应。

因而，基于智慧物流价值链分析，智慧物流优化即将智慧物流价值系数 $ILVI < 1$ 的物流环节，通过数字化投入优化管理，达到功能与成本的匹配，提升智慧物流价值链的总价值；而对于智慧物流价值系数 $ILVI \geq 1$ 的物流环节，通过对流程的优化巩固智慧物流价值链的价值优势，如图7-1所示。

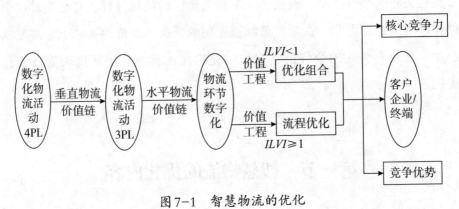

图7-1　智慧物流的优化

二、优化途径

用数学语言描述，智慧物流价值链曲线中存在某个物流环节 x^*，其智慧物流价值系数 $ILVI^* = 1$，点 x^* 处的斜率为1，那么进行优化时，处于 $ILVI < ILVI^*$ 左边的曲线部分保持不变，处于 $ILVI < ILVI^*$ 右边的曲线部分就是重点优化的部分，其优化的结果为最终曲线上的各点斜率为1。如图7-2所示，优化前的智慧物流价值链曲线为 $ILVI < ILVC(f,c)$，优化后的智慧物流价值链曲线由两部分组成，表现为 $ILVI < ILVC'(f,c)$。

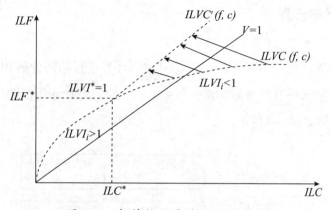

图7-2 智慧物流价值链优化方式

结合智慧物流价值链投入产出性质的分析，根据ILVI的大小，智慧物流优化的途径如下：

1. $ILVI \geqslant 1$

$ILVI > 1$所对应的智慧物流环节为智慧物流价值链上具有贡献的关键环节，是形成企业核心竞争力和产业、行业竞争优势的部分，因此，对于这些智慧物流环节应该重点关注，智慧物流价值链优化的内容为围绕这些关键环节进行流程上的数字化转型，通过物流流程上的优化保障这些关键环节能够继续发挥其现有的优势。$ILVI = 1$所对应的智慧物流环节需要根据企业的实际情况进行必要性分析，若该环节是智慧物流流程必不可少的一部分，需要保留或优化；若该环节对于智慧物流流程并非必要，可以精简或取消。无论哪种情况，其最终目标都是保证智慧物流价值最大化。

2. $ILVI < 1$

$ILVI < 1$所对应的智慧物流环节为智慧物流价值链上无贡献的环节，是影响并损害物流效益和企业竞争力以及产业、行业竞争优势的部分，因此，应对于这些智慧物流环节进行价值改进，考虑到物流活动中的"效益背反"，智慧物流价值链优化不能单从功能提升或成本降低的角度进行，而是应该考虑在现有功能水平下对这些环节进行数字化投入优化组合，从整体上提升这些智慧物流环节的价值。

三、优化步骤

智慧物流优化分为三个步骤：①对物流环节进行功能分析和成本分析；②确定各个物流环节的智慧物流价值系数；③对智慧物流价值链进行定量优化。具体步骤如图7-3所示。

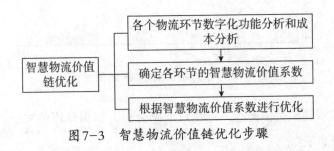

图7-3　智慧物流价值链优化步骤

考虑到智慧物流中垂直物流价值链的优化实际上建立在水平物流价值链优化的基础上，因此对组成水平物流价值链的物流环节进行价值分析（功能分析和成本分析）。

第二节　智慧物流活动价值分析

一、数学描述

与第四章对智慧物流价值和智慧物流价值链进行数学描述时的假设一致，设某次智慧物流活动的价值为ILV，该物流活动由n个物流环节组成，智慧物流环节的价值为ILV_i（$i=1,2,\cdots,n$），$ILV_i=ILF_i/ILC_i$，ILF_i为该环节的功能，ILC_i为该环节的成本。该环节的功能和成本是其影响因素的函数，即：$ILF_i=f(u_{1i},u_{2i},\cdots,u_{pi})$，$ILC_i=g(c_{1i},c_{2i},\cdots,c_{qi})$，$p,q=1,2,\cdots,m$。$ILV$为$lv_i$的集合，即$ILV=\{ILV_1,ILV_2,\cdots,ILV_i,\cdots,ILV_n\}$。

因此，该智慧物流活动价值可以表示为如下函数：

$$ILV = \{ILV_1, ILV_2, \cdots, ILV_i, \cdots, ILV_n\} = \{\frac{ILF_1}{ILC_1}, \frac{ILF_2}{ILC_2}, \cdots, \frac{ILF_i}{ILC_i}, \cdots, \frac{ILF_n}{ILC_n}\} \quad （7-1）$$

$$ILV_i = \frac{ILF_i}{ILC_i} = \frac{f(u_{1i}, u_{2i}, \cdots, u_{pi})}{g(c_{1i}, c_{2i}, \cdots, c_{qi})} \quad （7-2）$$

由于物流功能和物流成本在数量分析中不是同量纲，因而很难直接应用式（7-1）或式（7-2）来求得该智慧物流环节的价值。根据经济学原理，一般来说，只要两个经济变量之间存在函数关系，就可以用弹性来表示因变量对自变量变化的反应敏感程度，其一般表达式为：

$$e = \frac{\Delta Y / Y}{\Delta X / X} = \frac{\Delta Y}{\Delta X} \cdot \frac{X}{Y} \quad （7-3）$$

式（7-3）中 e 为弹性系数，ΔX 和 ΔY 分别为变量 X 和 Y 的变动量。

根据弹性的定义，可以将无法直接用数量表达的智慧物流价值用弹性系数来描述，称为智慧物流价值弹性系数，即智慧物流价值系数（ILVI）。根据式（7-3），ILVI 可以表达为：

$$ILVI_i = \frac{\Delta ILF_i}{ILF_i} / \frac{\Delta ILC_i}{ILC_i} \quad （7-4）$$

若令 $ILFI_i = {\Delta ILF_i} / {ILF_i}$ ，$ILCI_i = {\Delta ILC_i} / {ILC_i}$ ，则有：

$$ILVI_i = \frac{ILFI_i}{ILCI_i} \quad （7-5）$$

式（7-5）中 $ILFI_i$ 为该智慧物流环节的功能系数，$ILCI_i$ 为该智慧物流环节的成本系数。因而，智慧物流活动的价值分析转化为确定物流活动功能系数与成本系数。

二、功能分析

1. 智慧物流活动功能构成

对于水平物流价值链来说，智慧运输/配送功能创造空间价值，智慧仓储功能创造时间价值，智慧装卸搬运、智慧包装、智慧流通加工、信息处理等主要起到将上述各个环节衔接起来的作用，间接地创造了空间价值和时间价值。水平物流价值链智慧物流活动功能如图7-4所示。

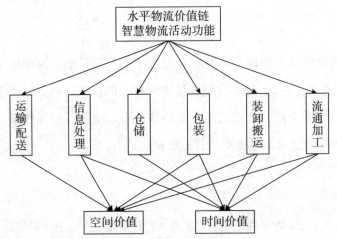

图7-4　水平物流价值链智慧物流活动功能

对于垂直物流价值链来说，智慧采购物流、智慧生产物流、智慧分销物流和智慧退货物流等环节又各自由智慧运输/配送、智慧仓储、智慧包装、智慧装卸搬运、智慧流通加工和信息处理等子环节组成，因而垂直物流价值链智慧物流活动同样是通过创造时间价值和空间价值来实现其物流价值。垂直物流价值链智慧物流活动功能有两个层次，如图7-5所示。

因而，无论是水平物流价值链还是垂直物流价值链，其最根本的功能体现，或者价值的最终体现是一致的。智慧物流活动功能的发挥受到智慧物流服务及时性、智慧物流服务可得性、智慧物流信息可得性等因素的影响，用u_i（$i=1,2,\cdots,n$）来表示n个影响因素，那么可以建立如下的智慧物流活动功能函数：

$$ILF=f\left(u_1,u_2,\cdots,u_n\right) \tag{7-6}$$

2. 智慧物流活动功能系数

智慧物流活动功能难以直接量化，因此采用智慧物流功能系数来反映该项功能的重要性。根据上述分析，智慧物流功能系数为$ILFI_i=\Delta ILF_i/ILF_i$，

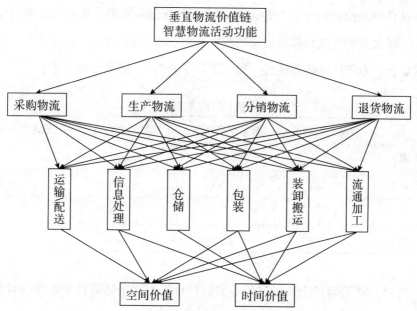

图7-5　垂直物流价值链智慧物流活动功能

式中右边仍然包含功能项，因而难以直接用此公式求得智慧物流功能系数。为此，用智慧物流功能权重来反映智慧物流功能系数。

首先，利用专家打分法获得初始评价值。采用标度赋值法，针对水平物流价值链中的智慧物流活动，将各环节的功能在智慧物流活动中的重要程度划分为5个等级，以数字1到5表示。根据对水平物流价值链的分解，设某次智慧物流活动可以分为智慧运输/配送、智慧仓储、智慧装卸搬运等6个环节，具体打分形式如表7-1所示。

表7-1　　　　　　　　智慧物流功能的专家打分（1）

	智慧运输/配送	智慧仓储	智慧装卸搬运	智慧包装	智慧流通加工	信息处理
专家1	r_{11}	r_{12}	r_{13}	r_{14}	r_{15}	r_{16}
专家2	r_{21}	r_{22}	r_{23}	r_{24}	r_{25}	r_{26}
…	…	…	…	…	…	…
专家n	r_{n1}	r_{n2}	r_{n3}	r_{n4}	r_{n5}	r_{n6}

垂直物流价值链中智慧物流活动功能，分别是智慧采购物流、智慧生产物流、智慧分销物流与智慧退货物流中各自智慧运输/配送、智慧仓储等子功能的集合。专家打分要多进行一次，即除了表7-1，还要增加一张表7-2。

表7-2 　　　　　　　　智慧物流功能的专家打分（2）

	智慧采购物流	智慧生产物流	智慧分销物流	智慧退货物流
专家1	r'_{11}	r'_{12}	r'_{13}	r'_{14}
专家2	r'_{21}	r'_{22}	r'_{23}	r'_{24}
…	…	…	…	…
专家n	r'_{n1}	r'_{n2}	r'_{n3}	r'_{n4}

然后，利用熵权法来确定各专家的权重，以水平物流价值链中的智慧物流活动功能分析为例，具体步骤如下：

（1）建立关于m个专家对6个功能的评分矩阵：

$$R = \begin{bmatrix} r_{11} & r_{12} & \cdots & r_{16} \\ r_{21} & r_{22} & \cdots & r_{26} \\ \vdots & \vdots & & \vdots \\ r_{m1} & r_{m2} & \cdots & r_{m6} \end{bmatrix}$$

（2）对R做标准化处理得到矩阵：

$$R' = (r'_{ij})_{m \times 6} \tag{7-7}$$

式（7-7）中，$j = 1, 2, \cdots, 6$，$r'_{ij} = \in [0, 1]$，且有：

$$r'_{ij} = \frac{r_{ij} - \min_{1 \leq i < m}(r_{ij})}{\max_{1 \leq i \leq m}(r_{ij}) - \min_{1 < i < m}(r_{ij})} \tag{7-8}$$

（3）第i个专家的熵为：

$$H_i = -k \sum_{j=1}^{6} f_{ij} \ln f_{ij}, i = 1, 2, \cdots, m \tag{7-9}$$

式（7-9）中，$f_{ij} = r'_{ij} / \sum_{j=1}^{6} r'_{ij}$，$k = 1 / \ln 6$。

（4）第i个专家的熵权为：

$$w_i = (1 - H_i) / (m - \sum_{i=1}^{m} H_i) \qquad (7\text{--}10)$$

式（7–10）中，$0 \leqslant w_i \leqslant 1$，且 $\sum_{i=1}^{m} H_i = 1$。

（5）采用加权平均法确定各个子功能的权重：

$$ILFI_j = \sum_{i=1}^{m} w_i r_{ij} / \sum_{j=1}^{6} \sum_{i=1}^{m} w_i r_{ij}, i = 1, 2, \cdots, m; j = 1, 2, \cdots, 6 \qquad (7\text{--}11)$$

式（7–11）中，$ILFI_j$ 为第 j 个子功能的权重，即第 j 个子功能的功能重要性系数。

若对垂直物流价值链中的智慧物流活动功能进行分析，智慧物流活动分为 4 个环节，其功能系数为上述水平物流环节功能系数的均值，即在式（7–11）的基础上，有：

$$ILFI_i^{'} = \frac{1}{6} \sum_{j=1}^{6} ILFI_{ij}, \ j = 1, 2, \cdots, 6; \ i = 1, 2, 3, 4 \qquad (7\text{--}12)$$

式（7–12）中 $ILFI_i^{'}$ 为第 i 个功能的权重，即第 i 个物流功能的功能系数。

三、成本分析

不失一般性，将智慧物流活动成本分为智慧物流作业成本、智慧物流服务成本、智慧物流服务用户成本和智慧物流服务机会成本。用 c_j（$j = 1, 2, \cdots, n$）表示各项成本，则可以得到如下智慧物流活动成本函数：

$$ILC = g\,(c_1, c_2, \cdots, c_n) \qquad (7\text{--}13)$$

根据上述分析，第 j 个智慧物流环节的智慧物流成本系数的具体计算公式如下：

$$ILCI_j = ILC_j / \sum_{j=1}^{6} ILC_j \qquad (7\text{--}14)$$

式（7–14）中：

$ILCI_j$——第 j 个智慧物流环节的成本系数；

ILC_j——第 j 个智慧物流环节的成本；

$\sum\limits_{j=1}^{6} ILC_j$ ——智慧物流活动中各个物流环节的成本之和。

若对垂直物流价值链中的物流活动成本进行分析，其智慧物流成本系数为上述各个水平物流环节成本系数的均值，即在式（7-14）的基础上，有：

$$ILCI_i' = \frac{1}{6}\sum_{j=1}^{6} ILCI_{ij}, \ j=1, 2, \cdots, 6; \ i=1,2,3,4 \qquad （7-15）$$

四、智慧物流价值系数

对于水平物流价值链，第 j 个物流环节的智慧物流价值系数 ILVI_j 计算如下：

$$ILVI_j = \frac{ILFI_j}{ILCI_j} = \frac{ILF_j}{ILF} / \frac{ILC_j}{ILC} = \frac{ILF_j}{ILC_j} / \frac{ILF}{ILC} = \frac{ILV_j}{ILV}, j=1,2,\cdots,m \qquad （7-16）$$

式（7-16）中：

ILVI_j ——智慧物流活动中第 j 个智慧物流环节的价值系数；

$ILFI_j$ ——智慧物流活动中第 j 个智慧物流环节的功能系数；

$ILCI_j$ ——智慧物流活动中第 j 个智慧物流环节的成本系数；

ILF_j ——智慧物流活动中第 j 个智慧物流环节的功能评价值；

ILC_j ——智慧物流活动中第 j 个智慧物流环节的支出成本；

ILF ——水平物流活动总功能（可理解为智慧物流整体服务水平）；

ILC ——水平物流活动总成本；

ILV_j ——第 j 个物流环节的价值；

ILV ——水平物流活动总价值。

对于垂直物流价值链，根据式（7-12）和式（7-15），结合式（7-16），智慧物流活动中第 i 个智慧物流环节的价值系数 $ILVI_i'$ 计算如下：

$$ILVI_i' = \frac{ILFI_i'}{ILCI_i'} = \frac{ILF_i'}{ILF'} / \frac{ILC_i'}{ILC'} = \frac{ILF_i'}{ILC_i'} / \frac{ILF'}{ILC'} = \frac{ILV_i'}{ILV'}, i=1,2,\cdots,n \qquad （7-17）$$

式（7-17）中：

$ILVI_i'$——智慧物流活动中第i个智慧物流环节的价值系数；

$ILFI_i'$——智慧物流活动中第i个智慧物流环节的功能系数；

$ILCI_i'$——智慧物流活动中第i个智慧物流环节的成本系数；

ILF_i'——智慧物流活动中第i个智慧物流环节的功能评价值；

ILC_i'——智慧物流活动中第i个智慧物流环节的支出成本；

ILF'——垂直物流活动总功能（可理解为智慧物流整体服务水平）；

ILC'——垂直物流活动总成本；

ILV_i'——第i个物流环节的价值；

ILV'——垂直物流活动总价值。

第三节　智慧物流优化目标

一、系数转换

把智慧物流价值链上的环节作为一个独立完整的"产品"来看，不是去提高某一智慧物流环节的价值，而是以该智慧物流环节所能实现的功能作为功能，以该智慧物流环节实施的成本作为成本，对功能、成本进行分析和评价。根据式（7-16）和式（7-17），每个智慧物流环节的智慧物流价值系数在数值上等于该环节的智慧物流功能系数与智慧物流成本系数的比值。

因此，ILVI可以衡量智慧物流活动中各环节的功能分配与成本分配是否协调一致。当$ILVI_j = 1$，$ILFI_j = ILCI_j$；或$ILVI_i' = 1$，$ILFI_i' = ILCI_i'$时，说明智慧物流功能与智慧物流成本相匹配；当$ILVI_j < 1$，$ILFI_j < ILCI_j$；或$ILVI_i' < 1$，$ILFI_i' < ILCI_i'$时，说明智慧物流成本偏高，智慧物流功能分配偏低；当$ILVI_j > 1$，$ILFI_j > ILCI_j$；或$ILVI_i' > 1$，$ILFI_i' > ILCI_i'$时，说明智慧物流功能偏高，或者是智慧物流成本偏低。

二、优化目标

（一）水平物流价值链优化目标

水平物流价值链由智慧运输/配送、智慧仓储等价值环节构成，对智慧物流价值链优化的目标是这些环节各自的价值提升。因而，结合智慧物流价值链曲线，根据图7–6中智慧物流环节价值系数与1的关系，将水平物流价值链优化目标分为两种情况：水平物流价值系数$ILVI_j \geq 1$和$ILVI_j < 1$。

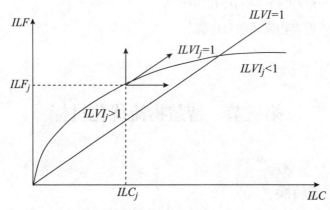

图7–6　水平物流价值链优化目标分析

1. $ILVI_j < 1$

与相应的水平物流价值链优化目标类似，从数量上分析，表明该智慧物流环节的功能的现实成本超过了用户为实现该功能愿意支付的最低费用，功能价值偏低，应采取有效措施降低物流成本。反映在图7–7中，即$ILVI_j < 1$的一部分智慧物流价值链曲线，应采取向左上偏移的方式，使其曲线上各个点的斜率提高到1，从而形成新的智慧物流价值链曲线，这个新的曲线由两部分组成：$ILVI_j \geq 1$部分的原曲线和$ILVI = 1$的一段直线。这样，新的智慧物流价值链曲线上各个节点的价值系数都大于等于1，反映了智慧物流价值链实现了整体物流价值的提升。这种情况下，需要重新设计在各个物流环节的投入分配，通过对一系列智慧物流环节的投入（成本）进行优化组合，从

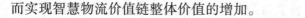

而实现智慧物流价值链整体价值的增加。

2. $ILVI_j \geqslant 1$

与相应的水平物流价值链优化目标类似，从数量上分析，表明某项功能的现实成本低于用户为实现该功能愿意支付的最低费用，功能价值偏高。反映在图7-7中，为新旧两条智慧物流价值链曲线中共同保留的那部分，这部分曲线对应的物流环节价值较高，因此从理论上说，不需要进行优化。但是从智慧物流系统角度以及物流实际运作而言，在智慧物流价值链上只要有一个物流环节需要调整、改进或变动，那么其他的物流环节都需要进行相应的改变，以适应智慧物流价值链整体调整和优化。$ILVI_j \geqslant 1$所对应的物流环节，为智慧物流价值链创造增值的部分，是形成竞争优势的源泉。

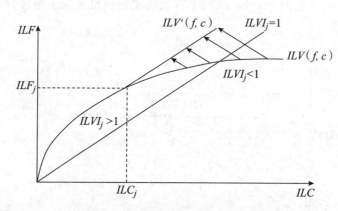

图7-7　水平物流价值链优化目标

（二）垂直物流价值链优化目标

垂直物流价值链由智慧采购物流、智慧生产物流、智慧分销物流和智慧退货物流等价值环节构成，对垂直物流价值链优化的目标是这些环节各自的价值提升，使各个环节之间能够发挥协同效应。与水平物流价值链的构成不一样，垂直物流价值链是由多段水平物流价值链构成，取每段水平物流价值链的价值均值，用一条曲线连接这些均值点，得到图7-8的垂直物流价值链曲线。即垂直价值链中每个环节的价值都是这个环节中的子环节（即智慧运输/配送、智慧仓储、智慧流通加工、智慧装卸搬运、智慧包装和信息处理）的价值之和的均值。同样可以将垂直物流价值链优化目标分为两种情况。

1. $ILVI_i' < 1$

从数量上分析，表明该智慧物流环节的总体功能的现实成本超过了用户为实现该功能愿意支付的总费用，功能价值偏低，应采取有效措施降低物流成本。反映在图7-8中，即 $ILVI_i' < 1$ 的一部分智慧物流价值链曲线，应采取向左上偏移的方式，使其曲线上各个点的斜率提高到1，从而形成新的智慧物流价值链曲线，这个新的曲线由两部分组成：$ILVI_i' \geqslant 1$ 部分的原曲线和 $ILVI = 1$ 的一段直线。这样，新的智慧物流价值链曲线上各个节点的智慧物流价值系数都大于等于1，反映了智慧物流价值链实现了整体物流价值的提升。

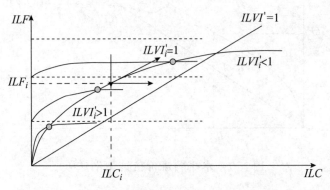

图7-8 垂直物流价值链优化目标分析

2. $ILVI_i' \geqslant 1$

从数量上分析，表明该智慧物流环节功能的现实总成本低于用户为该总体功能愿意支付的最低费用，功能价值偏高。反映在图7-9中，为新旧两条智慧物流价值链曲线中共同保留的那部分，这部分曲线对应的智慧物流环节价值较高，因此从理论上说，不需要进行优化。

但是从智慧物流系统的角度以及实际运作而言，垂直物流价值链上其他

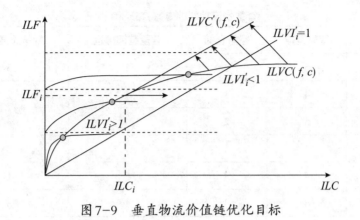

图7-9　垂直物流价值链优化目标

的智慧物流环节都需要进行相应的改变，以适应智慧物流价值链整体调整和优化，发挥协同效应。与水平物流价值链优化类似，为此需要将智慧物流流程进行优化组合，以这些具有价值优势的环节为核心，流程的重组围绕这一核心进行，通过这种方式将智慧物流价值链上原有的价值优势进行巩固和加强。

在实际应用中，智慧物流流程优化实际上是智慧物流网络的优化。尽管垂直物流价值链上的智慧物流流程可以分解为智慧采购物流流程、智慧生产物流流程等，但是很显然不能简单地将各个分流程优化后进行加和。协同效应要实现"1+1＞2"，因而对于智慧物流流程的优化要从总体出发，即通过对智慧采购物流、智慧生产物流、智慧分销物流和智慧退货物流的载体—智慧物流网络进行优化布局，从整体上实现垂直物流价值链的优化。

三、实证分析

设某次智慧物流活动主要包括智慧运输、智慧仓储、智慧装卸搬运和智慧流通加工4项物流环节。

1.智慧物流功能专家打分

6名专家分别对这4个智慧物流环节的功能值打分，得到表7-3。

表7-3 智慧物流功能的专家打分（3）

	智慧运输	智慧仓储	智慧装卸搬运	智慧流通加工
专家1	5	2	5	3
专家2	4	1	5	2
专家3	5	2	4	3
专家4	5	3	3	3
专家5	4	3	5	1
专家6	4	3	4	3

2.确定智慧物流功能权重

根据式（7-8）对6名专家的打分值进行标准化处理，得到：

$$R = \begin{bmatrix} 1.0 & 0.5 & 1.0 & 1.0 \\ 0.0 & 0.0 & 1.0 & 0.5 \\ 1.0 & 0.5 & 0.5 & 1.0 \\ 1.0 & 1.0 & 0.0 & 1.0 \\ 0.0 & 1.0 & 1.0 & 0.0 \\ 0.0 & 1.0 & 0.5 & 1.0 \end{bmatrix}$$

根据 $f_{ij} = \dfrac{r'_{ij}}{\sum_{j=1}^{6} r'_{ij}}$，得到：

$$f = \begin{bmatrix} 0.29 & 0.14 & 0.29 & 0.29 \\ 0.00 & 0.00 & 0.67 & 0.33 \\ 0.33 & 0.17 & 0.17 & 0.33 \\ 0.33 & 0.33 & 0.00 & 0.33 \\ 0.00 & 0.50 & 0.50 & 0.00 \\ 0.00 & 0.40 & 0.20 & 0.40 \end{bmatrix}$$

根据式（7-9）和式（7-10），有：

$k = 1/\ln 4 = 0.721$，$H_1 = 0.975$，$w_1 = 0.016$，$H_2 = 0.457$，$w_2 = 0.349$，$H_3 = 0.962$，$w_3 = 0.024$，$H_4 = 0.791$，$w_4 = 0.134$，$H_5 = 0.500$，$w_5 = 0.322$，$H_6 = 0.761$，$w_6 = 0.154$。

得到6个权重值依次为0.016、0.349、0.024、0.134、0.322、0.154。

3.确定智慧物流功能系数

用各个专家的权重与其所打分数的加权平均作为每个智慧物流环节的功能权重，根据式（7–11），得到4个智慧物流环节的物流功能系数如下：

$$ILFI_1 = 4.170/12.982 = 0.321; \quad ILFI_2 = 2.259/12.982 = 0.174$$

$$ILFI_3 = 4.549/12.982 = 0.350; \quad ILFI_4 = 2.004/12.982 = 0.154$$

比较这4个智慧物流功能系数可以看出，智慧装卸搬运与智慧运输这两个物流环节对该智慧物流活动的影响程度最大，智慧仓储与智慧流通加工这两个智慧物流环节对该智慧物流活动的影响程度则相对较小。

4.确定智慧物流成本系数

4个智慧物流环节的智慧物流成本的计算按照作业成本法进行，再按式（7–14）计算出智慧物流成本系数 $ILCI$，具体计算结果如表7–4所示。

表7–4　　　　　　　　　　智慧物流成本系数

智慧物流环节	成本（元）	智慧物流成本系数 $ILCI$
智慧运输	1781.2	0.372
智慧仓储	797.5	0.167
智慧装卸搬运	1324.7	0.297
智慧流通加工	880.0	0.184
合计	4783.4	1.020

5.确定智慧物流价值系数

因此，根据式（7–14），可以计算出智慧物流系统内各物流环节的智慧物流价值系数 ILVI，计算结果如表7–5所示。

根据表7–5，智慧仓储和智慧装卸搬运这两个物流环节的智慧物流价值系数 $ILVI > 1$，是保证竞争优势的环节；而智慧运输和智慧流通加工这两个物流环节的智慧物流价值系数 $ILVI < 1$，说明该环节的功能与成本不匹配，需要改进。

表7-5　　　　　　　　　　　　　智慧物流价值系数

智慧物流环节	智慧物流功能系数 *ILFI*	智慧物流成本系数 *ILCI*	智慧物流价值系数 *ILVI*
智慧运输	0.321	0.372	0.862
智慧仓储	0.174	0.167	1.042
智慧装卸搬运	0.350	0.297	1.178
智慧流通加工	0.154	0.184	0.837

第四节　智慧物流管理优化

结合第五章对智慧物流价值链投入产出分析，根据智慧物流价值链优化目标，对于智慧物流价值系数 $ILVI < 1$ 时的物流环节，改进各个物流环节的投入管理，具体表现为对这些物流环节的数字化投入进行优化组合。为此，应用模糊线性规划模型建立数字化投入管理（Digital Investment Management）优化模型来实现 $ILVI < 1$ 时的智慧物流价值链优化。

一、数字化投入优化模型

1.基本模型

基于模糊线性规划的智慧物流数字化投入优化基本模型为：

$$\max f(x) = c_1 x_1 + c_2 x_2 + \cdots + c_n x_n$$

$$\text{s.t.} \quad a_{11} x_1 + a_{12} x_2 + \cdots + a_{1n} x_n \leqslant b_1$$

$$a_{21} x_1 + a_{22} x_2 + \cdots + a_{2n} x_n \leqslant b_2$$

$$\cdots\cdots$$

$$a_{m1} x_1 + a_{m2} x_2 + \cdots + a_{mn} x_n \leqslant b_m$$

$$x_1, x_2, \cdots, x_n \geqslant 0$$

$$\text{（7-18）}$$

其中"≤"表示"近似小于等于"。设 $F = \{X \mid X = (x_1, x_2, \cdots, x_n)$ 是 n 维实向量 $X \geqslant 0\}$，将式（7-18）中的 m 个弹性约束条件表示为 m 个论域 F 上的模糊集 D_i（$i = 1, 2, \cdots, m$），其隶属函数为：

$$D_i(X) = \begin{cases} 1, & \sum\limits_{j=1}^{n} a_{ij}x_j \leqslant b_i \\ 1 - \dfrac{\sum\limits_{j=1}^{n} a_{ij}x_j - b_i}{d_i}, & b_i \leqslant \sum\limits_{j=1}^{n} a_{ij}x_j \leqslant b_i + d_i \\ 0, & \sum\limits_{j=1}^{n} a_{ij}x_j > d_i \end{cases} \qquad (7\text{-}19)$$

为了找到式（7-18）的模糊最优解，将目标改写为模糊不等式：$f(X) \geqslant f_0$，其中 f_0 是一个普通线性规划的最优目标值：$f_0 = \max\{f \mid f = CX, AX \leqslant b, X \geqslant 0\}$，该模糊不等式可以用模糊集合 G 来描述，隶属函数定义为：

$$G(X) = \begin{cases} 0, & \sum\limits_{j=1}^{n} c_j x_j < f_0 \\ \dfrac{\sum\limits_{j=1}^{n} c_j x_j - f_0}{d_0}, & f_0 \leqslant \sum\limits_{j=1}^{n} c_j x_j < f_0 + d_0 \\ 1, & \sum\limits_{j=1}^{n} c_j x_j \geqslant f_0 + d_0 \end{cases} \qquad (7\text{-}20)$$

其中，$f_0 + d_0 = \max\{f \mid f = CX, AX \leqslant b + d, x \geqslant 0\}$，$A = (a_{ij})_{m \times m}$ 为式（7-18）约束不等式的系数矩阵，$C = (c_1, c_2, \cdots, c_n)$，$b = (b_1, b_2, \cdots b_m)^{\mathrm{T}}$，$d = (d_1, d_2, \cdots, d_m)^{\mathrm{T}}$。令 $M = D \cap G$，求最佳决策 X，使得满足：

$$M(X) = \max_{X \geqslant 0} M(X) = \max_{X \geqslant 0}(D(X) \wedge G(X)) \qquad (7\text{-}21)$$

由此求得的 X 即为式（7-18）的最优解。设 $\lambda = D(X) \wedge G(X)$，式（7-21）转化成如下线性规划问题：

$$\max f(x) = \max \lambda$$

$$\text{s.t.} \sum_{j=1}^{n} a_{ij}x_j + d_j\lambda \leqslant b_i + d_i, i = 1, 2, \cdots, m$$

$$\sum_{j=1}^{n} c_j x_j - d_0\lambda \geqslant f_0$$

$$0 \leqslant \lambda \leqslant 1$$

$$x_1, x_2, \cdots, x_n \geqslant 0 \qquad\qquad (7-22)$$

求解式（7-22）即可得出 $X = (x_1, x_2, \cdots, x_n)^T$。

2.目标函数

在确定智慧物流价值链优化的目标函数时，首先确定每个智慧物流环节对客户价值的贡献程度。设组成客户价值基本层的因素为 S_{jk}（$j,k = 1,2,3$），即智慧物流服务功能 S_{11}、智慧物流服务价格 S_{12}、智慧物流服务途径 S_{13}、智慧物流快捷性 S_{21}、智慧物流方便性 S_{22}、智慧物流安全性 S_{23}、智慧物流服务质量 S_{31}、智慧物流服务效率 S_{32} 和智慧物流服务成本 S_{33}。设 A_{jk} 为 S_{jk} 在客户价值贡献中所占的比例，通过层次分析法来确定 A_{jk}，然后确定各个智慧物流环节的权重系数。由于各个环节对智慧物流活动所创造的客户价值的影响程度不同，可以根据客户价值基本层的各个因素对各个环节进行归类。将对基本层的同一因素有影响的智慧物流环节归为一类，得到每个环节对客户价值的贡献程度 a_i，$a_i = \sum\limits_{j,k \in \{1,2,3\}} A_{jk}$；$i = 1,2,\cdots,n$。经过归一化处理，可以得到 $\overline{a}_i = a_i / \sum\limits_{i=1}^{n} a_i$。

取决策变量为第 T 年智慧物流活动全过程的 n 个智慧物流环节的数字化成本分摊值 x_i^T（$i = 1,2,\cdots,n$）。在一个规划期 $[0,T]$ 内，每一年的时间指标依次为 $0 < 1 < \cdots < t < \cdots < T-1 < T$。约束条件涉及的参数如下：设智慧物流活动的总成本为 TC，则智慧物流战略规划期的期初总成本值为 TC_0、智慧物流环节的成本分摊值为 x_i^0；第 1 年的总成本值为 TC_1，成本分摊值为 x_i^1，第 T 年的总成本值 TC^T。引入客户价值转化系数 w_i^T，其含义是第 T 年的各个智慧物流环节的成本分摊值转化为客户价值的比例，$w_i^T = w^T \times a^i$，其中 w^T 是通过多级模糊综合评价得出的 n 个智慧物流环节对于客户价值最终实现效果的综合值，$0 \leqslant w^T \leqslant 1$。因此智慧物流活动所创造的总客户价值 $f(x)$ 可以量化为：

$$f(x) = \sum_{i=1}^{n} w^T \times \overline{a}_i \times x_i^T \qquad\qquad (7-23)$$

于是，智慧物流价值链优化的模糊线性规划模型中的目标函数为：

$$\max f(x) = \max(w^T \sum_{i=1}^{n} \overline{a}_i \times x_i^T) \tag{7-24}$$

3.约束条件的确定

（1）边际智慧物流成本约束。根据边际分析方法，只有当边际智慧物流成本从正值转为负值时企业所获得的利润（物流价值）才最大，因此第 T 年边际智慧物流成本应该最小。设 Q^t 表示 t 年度的智慧物流量，则该年度的边际智慧物流量为 Q^t-Q^{t-1}，根据边际成本的定义得出智慧物流价值链所有物流环节的总边际成本 MC^t：

$$MC^t = \lim_{q-q^{t-i^t}} \frac{\sum_{i=1}^{n} x_i^t - \sum_{i=1}^{n} x_i^{t-1}}{Q^t - Q^{t-i}} \tag{7-25}$$

经递推并进行模糊化处理，得出第一个约束条件为：

$$\sum_{i=1}^{n} x_i^T \leqslant T\sum_{i=1}^{n} x_i^1 - (T-1)\sum_{i=1}^{n} x_i^0 \tag{7-26}$$

（2）智慧物流总成本约束。 T 年的智慧物流总成本约束条件为：

$$\sum_{i=1}^{n} x_i^T \leqslant TC^T \tag{7-27}$$

（3）各个智慧物流环节成本分摊值的约束。预测未来第 T 年的各个智慧物流环节的成本分摊值，是基于现在的智慧物流环节成本分摊值进行的，可以近似地给出各个环节的成本下限，使得在智慧物流总成本允许的范围内进行合理分摊。即有下面的约束：

$$x_i^T \geqslant x_i^0, i=1,2,\cdots,n \tag{7-28}$$

考虑到下限的近似性，化成模糊约束为：

$$-x_i^T \leqslant -x_i^0, i=1,2,\cdots,n \tag{7-29}$$

因此，智慧物流数字化投入的优化模型为：

$$\max f(X) = \max(w^T \sum_{i=1}^{n} a_i x_i^T)$$

$$\text{s.t.} \sum_{i=1}^{n} x_i^T \leqslant T \sum_{i=1}^{n} x_i^1 - (T-1) \sum_{i=1}^{n} x_i^0$$

$$\sum_{i=1}^{n} x_i^T \leqslant TC^T$$

$$-x_i^T \leqslant -x_i^0, i = 1, 2, \cdots, n \tag{7-30}$$

给定 T、TC^T，第 0 年和第 1 年的 $\sum_{i=1}^{n} x_i^0$ 和 $\sum_{i=1}^{n} x_i^1$ 值，以及 d_j（$j = 1, 2, \cdots, m$）（d_j 为模糊线性规划模型中第 j 个约束条件的伸缩指标），通过求解模糊线性规划模型（7-30）即可确定各个智慧物流环节应当采用的成本分摊值和每一环节的成本比例。

当这一比例等于或接近 0 时，所对应的智慧物流环节可以认为是不必要的环节，或者可以合并到其他的环节中，即该环节的智慧物流成本投入为 0。按照这一比例，在保证智慧物流功能基本不变的情况下，智慧物流成本经过优化组合后 $ILVI < 1$ 的一系列智慧物流环节整体价值最大，从而实现了智慧物流价值链的优化。

二、实证分析

利用本节建立的模型，对某企业进行智慧物流优化分析。该企业为某汽车制造企业提供智慧物流外包服务，包括智慧物流流程设计、智慧物流设施布置、智慧物流线路规划、智慧采购物流、零部件库存、零部件配送、价格制定、整车库存、整车运输 4S 店、备件库存、备件配送、整车配送客户等智慧物流环节，如图 7-10 所示。

1.模型的建立

$T = 5$（年），给定该企业的智慧物流价值链上每一个物流环节第 0 年的智慧物流投入成本分摊值（见表 7-6），以及 $\sum_{i=1}^{12} x_i^0 = 600$，$\sum_{i=1}^{12} x_i^1 = 8000$，$TC^T = 18000$，给出 $d_1 = 500$，$d_2 = d_3 = \cdots = d_{12} = 50$。

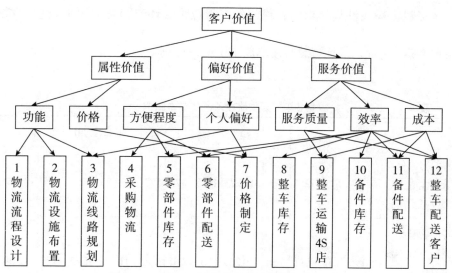

图7-10　某企业智慧物流价值环节构成

表7-6　　　　　　　　第0年智慧物流投入初始成本结构

环节	1	2	3	4	5	6	7	8	9	10	11	12
客户价值转换系数	8.5	5.95	6.8	6.8	8.5	6.8	6.8	7.65	8.5	4.25	5.95	8.5
智慧物流环节价值活动成本分摊值	600	600	1280	600	2600	2000	400	600	1300	1300	800	800

则该企业的智慧物流价值链优化模型为：

$$\max f(X) = \max(8.5x_1^5 + 5.95x_2^5 + 6.8x_3^5 + 6.8x_4^5 + 8.5x_5^5 + 6.8x_6^5 + 6.8x_7^5 +$$
$$7.65x_8^5 + 8.5x_9^5 + 4.25x_{10}^5 + 5.95x_{11}^5 + 8.5x_{12}^5)$$

$$\text{s.t.} \sum_{i=1}^{12} x_1^5 \leqslant 16000$$

$$\sum_{i=1}^{12} x_i^5 \leqslant 18000$$

$$-x_i^5 \leqslant -x_i^0$$

$$x_i^5 \geqslant 0, i = 1, 2, \cdots, 12$$

经过模糊线性规划求解，得到各个智慧物流环节到第5年的最优智慧物流成本投入 x_i^5 及在最优智慧物流总成本中所占比例 $\dfrac{x_i^5}{\sum\limits_{i=1}^{12} x_i^5}$ ，如表7-7所示。

表7-7　　　　　　　　第5年智慧物流投入最优成本结构

环节	1	2	3	4	5	6	7	8	9	10	11	12
智慧物流环节最优成本投入（元）	1962.27	575	1255	575	3122.73	1975	375	575	1822.73	1275	775	1962.27
各个智慧物流环节成本占总成本百分比（%）	12.08	3.54	7.72	3.54	19.22	12.15	2.31	3.54	11.22	7.85	4.77	12.08

将最优解代入模糊规划模型的目标函数，得到该企业所创造的最优总客户价值为 $\max f(X) = 121669$ 元，将最优解中各成本相加，得到最优智慧物流总成本为16250元。

2.结果分析

由表7-7可以看出，零部件库存 x_5^5 这个环节在最优智慧物流总成本中所占的比例最大，说明该企业应当首先重视零部件库存管理数字化投入；其次是零部件配送 x_6^5 ；再次之是智慧物流流程设计 x_1^5 和整车配送客户 x_{12}^5 这两个环节，依次类推。

第五节　智慧物流流程优化

结合第五章对智慧物流价值链投入产出的分析，根据智慧物流价值链优化目标，对于智慧物流价值系数 $ILVI \geqslant 1$ 时的物流环节，需要进行智慧物流流程优化。物流流程即一系列共同给客户创造价值的相互关联活动的过程，智慧物流流程优化（Intelligent Logistics Processes Optimization）是一项策略，通过不断发展、完善、改进物流流程，以保持企业的竞争优势。为此，构建数字化流程（Digital Logistics Processing）优化模型，对智慧物流流程优化进行深入研究。

一、数字化流程优化模型

对智慧物流价值系数 $ILVI_i > 1$ 的环节一般作保留、补充或强化处理；对智慧物流价值系数 $ILVI_i = 1$ 的环节，须作进一步判定：如果该项物流环节是必要的，则应通过一定的方法和技术提高效率，或者外包，以达到智慧物流流程优化的目的；如果是不必要的，则应消除或者精简。其关系如图 7-11 所示。

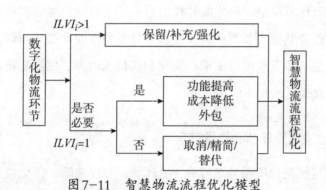

图 7-11　智慧物流流程优化模型

（一）智慧物流流程优化的途径

智慧物流流程优化的主要途径是智慧物流环节取消、智慧物流环节简化、智慧物流环节替代和时序调整。根据前文的分析，智慧物流流程的优化主要从以下 4 个方面进行。

1.智慧物流环节取消

对于智慧物流价值系数 $ILVI = 1$ 且不必要保留的环节，不必再花时间研究如何改进，直接取消这一环节，以达到改善智慧物流作业程序、提高智慧物流作业效率的目的。

2.智慧物流环节简化

对于智慧物流价值系数 $ILVI = 1$ 且有必要保留的环节，可以进行必要的简化，这种简化是对工作内容和处理环节身的简化。通过简化，在保留该智慧物流环节功能的基础上，可以在一定程度上因省去一些步骤而降低智慧物流活动总成本。

3.智慧物流环节替代

对于智慧物流价值系数 $ILVI = 1$ 且有必要保留的物流环节，如果不能进行简化，可进而研究能否替代。这种替代可以是合并替代，将某几个环节合并为一个新的环节；也可以是整合替代，通过引入某一数字化物流作业系统（如自动化分拣等）将原来的部分环节整合。

4.智慧物流程序重排

智慧物流环节取消、简化或替代以后，还要将所有智慧物流程序合理排序，或者在改变其他环节顺序后，重新安排新的作业顺序和步骤。在这一过程中，还可进一步发现可以取消、简化和替代的内容，使智慧物流作业更有条理，物流效率更高。

（二）智慧物流环节必要性判定

对于智慧物流价值系数 $ILVI_i = 1$ 的环节，可以消除、简化或替代，也可以保留和补充。这些环节如果是必要的，应该保留或者补充；如果是不必要的，可以消除、简化或替代。判定物流环节是否必要从两方面进行。

1.是否是管理控制需要的

智慧物流流程优化要考虑企业的数字化管理控制需要，通过建立过程控制体系和描述关键控制点来直观表达智慧物流过程。如果某物流环节为加强管理控制所需，为防范风险或形成优势，往往需要保留或补充此环节。

2.是否是客户需要的

判定某项智慧物流环节是否必要，还要从客户的角度来考虑；考虑某项智慧物流环节是否增值，也同样应该考虑客户的态度。

（三）智慧物流价值提升的策略

对于智慧物流价值系数 $ILVI_i = 1$ 的物流环节，在判定为必要后需要进行保留和补充。对这些环节，可以通过价值工程对智慧物流流程进行改进，或者运用智慧化手段提高该环节的功能（效率），降低该环节的成本，尽可能实现增值。

1.流程替代

在智慧物流流程优化的过程中，通过局部流程替代，以提高智慧物流活动的功能和效率。若将整个旧的物流流程进行替代，便形成了智慧物流流程重组。

2.管理数字化

引入"IT+IS"系统对部分智慧物流环节进行集成，或引入数字化技术对部分人工环节进行替代，可以在提高智慧物流功能的同时降低成本。

二、实证分析

（一）顺丰（SF）中转场智慧物流活动价值分析

SF中转场的智慧物流流程可以描述为：车辆到达中转场后，可移动伸缩式皮带机伸到车厢里，快件被放置在皮带上，汇流至主流水线，进入分拣大厅，操作员在流水线的两边，根据包裹运单上的客户地址或电话号码的地区号把属于自己负责的区的快件从皮带机上取下，属于同一区部的快件由操作员根据运单上的详细地址，把快件按分部分成堆，在做完收件巴枪（用扫描仪读取一次运单上的条码，记录该包裹已经被本中转场分拣完毕，准备装车发往目的地。然后该条码信息被传到信息系统中，客户就可随时查询到自己的包裹到了什么地方，目前处于什么状态）后装车。在这一流程中，SF中转场的智慧物流流程如图7-12所示。

（二）智慧物流环节必要性判定

根据上文分析，SF中转场智慧物流活动中的智慧物流环节为卸车、解包、

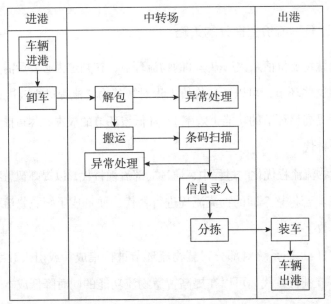

图7-12　SF中转场的智慧物流流程

搬运、条码扫描、异常处理、信息录入、分拣、装车，结合实际应用，显然可以假定分拣的智慧物流价值系数大于1（$ILVI_i' > 1$），而卸车、解包、搬运、条码扫描、异常处理、信息录入、装车的智慧物流价值系数等于1（$ILVI_i' = 1$）。

分拣环节主要是对卸车下来的快件按照不同的标准分类、码放，进行发件巴枪扫描的操作，由指定的操作员在不同的卡位面向快件传来的方向，根据快件上所标注的地区代码来进行分拣工作。将分拣的快件从皮带机上卸载下来并放入事先规划好的区域。在分拣之前，必须有卸车、解包、条码扫描、信息录入；在分拣后，必须有异常处理、搬运、装车。因而，$ILVI_i' = 1$的环节是必要的，需要保留或替代。

（三）智慧物流流程数字化替代分析

SF中转场中，以条码作为信息载体的快件分拣作业流程复杂，需逐件扫描才能进行快件信息获取，因此工作效率低。操作员在每件快件扫描前需要花大量时间来寻找扫描的精确位置，人力成本过高，而且人工操作的效率以及读写正确率比较低。此外，对于快件链上的其他节点来说，快件的信息处于真空状态，查询快件信息过程烦冗，不能及时获取货物信息。根据上文分析，$ILVI_i'=1$的环节是必要的，需要保留下来，但是需要进行流程数字化替代以提升这些物流环节的价值。采用数字化水平较高的智能分拣装置可以在条码扫描、信息录入、搬运等环节中提高物流效率，同时还可以减少异常处理。因而，通过引入数字化水平较高的智能分拣设备，来进行上述中转场智慧物流流程替代。以下为智慧物流流程替代的具体分析，成本明细如表7-8所示。

表7-8　　　　　　　　　　智慧物流流程替代成本测算

设备	数量	成本（元）	维修费用（元）	使用年限（年）
交叉带式分拣机	1	2900000	10000	15
条码打印机	2	350×2=700	0	7
计算机	6	3000×6=18000	1000	7
输送带	8	500×8=4000	500	7
条码阅读器	3	360×3=1080	100	5
叉车	2	200000×2=400000	500	10
托盘	20	40×20=800	—	7
管理费用	—	60000		
操作费用	—	60000	合计：12100	—
人工成本	—	80000		
改造费用	—	50000		
合计：3574580			总计：3586680	

1.智慧物流设备采购费用

（1）分拣机：根据市场调查，对比产品性价比，选择交叉带式高速包裹分拣机设备，适合不同类型物件，分拣效率可达15000件/小时，供包机效率≥2000件/小时，条码拒识率≤0.1%，整机运行噪声≤70db，市场价格

2900000元。

（2）托盘：5年后的快件量预计为555937万件，需要采购托盘20个，现在托盘的平均单价为40元/个，估计托盘采购费用为800元左右。

（3）叉车：入库区和出库区各需要一辆电瓶叉车，电瓶叉车的平均单价为20万元/台，所以叉车采购费用为40万元左右。

2.智慧物流功能区优化费用

由于中转场提高了快件分拣效率，能够大规模处理快件，因而在中转场设置大客户处理区和特殊处理区，对原有中转场进行了变动，预计费用大概为5万元。

3.其他费用

包括管理费用、操作费用、人工成本等，为250000元。

4.投资分析

5年内智慧物流流程替代现金流量如表7-9所示。

（1）投资净现值：

$$NPV = \sum_{t=0}^{n}(CI-CO)_t(P/F,i_0,t) \tag{7-31}$$

式中：CI——现金流入；

CO——现金流出；

i_0——基准收益率（取10%）。

表7-9　　　　　　　　智慧物流流程替代现金流量表　　　　　　单位：元

	期初	第1年	第2年	第3年	第4年	第5年
现金流出	3572800	212800	212800	212800	212800	212800
现金流入	0	2000000	3000000	4500000	6750000	10125000
净现金流量	-3572800	1787200	2787200	4287200	6537200	9912200
累计净现金流量	-3572800	-1785600	1001600	5288800	11826000	21738200

代入相应数值：

$$NPV = -3572800 + 1787200 \times 0.9091 + 2787200 \times 0.8264 + 4287200 \times 0.7513 +$$

$$6537200 \times 0.6830 + 9912200 \times 0.6209 = 14195651.54 \, 元$$

NPV 远大于零，5年规划期内盈利能力很好，智慧物流流程替代可行。

（2）投资回收期。

回收期＝累计净现金值出现正值年数−1+（未收回现金/当年现值）

$$T = 2 - 1 + 1785600 / 2787200 \approx 1.6 \, 年$$

投入智能分拣机设备后，快件分拣效率提高，在较短的时间内SF能将设备投入成本收回。可以认为，在1.6年后，SF在中转场物流成本不变的情况下，提高了中转场智慧物流效率（功能），从而实现了智慧物流价值链上 $ILVI_i' \geqslant 1$ 所对应环节的物流价值得以提升。

5. SF中转场智慧物流流程优化

$ILVI_i' > 1$ 的分拣环节，是SF在快件中转场最重要的环节，也是耗时最大的环节，SF在中转场的平均处理时间均超过2小时，是整个派送环节耗时最长的环节。分拣是中转场物流时效性的重要保障，因此，中转场智慧物流流程的优化以分拣环节为核心，基本工作方式为：通过综合计算机网将分部和区部的快件信息传到处理中心，在快件卸车后，将贴有条码的快件一面朝上。交叉带式分拣机配有自动称重、自动测量邮件尺寸以及固定式条码自动扫描装置。分拣机速度为2米/秒，分拣效率为9600件/小时。当快件进入分拣机后，由分拣机上方的条码阅读装置自动识别快件的条码，然后分拣机根据条码信息，自动分拣系统根据ID编号与相关地区格口关联，按不同城市进行分类。

SF中转场的智慧物流流程经优化后如下。

（1）贴上条码的快件通过传输带进入主流水线，进入分拣机。

（2）分拣机上方的条形码阅读装置自动识别快件的条码，然后分拣机根据条码信息，自动分拣系统根据托盘ID编号与相关地区格口关联，按不同城市进行分类。

（3）从分拣系统下来的快件通过分支流水线格口进入待处理区，由相关城市负责人员进行再次扫描和封包处理，准备装车。

优化后的SF中转场智慧物流流程如图7-13所示。

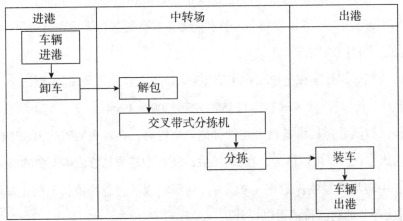

图7-13　优化后的SF中转场智慧物流流程

【本章小结】

智慧物流流程与管理优化追求组成智慧物流价值链的一系列物流环节功能与成本的匹配，即追求提供"合适的"智慧物流服务或组织"适当的"智慧物流活动。根据智慧物流价值系数将智慧物流价值链优化的内容分为两部分：$ILVI \geqslant 1$ 对应的物流环节为智慧物流价值链上对整个物流活动具有较大贡献的关键环节，优化的内容为围绕这些关键环节进行流程上的改变以继续发挥其现有的优势。$ILVI < 1$ 对应的物流环节为智慧物流价值链上对整个物流活动价值不大的环节，在现有功能水平下对这些环节的数字化投入管理进行优化，从整体上提升这些物流环节的价值。智慧物流价值链优化分为3个步骤：对各个物流环节进行功能分析和成本分析，确定各个物流环节的价值系数以及智慧物流价值链的定量优化。根据智慧物流价值链优化目标，$ILVI < 1$ 时，建立模糊线性规划模型来确定各个物流环节的最优数字化投入成本组合，实现智慧物流价值最大；$ILVI \geqslant 1$ 时，采取价值链与价值分析相结合的数字化流程优化，实现智慧物流价值最大。

第八章　智慧物流的流程及管理重组

在智慧物流的流程及管理优化过程中，通过对物流环节数字化投入优化和数字化流程优化实现智慧物流价值链的升级。从数字化进程的资源层面来看，线上线下物流资源经过数字化优化配置，需要从企业、行业和产业层面对智慧物流价值链进行重组。

第一节　智慧物流的重组内容

在企业层面对智慧物流价值链分析和优化后，对智慧物流流程及管理进行重组，进而以企业为基本单位重构行业和产业物流价值链。

一、重组过程

智慧物流的重组（reconstruction）主要基于智慧物流价值链从创新能力（企业层面）、技术水平、共享能力、协同能力（行业层面）以及竞争风险（产业层面）方面进行，如图8-1所示。

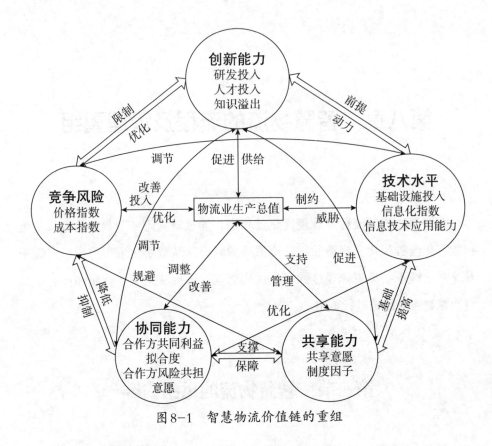

图8-1　智慧物流价值链的重组

具体而言，智慧物流的重组从三个层面进行。

1.企业层面重组

主要是数据升级。随着企业信息系统的建设、数据对接和协调以及手持终端的普及，物流数据将被完全收集、记录、传输和分析，企业的物流数字化水平不断提高；设备升级，智能仓储是当前需求最大、最早全面应用智能设备的领域，已成为智慧物流业态实现自身长远发展的关键技术。

2.行业层面重组

主要是连接性升级，即物流人员、设备、设施和商品将完全连接到互联网，呈现指数级增长趋势，形成一个覆盖范围广且连接广泛的物流产业互联网，"万物互联"促进智慧物流业态的发展；模式升级，即广泛使用新的分工和协作方法（如众包、众筹和共享）来重建企业的智慧物流业务流程和业务模型。

3.产业层面重组

主要是产业供应链升级，即大数据驱动整个供应链由线性的、树状的供应链转型为网状供应链。智慧物流将凭借靠近用户的优势，带动物流产业链各环节的强化联动和深化融合。

二、重组方式

智慧物流价值链优化过程打破了原有的物流流程布局、物流各部门之间或企业与客户之间的合作关系。因此，需要对原来的物流价值链进行重组，形成新的、能创造更高价值的智慧物流价值链。

1.企业层面物流流程的重组

对水平物流价值链的优化，改变了第三方物流企业中各个物流环节的数字化投入比例，以及对部分物流环节进行了必要的精简或保留，因而必然要求企业对整体上的智慧物流流程进行重组。

智慧物流流程重组（Intelligent logistics process reconstruction）与智慧物流流程优化有所不同，流程优化侧重于对现有物流流程中的不合理物流环节或物流环节的不合理排序进行改进，以确保物流功能水平的提升或物流成本的降低；流程重组则侧重于在保留、补充某些必要的物流环节，或简化、取消、替代某些不必要的物流环节后，对物流流程的整体进行重新设计和规划，以确保智慧物流价值链中整体物流价值的提升。

2.行业层面物流联盟的重组

对垂直物流价值链的优化，改变了供应链物流活动的价值分配，因而必然要求原来由一个智慧物流平台与若干个第三方物流企业构成的物流联盟重新组合，形成新的物流联盟（Logistics alliance），这便是物流联盟重组。

物流联盟重组建立在智慧物流价值链的基础上，通过价值链中的能力要素进行重组来完成，因而是一种智慧物流价值链联盟（Intelligent logistics value chain alliance）。当不同企业将不同的价值环节整合在一起，就可以向市场推出更好或更新的智慧物流服务。重组后，企业智慧物流价值链中比较突出的物流环节进行组合，带来组织体系的重组，进而促进企业之间更优的物流战略联盟的形成。

第二节　企业层面智慧物流重组

智慧物流价值链着眼于企业的物流活动或流程对客户的价值贡献的大小，为企业物流流程重组提供了理论基础。

一、重组分析

智慧物流流程重组需要考虑总体布局、实施者、负责人、支持体系和绩效测评五个方面，每个方面分别从战略层、策略层和作业层三个层面进行分析。智慧物流流程重组分析如表8-1所示。

表8-1　　　　　　　　　　智慧物流流程重组分析

智慧物流流程重组		战略层	策略层	作业层
智慧物流流程重组总体布局	目标	物流价值的提升	物流流程整体进行重组；考虑与企业内其他流程和IT系统的匹配	物流流程重组考虑与客户和供应商流程的匹配
	背景	对物流流程的输入、输出和客户进行界定	了解物流流程中客户的需求并已达成共识；物流流程负责人与其他衔接流程的负责人达成共识	物流流程负责人与客户衔接流程的负责人达成共识
	记录	物流流程重组绩效变化	物流流程重组全程记录；描述物流流程与其他流程的衔接状况	为环境变化和流程再造的分析提供依据

续表

智慧物流流程重组		战略层	策略层	作业层
智慧物流流程重组实施者	知识	指出流程绩效的关键衡量指标	描述物流流程的整个运行过程； 熟悉基本的业务概念和企业绩效的动因	熟悉企业所处的行业及其发展趋势，能够描述他们的工作如何影响跨企业流程的绩效
	技能	具有运用解决问题和改进流程的方法	善于团队合作和自我管理； 善于制定业务决策	管理和实施变革
	行为	实施者对物流流程重组负责	遵循物流流程重组，正确执行流程； 确保物流流程产生预期结果，帮助企业实现目标	查找物流流程中出现的问题苗头，并提出流程改进方案
智慧物流流程重组负责人	身份	物流流程负责人是以非正式的方式负责流程绩效改善的个人或群体	设立正式的流程负责人职位，并由有影响力的领导者担任； 在时间分配、精力投入和个人目标上流程负责人优先考虑	负责人是企业最高决策层的成员
	活动	流程负责人能够界定和记录流程并与实施者进行沟通，并发起变革	推动物流流程重组活动，制订实施计划，确保流程按设计执行； 和其他流程负责人合作、整合所有流程，以实现企业目标	流程负责人为物流流程制定战略规划，并与客户和供应商的流程与负责人合作，发起跨企业间的流程重组活动
	权力	物流流程负责人强力推动部门进行流程变革	组建一个流程重组小组并实施新的流程设计； 控制支持流程的IT系统以及任何会改变流程的项目	物流流程负责人控制流程预算并对人事任命和人员评估有很大的影响力
智慧物流流程重组支持体系	信息系统	由原来分散的传统IT系统支持流程运行	构建基于各部门IT系统的整合体系，以支持流程运行	支持流程的IT系统采用模块化架构，符合跨企业沟通的行业标准

续表

智慧物流流程重组		战略层	策略层	作业层
智慧物流流程重组支持体系	人力资源	对于物流流程重组中的行为进行激励	物流流程重组决定了职责范围、工作描述和能力要求； 招聘、培养、奖励和认可制度都基于物流流程的需求和结果	注重强化企业内部和跨企业的合作、个人学习和组织变革
智慧物流流程重组绩效测评	定义	物流流程重组基本的成本和质量衡量指标	根据客户要求，为整个物流流程以及跨流程制定衡量指标	根据跨企业物流流程目标来制定流程的衡量指标
	使用	利用物流流程衡量指标跟踪流程绩效	利用流程衡量指标对物流流程重组进行控制； 利用指标来引导和激励流程执行者进行流程的日常管理	定期评估和更新流程衡量指标和目标，并用于战略规划

二、重组步骤

根据上述智慧物流流程重组的分析，在进行智慧物流流程重组的过程中，主要经历如下步骤。

（1）制订智慧物流流程重组计划。企业应在最高层行政会议上对企业面临的现实和潜在的危机，以及智慧物流流程重组将带来的机遇进行认真而明确的讨论，形成智慧物流流程重组计划。

（2）组建智慧物流流程重组小组。在高层管理者形成共识的基础上，组建一个强有力的智慧物流流程重组领导小组，作出明确的分工。

（3）制定智慧物流发展远景规划。确定智慧物流流程重组的目标，统一认识，并用以激励参与智慧物流流程重组的所有人员。

（4）智慧物流流程重新设计。对现有物流流程的主要缺陷有了准确的理解之后，重新设计物流流程。

（5）流程评估与试运行。新的流程设计方案形成后，首先在小范围内进行试验运行和评估。通过发现运行中出现的问题，对新的流程方案进行再修改。

（6）实施新的物流流程。经过反复的"修改—试验—修改"的过程，新的流程逐渐趋于完善和合理，逐步实施新的物流流程。

（7）流程重组范围扩大。当小范围内的实施取得成效之后，将新流程应用范围扩大到整个企业的范围，并逐步使之制度化。

（8）智慧物流流程重组实现。经历了以上步骤后，智慧物流流程重组小组开始对其他的相关传统流程进行研究，以求完成全面意义上的物流流程重组。

智慧物流流程重组步骤如图8-2所示。

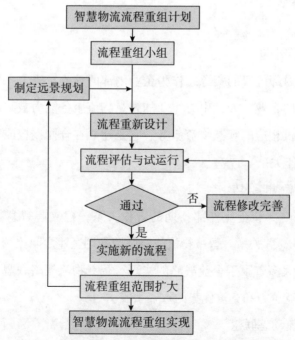

图8-2　智慧物流流程重组步骤

第三节　行业层面智慧物流重组

垂直物流价值链重组的核心是在行业中进行物流联盟重组（Logistics alliance reconstruction），用以增强企业之间的协同能力，提高客户服务响应能力，提高客户忠诚度和满意度，并赋予企业更充分的客户交流能力，使得客户收益率达到最大化，从而为客户和企业创造更多价值，实现客户和企业的双赢。这种基于智慧物流价值最大化的物流联盟重组，即智慧物流价值链联盟（Intelligent logistics alliance reconstruction）。

一、联盟形式

1.智慧物流外包

利用企业内部闲置的资源，作为企业内部的核心竞争力，外包给其他缺少资源和资质的企业。如某甲方企业的智慧物流服务能力被某乙方选中，乙方委托甲方提供相应的智慧物流服务。它是建立在合同授权或契约关系基础之上的合法合作关系。

2.智慧物流战略联盟

针对企业内部和企业外部长期的合作关系，建立起智慧物流战略联盟（Strategic alliance）关系。智慧物流战略联盟强调企业之间比较长期的合作关系，其目标也大多着眼于企业战略的实现，智慧物流战略联盟是一种获取智慧物流可持续竞争力和竞争优势的重要手段。

3.智慧物流动态联盟

把企业内部或外部不同流程阶段的智慧物流作业、市场营销和智慧物流资源优势整合组成一个阶段性的智慧物流动态联盟体，这个联盟体中的各个

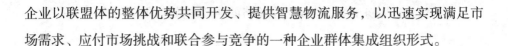

企业以联盟体的整体优势共同开发、提供智慧物流服务，以迅速实现满足市场需求、应付市场挑战和联合参与竞争的一种企业群体集成组织形式。

二、联盟博弈

从企业层面看，要想在市场竞争中取得竞争优势，必须寻求企业间的充分合作，形成智慧物流价值链联盟。在构建智慧物流价值链联盟的过程中，如何合理分配联盟取得的收益成为首要解决的问题。关于收益分配的研究，基本上是基于博弈的方法，诸如单个供应商和单个制造商、单个供应商和分销商之间的博弈研究，单个制造商和单个分销商的委托—代理博弈和二人合作博弈模型比较研究等。为此，运用合作博弈的原理，本节通过分析由智慧物流平台型企业主导的物流供应链中，智慧物流平台企业与第三方物流企业，以及第三方物流企业之间的收益分配比例，建立一种收益分配博弈模型，以此作为构建智慧物流价值链联盟的基础。

（一）符号及假设

假设有 3 个第三方物流企业 A、B、C，他们提供同一种智慧物流服务 1，智慧物流平台企业（或 4PL）D 购入 1 单位智慧物流服务 1，经过整合得到 1 单位智慧物流服务 2。这里博弈的参与人为 $N = \{A, B, C, D\}$，设特征函数为 LR。

智慧物流服务 1 的价格为 p_1，智慧物流服务 2 的价格为 p_2。A、B、C 分别能提供智慧物流服务 1 的数量为 a、b、c，不妨令 $a \geqslant b \geqslant c \geqslant 0$。$D$ 对智慧物流服务 1 的最大需求量为 $d_{\max}$。智慧物流服务 1 的成本为 c_1，D 的整合成本为 c_2。合作情况下，供求双方以最大化整体利润为目标。同时，价值链上下游企业间的合作还会带来诸如成本降低等额外收益，它由双方合作的密切程度、合作范围的大小、合作业务量等因素决定，这里假设它是合作业务量的正比例函数，设比例系数为 f，$f > 0$。

设智慧物流服务1的需求函数是价格的线性函数，即：

$$d = d_{max} - k(p - p_{min}) \qquad (8-1)$$

在完全信息下，$p_{min} = c_1$，即第三方物流企业愿意提供该种智慧物流服务的最低价格等于其成本。同样，设供应函数也是价格的线性函数：

$$s = k'(p_1 - c_1) \qquad (8-2)$$

上述两式中k、k'均为常数。为了便于分析，对物流市场作如下假设。

假设8-1：智慧物流服务的供应量大于智慧物流服务的需求量，即买方市场。

假设8-2：没有一个第三方物流企业能独立满足智慧物流平台企业的需求。

假设8-3：缺少一个第三方物流企业时，剩余的第三方物流企业提供的智慧物流服务仍可以满足智慧物流平台企业的需求。单个第三方物流企业对智慧物流服务1的价格没有控制力，要想与智慧物流平台企业讨价还价必须结成联盟。

（二）模型建立

智慧物流价值链联盟博弈最关心的问题是参与人之间的收益如何分配，根据Shapley值法，要得出博弈的均衡解，首先必须确定各种联盟的收益函数，也就是博弈的特征函数，这一过程也就是博弈模型的建立过程。下面将分别求出几类不同联盟的收益函数。

1.不结盟情况

由于买方垄断，只能被动接受智慧物流平台企业的价格，智慧物流平台企业则会按照自己利润最大化的原则确定智慧物流服务1的购买数量和价格。因而，智慧物流平台企业会尽量压低购买价格，$p_1 = p_{min} = c_1$。

此时，第三方物流企业收益趋于零：

$$LR(A) = LR(B) = LR(C) = 0$$

智慧物流平台企业获得垄断收益：

$$LR(D) = (p_2 - c_2 - c_1) d_{max}$$

2.第三方物流企业结盟

（1）部分第三方物流企业结盟。此时，联盟不具备与智慧物流平台企业讨价还价的足够实力，但可以对智慧物流平台企业施加一定的压力。假设 A、B 结盟，此时他们愿意提供的智慧物流服务数量为：

$$s = k'(p_1 - c_1), \ s \leq d_{max} - c \qquad （8-3）$$

市场对他们的需求函数为：

$$d = d_{max} - c - k(p_1 - c_1) \qquad （8-4）$$

此时，智慧物流服务1的均衡方程为 $d = s$，化简求得均衡价格和数量为：

$$p_1 = k'c_1 + kc_1 + d_{max} - c/(k+k') \qquad （8-5）$$

$$s = d = k'(d_{max} - c)/(k+k') \qquad （8-6）$$

对应的联盟收益为：

$$LR(A, B) = s(p_1 - c_1) = k'(d_{max} - c)^2/(k+k')^2$$

同理，可得到 A、C 结盟时联盟收益：

$$LR(A, C) = k'(d_{max} - b)^2/(k+k')^2$$

B、C 结盟时联盟收益：

$$LR(B, C) = k'(d_{max} - a)^2/(k+k')^2$$

（2）所有第三方物流企业结盟。此时就变成了一个第三方物流企业和一个智慧物流平台企业之间的讨价还价问题。此时供求方程分别为：

$$s = k'(p_1 - c_1), \ s \leq d_{max} \qquad （8-7）$$

$$d = d_{max} - k(p_1 - c_1) \qquad （8-8）$$

计算得到均衡价格和均衡数量：

$$p_1 = (d_{max} + kc_1 + k'c_1)/(k+k') \qquad （8-9）$$

$$s = d = k'd_{max}/(k+k') \qquad （8-10）$$

联盟的收益为：

$$LR(A, B, C) = k'(d_{max})^2/(k+k')^2$$

3.部分第三方物流企业与智慧物流平台企业结盟

（1）单个第三方物流企业与智慧物流平台企业结盟。令 A 与 D 结盟，由于 B、C 是否结盟不能确定，而他们的结盟情况会直接影响联盟 $\{A,D\}$ 的收益。这里假设 B、C 结盟与不结盟的概率分布为（0.5,0.5），并以此概率分布下联盟 $\{A,D\}$ 的收益的期望作为其收益。其他第三方物流企业也采取类似的处理方法。

若 B、C 不结盟，则联盟 $\{A,D\}$ 垄断智慧物流服务1的购买市场，联盟收益为：

$$LR(A,D) = d_{max}(p_2 - c_1 - c_2) + fa$$

若 B、C 结盟，则联盟 $\{A,D\}$ 和 $\{B,C\}$ 之间可以讨价还价，智慧物流服务1的均衡价格和均衡数量分别为：

$$p_1 = (k'c_1 + kc_1 + d_{max} - a) / (k+k') \qquad (8\text{-}11)$$

$$s = d = k'(d_{max} - a) / (k+k') \qquad (8\text{-}12)$$

联盟 $\{A,D\}$ 收益为：

$$LR(A,D) = \frac{k'(d_{max} - a)}{k + k'}(p_2 - \frac{k'c_1 + kc_1 + d_{max} - a}{k + k'} - c_2) + (p_2 - c_2 - c_1)a + fa$$

同样，B、C 分别与 D 结盟的联盟收益为如下情况。

A 与 C 不结盟时：

$$LR(B,D) = d_{max}(p_2 - c_1 - c_2) + fb$$

A 与 C 结盟时：

$$LR(B,D) = \frac{k'(d_{max} - b)}{k + k'}(p_2 - \frac{k'c_1 + kc_1 + d_{max} - b}{k + k'} - c_2) + (p_2 - c_2 - c_1)b + fb$$

A 与 B 不结盟时：

$$LR(C,D) = d_{max}(p_2 - c_1 - c_2) + fc$$

A 与 B 结盟时：

$$LR(C,D) = d_{max}(p_2 - c_1 - c_2) + fc$$

（2）两个供应商与 D 结盟。假设 A、B 与 D 结盟，则联盟的收益为：

$$LR\ (A,B,D) = d_{\max}\ (p_2 - c_1 - c_2) + fd_{\max}$$

同样，可求得 B、C、D 结盟和 A、C、D 结盟时联盟收益分别为：

$$LR\ (B,C,D) = d_{\max}\ (p_2 - c_1 - c_2) + fd_{\max}$$

$$LR\ (A,C,D) = d_{\max}\ (p_2 - c_1 - c_2) + fd_{\max}$$

4.所有成员企业结盟（总联盟）

所有成员企业结盟时，总联盟收益为：

$$LR\ (A,B,C,D) = d_{\max}\ (p_2 - c_1 - c_2) + fd_{\max}$$

（三）均衡解收益分配方案

Shapley 在三条公理的基础上提出了被称为 Shapley 值的解概念，并证明了对于任意包含有限载体的合作博弈 Shapley 值唯一存在。因此，令 $\psi(LR) = (\varphi_1(LR), \varphi_2(LR), \cdots, \varphi_n(LR))$ 为合作博弈的 Shapley 值，每个参与人的收益即 Shapley 指数由下面公式给出：

$$\psi_1(LR) = \sum_{S \subseteq T} Y_n(S)[LR(S) - LR(S - \{i\})], i \in U \qquad (8\text{--}13)$$

式（8--13）中，$Y_n(S) = [(s-1)!(n-s)!]/n!$，$U$ 为博弈所有局中人的组成集合，N 是任意有限载体，$|S| = s$，$|N| = n$。博弈模型中 $n = 4$，设 Shapley 值为 $\psi(LR) = (\varphi_1(LR), \varphi_2(LR), \varphi_3(LR), \varphi_4(LR))$。由前面模型可知，以 A 作为关键参与人的联盟 T 有：$\{A, B\}$，$\{A, C\}$，$\{A, D\}$，$\{A, B, C\}$，$\{A, B, D\}$，$\{A, C, D\}$，$\{A, B, C, D\}$。代入前面各联盟的收益函数可以得到 $\varphi_1(LR)$，同样的方法可以求出 $\varphi_2(LR)$、$\varphi_3(LR)$ 和 $\varphi_4(LR)$，得到最优分配结构。此时，各个第三方物流企业获得的交易额即所分得的市场份额比例为 $\varphi_1(LR) : \varphi_2(LR) : \varphi_3(LR) : \varphi_4(LR)$。智慧物流服务 1 的总交易量为 $d_{\max}$，交易价格为 $p_1 = (\varphi_1(LR) + \varphi_2(LR) + \varphi_3(LR) + \varphi_4(LR))/d_{\max} + c_1$。

三、实证分析

1.实例计算

令第三方物流企业提供的智慧物流服务数量分别为 $a = 200$，$b = 150$，

$c = 100$，成本 $c_1 = 10$；智慧物流平台企业最大购买量 $d_{max} = 300$，成本 $c_2 = 15$，整合后智慧物流服务 2 的价格 $p_2 = 35$；第三方物流企业和智慧物流平台企业的价格反映系数分别为 $k' = 45$，$k = 30$，比例系数 $f = 5$。计算如下：

$LR(A) = LR(B) = LR(C) = 0$，$LR(D) = 3000$；

$LR(A, B) = 320$，$LR(A, C) = 180$，$LR(B, C) = 80$，$LR(A, D) = 4000$，$LR(B, D) = 3750$，$LR(C, D) = 3500$；

$LR(A, B, C) = 720$；

$LR(\{A, B, D\}) = LR(\{A, C, D\}) = LR(\{B, C, D\}) = LR(\{A, B, C, D\}) = 4500$。

代入 Shapley 值公式，得到：

$$\psi(LR) = (324.2, 220.8, 167.5, 787.5)$$

各个第三方物流企业的市场份额为：

$$A : B : C = 324.2 : 220.8 : 167.5$$

2.算例分析

上述计算后得到的各个第三方物流企业的市场份额比例就是联盟的合理分配比例，这种分配机制下的智慧物流价值链联盟是稳定的。

首先，这个联盟对于智慧物流平台企业来说是稳定的。因为其收益增加了，而且智慧物流服务供应源分布在多个第三方物流企业之间，一定程度上降低了自身的风险。一般认为，规模大的第三方物流企业具有较强的核心竞争力，更能够保证智慧物流服务的质量，因而获得了较多的市场份额，得到较高收益。

其次，对于第三方物流企业来说，这个智慧物流价值链联盟也是稳定的。原因如下。

（1）若第三方物流企业不结盟，各方的收益都比结盟时增加了；

（2）第三方物流企业结盟时，若只有部分第三方物流企业结盟，联盟的总收益明显小于总联盟中二者收益的总和，若所有第三方物流企业结盟，其联盟的总收益虽然和总联盟中各个第三方物流企业收益的总和差不多，但是在目前完全竞争的物流市场中，这种情况难以实现。

因此，只有第三方物流企业和智慧物流平台企业之间的总联盟才是所有智慧物流价值链联盟企业的最优选择。

第四节　产业层面智慧物流重组

物流产业在迭代升级过程中，智慧物流价值链的重组基于信息平台整合行业资源。接下来以生产物流和制造供应链为背景，分析产业层面的智慧物流重组。

一、平台形式

不同类型的企业对智慧物流运营有着个性化的价值导向，不同迭代升级阶段的智慧物流平台的表现方式也有所不同。如制造产业升级发展阶段通常分为精益制造、数字化制造、智能化制造，所以不同阶段的智慧物流平台也有覆盖面、联通程度、技术应用场景以及软硬件设施的差异，可以相应地分为精益物流平台、数字化物流平台和智慧物流平台。对于连接终端消费者的C2M制造，智慧物流平台更具有延展性，可能从制造工厂到消费者、门店、研发、品类管理、营销等都能涉及。

1.精益物流平台

以精益物流及其信息平台支撑精益生产要求，如发源于汽车行业的精益生产和汽车行业精益物流信息平台的发展为例，丰田精益生产方式强调拉动系统，JIT（准时制生产）到货、JIT制造、JIT配送，需要降低"七大浪费"，降低库存至"零库存"。这种方式需要有精确的生产计划和物流计划协同，并且要求供应商有高度匹配的物流基础和运作能力，整个供应链过程都是按照标准来执行的。但是其管理颗粒度①难以把握，同时对于变化的控制与适应能力比较差（如何拉动和备货往往是很多企业的痛点）。

2.数字化物流平台

在制造精益化目标达成之后，在一定的信息技术基础上，逐步开始供应链业务数字化的过程。数字化制造需要供应链管理率先实现数字化、一体化，并且使其成为数字化工厂运营的主要纽带。在这种工作场景下，自动搬运、自动配送、智能存储、RFID/IoT自动采集信息和数据等数字化物流作业形式替代了部分人工作业。同时，以信息传递为主要功能的物流信息系统已经无法满足这种新形势的需要，必须升级为集信息传递和调度指挥为一体的数字化物流调度系统，实现实时传递物流信息并指挥调度智能装备进行有序的作业；通过应用仿真、数字孪生、虚拟现实/增强现实(VR/AR)等信息技术手段进行方案优化、状态监控和结果验证等工作，较好地满足供应链数字化、高效化运营的要求。

3.智慧物流平台

智能制造强调个性化、客户化和数字化、智能化，这不仅是在原有基础上升级供应链的问题，而是必须依据业务逻辑重新构建供应链。因此，智慧化信息平台需要搭建实时供应链运作（计划）规划和执行的闭合环路，将虚拟生产—物流系统和现实生产—物流系统对应起来。具体而言，就是集成PLM、ERP、MES、WMS系统以及生产设备和物流设备集成管理系统等。供应链过程计划发布至执行系统之后，利用智能制造平台生成详细的作业指导书，并与生产—物流运营全过程进行关联，保证整个过程都实现精准的响应和更新，同时从生产—物流环境中收集有关生产—物流执行情况的信息。从订单到执行交付，智慧化信息平台需要具备必要的先期验证、仿真、预警的能力，进一步优化实现所有物流资源利用率的最大化，确保所有工序上的所

---

① 管理颗粒度，也就是管理的精细化程度，是衡量组织管理水平的重要维度指标，是组织管理改进的重要参考。

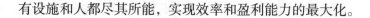

有设施和人都尽其所能，实现效率和盈利能力的最大化。

二、重组策略

1.平台网络化重组策略

以培养智慧物流人才为核心目标，以建设智慧物流体系为抓手，以同步建设智慧供应链平台为台阶，从而保证智慧物流系统（智能产品/服务、智能制造、智能供应链）转型升级的有序性和有效性。

从智慧物流平台网络化重组路径而言，路径1是标杆智能物流系统、交付系统规划、设计和建设过程；路径2是智能供应链平台构建、逻辑梳理和达成；路径3是智慧物流人才培养的战略、知识结构和培养方案与实践过程。路径1和路径2是过程，路径3是关键目标。

从智慧物流平台网络化重组阶段而言，第一阶段以建设智慧物流系统为切入点，同步启动供应链数智化平台顶层设计和人才培养的框架方案。第二阶段在智能化物流系统建设完成试运行后，提炼出企业的智能化升级方法论和相关运营标准，初步建立运营体系；同时人才团队也经过第一轮培养，具备了智慧物流人才输出、提升、派驻的条件。第三阶段智慧物流方法论、供应链/物流信息平台、智慧物流人才梯队都逐渐成熟，进而研究5G技术、人工智能、物联网等新技术应用，为智慧物流系统再次赋能。

2.重组中的"切入"策略

智慧物流需要将全价值链打通，不仅需要智慧物流相关设施逐渐到位，更为关键的是，智慧物流运营管理的"内功"需要同步跟上。而"内功"的关键又在于代表流动资产运营管理的供应链流程的一体化。所以，衡量智慧物流产业规划是否合理的现实和本质的评价角度，最终是能够有效交付智慧物流服务给客户。智慧物流平台网络化重组可以采用"以点带面、点面结合、以终为始"的切入方式，通常从包装与物流基础标准化、订单交付与计划梳理、智能物流设施导入、智能工位链接、供应链关键环节差异管理、智慧物流信息平台规划与建设六个方面切入，如图8-3所示。

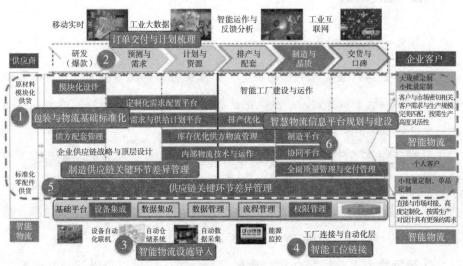

图8-3　重组中的六个切入点

（1）包装与物流基础标准化。

智慧物流基础比较薄弱的企业，一般首先需要做到包装单元化、通用化、标准化，并在此基础上扩展搬运标准、存储标准、运输标准、配送标准等。只有各个智慧物流基础环节做到标准化，才能够实现物料流动参数化、数字化，为后续的智慧物流流程梳理提供良好的基础（可以直接作为基础数据导入智慧物流信息系统）。

（2）订单交付与计划梳理。

智慧物流运营和交付主要围绕订单与计划来展开，只有订单和计划的逻辑清晰了，才能够合理调动各项物流资源。订单交付与计划梳理具体包含订单预估、订单来源、客户信息、交付周期与相关要求，并由此集成为智慧物流主运营计划，细化为智慧物流各项作业环节计划。全过程逻辑严密、专业要求度高，是智慧物流运营的核心，直接主导了智慧物流资源的主要脉络，可以作为智慧物流平台建设的逻辑基础。

（3）智能物流设施导入。

智慧物流基础比较好的企业，通常愿意通过设施规划与智慧物流系统来打通智慧物流价值链，实现立体化贯通、逻辑化配送与流通，做到智慧物流全过程没有断点。不同的智能物流设施配置直接决定了WMS、WCS等系统的逻辑和运作，这些智能物流设施在选择技术方案、设备以及供应商时需要有优化的方案；同时，智能物流设施投资往往比较大，需要考虑投资收益（如ROI指标等）的科学测算。

（4）智能工位链接。

以点带面地导入关键物流环节的智能化元素，然后逐步完成集成业务。在一个特定的智慧物流活动中，关键环节的智能化突破往往可以起到"破冰"效应，带动智慧物流价值链上下游环节的系列优化和匹配，从而促进智慧物流建设和智慧物流信息平台的构建。

（5）供应链关键环节差异管理。

智慧物流运营中的数据需要实现实时和可视化的管理，这涉及对供应链运营全流程上关键环节的差异管理，对于系统而言是极大的挑战。而对于差异的实时感知和反馈、调节、数字孪生，才是智慧物流价值的具体体现。

（6）智慧物流信息平台规划与建设。

智慧物流信息平台提升数字化、智能化水平，是基于各项基础业务有保证的前提下"水到渠成"的成果。从规划到建设，到实际运营，可以是一个"以终为始"的拉动式智慧物流资源配置和达成路径，也可以是迭代升级模式的推动式的"做加法"的路径。

【本章小结】

智慧物流流程及管理重组的形式，企业层面的智慧物流重组（水平物流价值链）主要针对物流流程进行，从总体布局、实施者、负责人、支持体系和绩效测评5个方面进行分析，进而按照8个步骤实施：制订智慧物流流程重组计划、组建智慧物流流程重组小组、制定智慧物流发展远景规划、智慧物流流程重新设计、流程评估与试运行、实施新的物流流程、流程重组范围扩大和智慧物流流程重组实现。行业层面的智慧物流重组（垂直物流价值链）主要针对物流价值链联盟进行，智慧物流价值链联盟建立在博弈的基础上，通过运用合作博弈的原理，分析由智慧物流平台型企业主导的物流供应链中与第三方物流企业以及第三方物流企业之间的收益分配比例，建立一种收益分配博弈模型，以此作为构建智慧物流价值链联盟的基础。产业层面的智慧物流重组主要采用平台网络化重组策略，智慧物流价值链重组通常从包装与物流基础标准化、订单交付与计划梳理、智能物流设施导入、智能工位链接、供应链关键环节差异管理、智慧物流信息平台规划与建设6个方面切入。

下篇 智慧物流发展战略：基于物流数字化转型层面

　　在现有主要从企业角度研究智慧物流发展的基础上，提出智慧物流的发展是从产业、行业和企业多个层面进行，通过数字驱动、协同共享，最终形成智慧物流生态圈的过程。智慧物流的发展战略是从物流数字化转型层面，在产业发展上，建立智慧物流与智慧城市三维融合发展战略；在行业发展上，建立智慧物流与共享经济协同发展战略；在企业发展上，建立企业智慧物流中心，实施集约化发展战略。智慧物流与智慧城市可以在逻辑维度、空间维度和时间维度上融合，形成基于城市的智慧供应链与智慧产业链生态；智慧物流与共享物流在资源优化配置、协同共享上具有耦合性，能够充分发挥各自的长处，形成智慧物流产业竞争优势；物流企业发展智慧物流的关键是实现底层要素、中间运营和顶层管理与决策的智慧化，形成降本增效、良性发展的集约化管理模式。

第九章　产业层面的智慧物流业态转型

城市是物流枢纽布局的载体，是智慧物流发展的价值定位。产业层面上的智慧物流主要依托智慧城市和城市物流发展。城市物流多数属于消费保障型物流，消费终端随生活社区、商务区和商贸区布局而分散化、碎片化；少数属于城市产业服务型物流，物流终端随产业布局而集中化、规模化。因此，要求城市物流一方面尽可能少地占用城市资源，降低城市资源浪费和闲置；另一方面尽可能将城市闲置资源加以复用，实现城市资源集约化和再生资源循环利用。而这两方面正是智慧物流业态转型的关键所在。

第一节　智慧物流产业与智慧城市

物流既连接生产与消费，又是城市支柱产业与优势产业的保障。智慧城市为智慧物流产业提供发展环境，智慧物流则是智慧城市建设的重要支撑之一。相对于智慧物流而言，智慧城市内涵更广。

一、智慧城市内涵

我国城镇化进程面临的主要问题就是城市"承载力"问题，这与智慧物流息息相关。承载力，涵盖人们的空间资源以及人们日常生活的物质需求保障与交通负荷。智慧物流在智慧城市的建设中可以起到输血作用，能够从底层支撑城市正常且高效运行。

1.智慧城市的典型观点

对于"智慧城市"这一理念的界定，学界主要有三种典型观点。一是IBM基于ICT[①]对城市运行系统的改造，提出智慧城市是数字城市与物联网的融合，以构建数字化基础设施、配备先进的信息技术作为实施路径；二是认为智慧城市是基于城市经济增长、城市竞争力提升、资源能源节约等需求下的可持续发展模式；三是认为智慧城市的目标是提高城市治理效率和集约化使用城市资源。

综合这三种观点，智慧城市是基于数字化技术下促进城市长远发展的一种城市形态。智慧城市的发展更多地应该集中在多种交通运输方式、多种商贸流通方式、多种物流配送方式与未来数字化、智能化的结合，它们可以使得城市的每一个配送基点、每一个物流节点都能够进行更有效的资源匹配和更加精准的供需对接，这也是智慧城市建设最关键的点。

2.智慧城市的内涵分析

（1）先进的数字化技术及其深入应用是城市实现"智慧"发展的重要基石，智慧城市的建设和发展与新兴的、先进的数字化技术是密不可分的，具体如表9-1所示。

表9-1　　　　　　　　　　智慧城市依托的数字化技术

类型	作用与功能
物联网和传感技术	推动城市实现精准化的管理和服务
大数据技术	为政府的决策与服务、城市的布局规划和管理，以及包括人们衣食住行等在内的各个领域提供强大的决策支持

---

① 信息（Information）、通信（Communications）和技术（Technology）三个英文单词的词头组合。

类型	作用与功能
云计算技术	通过综合集成的计算、存储、网络等能力有效地提高城市的信息化水平并推动社会生产方式变革
宽带网络技术	为城市中信息的高速、顺畅流通奠定了基础
移动互联网技术	大大拓展了信息交流的通道和传播的范围，推动各类公共服务的个性化发展

（2）人的智慧是智慧城市的灵魂和精髓。数字化技术形成的人工智能的特点和人的智慧的内涵分别如图9-1和图9-2所示。

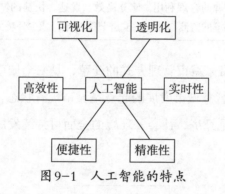

图9-1　人工智能的特点

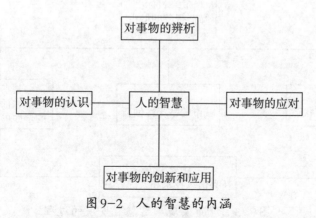

图9-2　人的智慧的内涵

（3）智慧城市实现经济、社会、环境的可持续发展。对于数字化技术而言，最重要的不是它的先进性和创造智慧城市的能力，而是它能通过信息网络的构建和应用成为城市整体发展中的重要组成部分，智慧城市发展的总体方向如表9-2所示。

表9-2　　　　　　　　　　智慧城市发展的总体方向

基本方向	主要路径和内容
经济可持续发展	通过发展以新一代信息技术产业为代表的智慧产业以及信息技术对传统产业的智慧化改造，来增强经济发展动力、提升经济发展质量、增强城市经济竞争力
社会可持续发展	通过智能化应用的普及与推广，来提高社会管理、公共服务的质量和效率，不断提升居民的生活质量与水平，为居民创造优质的生活环境
环境可持续发展	通过信息技术在生产、管理、服务、生活等城市各领域的应用促进资源的合理利用，建立高效、发达、快捷的城市基础设施，加强对环境的监测与监督，推进节能减排，减少环境污染和资源浪费

（4）智慧城市带来城市管理方式的变革，是一个城市进行系统性创新的过程（见图9-3）。智慧城市发展的起点是城市现有状态，手段是数字化技术和人的智慧，方向是经济、社会、环境的全面可持续发展，路径是系统性的城市创新。

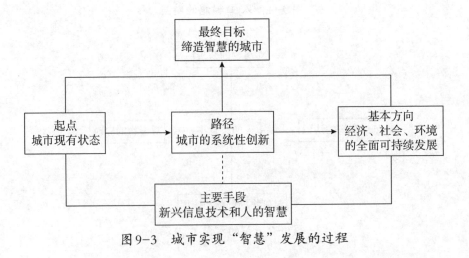

图9-3　城市实现"智慧"发展的过程

二、智慧城市特征

智慧城市的"智慧"特征主要表现为透彻感知、深度整合、互联互通、创新应用四个方面（见表9-3）。其中，前三个方面主要是从数字化技术层面构建对应的智慧化应用系统和智慧化公共信息平台，实现城市管理的高度智能化，体现数字化技术的人工智能在城市经济、社会发展中的应用。而创新应用是在城市中实现了前三个方面的基础上，充分发挥"人的智慧"层面上人的主观能动性，利用人工智能手段提升城市的管理和服务水平。

表9-3 　　　　　　　　　　　　 智慧城市基本特征

基本特征	主要内容
透彻感知	在城市物理空间中安置无所不在的可以随时随地感知、测量、捕获和传递信息的智能传感器，实现对城市物理空间全面、综合的感知，通过智能化地获取现实城市物理空间中的各种信息并进行分析，为城市的运行管理和长期规划提供信息支持
深度整合	通过推进"三网融合"（电信网、广播电视网、互联网），以及互联网和物联网、卫星传感网，基于云计算平台的多源异构数据（多参考系、多语义、多尺度，多时相等）的集成、融合与同化，形成具有高度整合性的信息基础设施
互联互通	以物联网、互联网、下一代互联网等各种形式的高速、高带宽的信息通信网络为基础，将个人电子设备、组织和政府信息系统中分散的信息和数据进行连接、交互和多方共享，实现个人、组织和政府之间的连通和协作，构建不同社会主体内部以及它们之间沟通与合作的社会网络
创新应用	依托发达的信息基础设施，构建新的服务模式或者新的能够提供服务的体系结构，根据对数据信息的挖掘与分析，以较低的成本和较高的效率为人们提供满足不同层次、不同要求的智能化服务。同时，社会网络的建立使个人、组织和企业具有了更加多样化的联系与合作方式，它们在发达的信息基础设施之上广泛开展科技和业务的创新应用，为城市经济、社会发展和文明进步提供源源不断的动力

第二节　智慧物流产业与城市融合发展

一、融合维度

智慧物流产业与城市的融合发展，主要集中在逻辑维度、空间维度和时间维度三个维度上，并形成基于城市的智慧供应链与智慧产业链生态。

1.逻辑维融合

在逻辑维度上，得益于电子商务对城市经济的贡献，伴随电子商务发展的城市物流基本实现了B2C、C2C的差异化需求的满足，并形成规模化发展，这给智慧物流的发展奠定了坚实的基础。特别是在大中型城市，智慧物流的应用可以获得更佳的购买和服务体验。智能化的移动终端设备、电子支付/数字货币和大数据信息平台通过人、货、场一体化逻辑，精准收集物流服务供给/需求、科学预测供需匹配、高效服务个性化需求，将智慧物流与城市融合，实现城市物流降本增效。

2.空间维融合

在空间维度上，得益于城市与智慧物流融合后诸如物流园区、物流中心等设施在城市空间结构上的重构，智慧物流可以从顶层战略实现资源配置优化，通过资源和活动的集聚实现城市区域空间利用率提升，城市资源得以集约化。如智慧物流推动城市共同配送、众包配送、无接触式配送等模式的落地，用数据驱动物流价值链，推动城市资源优化变革。智慧物流支撑智慧城市空间结构重构，推动商品及流通过程中废弃物/残留物的低产出率和低价高效回收；让绿色包装、共享集装箱、共享最小封闭运/储单元和共享标准托盘等资源循环使用理念落地；推动消费末端退货物流效率的提升。

3.时间维融合

在时间维度上，得益于资源分时租赁模式和平行/并行产业链间资源配置优化，智慧物流与城市共享经济融合后，应用于城市物流中的分时租赁模式，

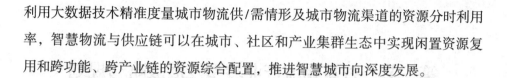

利用大数据技术精准度量城市物流供/需情形及城市物流渠道的资源分时利用率，智慧物流与供应链可以在城市、社区和产业集群生态中实现闲置资源复用和跨功能、跨产业链的资源综合配置，推进智慧城市向深度发展。

二、融合需求

从智慧物流产业与城市融合发展的维度看，二者融合重点体现在共享物流、前置物流、即时物流等方面。

1.共享型智慧物流

共享型智慧物流让城市物流资源的信息更加透明，让闲置的城市物流资源可以共享利用，推动了众多共享物流模式创新。如城市共同配送是共享城市配送资源的创新模式，共享云仓是共享城市仓储资源的创新模式，社区智能快递柜是共享城市末端配送资源的创新模式，众包物流是共享城市物流人力资源的创新模式，城市内托盘与周转箱循环共用是上下游企业共享物流单元化载具的创新模式等。

2.前置型智慧物流

前置型智慧物流借助大数据分析预测，建立城市配送数字路由、数字分仓以及网格仓，提前把货物前置到离客户最近的前置仓中，从而实现城市配送的快速响应，大幅提升城市物流效率。前置型智慧物流需要有准确的供需预测，需要供应链上生产厂家库存、供应商库存、经销商库存、零售商库存实现联合库存管理和分布式联动控制。

3.即时型智慧物流

即时型智慧物流借助数字化技术实现城市物流资源的即时调度，在面对大量的城市配送订单、众多的城市配送员、复杂的城市路径、高时效性的精准要求时，可以实时作出响应，满足客户的即时配送需求。此外，即时型智慧物流可以从城市物流末端向上游连接，优化终端流通服务的供应链；同时，在城市物流末端之间建立连接实现联动，推动城市物流供应链体系变革。

第三节 智慧物流产业转型发展战略与规划

在智慧物流与城市融合发展下，智慧物流产业转型以加快转变城市经济数字化转型发展方式为主线，围绕城市物流产业转型升级的总体要求，加强数字化技术的集成应用和融合创新，推动智慧物流向高端化、集约化方向发展。

一、发展战略

1.智慧物流产业规划

在产业政策方面，由城市政府部门牵头编制智慧物流产业发展规划，以及智慧物流行业标准化和进行智慧物流企业/项目示范性建设，包括制定智慧物流设施、设备、技术和运营流程的标准，以及智慧物流信息平台、数据中台的研发、运营与维护标准等。在产业监管方面，由城市政府部门推动制定针对智慧物流产业发展的法律法规，为智慧物流产业发展提供制度上的保障，促进智慧物流产业法制化与规范化发展。

2.物流产业数字化转型

城市物流枢纽先从内部非核心业务部门开始数字化与智慧化转型，然后再向核心业务部门推广，从传统物流业务经营到电子化、数字化采集物流交易信息及活动信息，再到全面应用智慧化技术。同时，企业加入智慧物流信息平台实现信息共享和共建智慧物流生态圈。

3.智慧物流装备技术研发

增强智慧城市和城市智慧物流技术转化与应用，注重物流线上与线下融合发展，提高城市智慧物流发展水平。开展智慧物流中的运输、配送及仓储等环节的数字化设施设备和作业流程研究，同时，建立科学的智慧物流产业人才培养机制。

4.智慧物流产业发展融资

城市金融机构通过发展供应链金融，为物流企业创新提供具有针对性的智慧物流融资产品和服务。此外，通过城市在税收政策上的调节以降低或减免智慧物流转型企业的缴税压力，间接减小物流企业发展智慧物流和数字化转型的经济压力。

二、发展规划

1. 推进新一代信息技术应用

推进5G、物联网技术在城市智慧物流产业中的应用，通过智能物流设施与设备等的联网，提高物流产能和效率。在供应链管理、物流运营管理等管理领域推广5G、物联网技术，利用5G、物联网技术对物流企业运营情况进行实时监测，实现智慧物流流程优化迭代更新。

推进云计算、云平台技术在城市智慧物流产业中的应用，在物流流程设计、物流系统虚拟仿真等方面应用云计算技术，提高智慧物流方案设计效率，降低智慧物流运营成本；促进第三方SaaS平台运营商向智慧物流云服务云平台运营商转型，引导大型物流企业集团对数据中心进行"上云"升级改造，为智慧物流信息化规模扩展和智慧物流云平台应用深化提供支撑。

推进移动互联网技术在城市智慧物流产业中的应用，开发移动版的ERP、CRM、SCM等管理系统，建设面向智慧物流产业的应用程序商店。鼓励物流企业实施移动办公，应用移动版管理软件，购买基于智能移动终端的智慧物流应用程序，建设移动版的智慧物流运营门户网站。

推进大数据技术在城市智慧物流产业中的应用，大中型物流企业可基于数据仓库、数据中心建设智慧物流控制塔或智慧物流共享服务中心，通过物流枢纽布局、物流资源共享和智慧物流中心，实施城市智慧物流集约化管理。

2. 推进物流服务智慧化

把数字化技术"嵌入"线上线下物流服务，提高城市物流服务的技术含量和服务水平，使智慧物流服务集信息化、网络化、数字化特征于一体，增强城市智慧物流服务的功能，提高城市物流服务附加值。从物流流程设计到物流服务的整个生命周期中采用数字化手段，利用大数据、物联网技术对物流服务的运行情况进行远程监测，对出现的问题进行远程诊断，并将缺陷信息反馈，以便不断改进城市物流服务质量和性能。

3. 开展智慧物流企业试点示范

示范性的智慧物流企业一般指经营水平较高的企业，其具有学习和自适应能力，能够灵敏地感知到企业内外环境变化并快速作出反应。示范性智慧物流企业是智慧物流产业发展的排头兵，初级阶段主要表现在资源整合、经营管理、市场竞争等关键环节的智慧化程度较高；高级阶段则表现在信息化、网络化、数字化集成下的高度智慧化水平，通过"数字神经系统"，快速感知市场变化并作出有效反应。

4. 为智慧物流产业提供支撑服务

建设一批运作规范、支撑力强、业绩突出、信誉良好、公信度高的城市智慧物流公共服务平台，覆盖采购、生产、销售、售后领域。鼓励平台创新运营机制和商业模式，通过城市物流产业政策引导和资金扶持，使平台的布局合理、功能完善。

推进智能制造和城市智慧物流联动发展。支持制造企业围绕库存管理、生产物流等关键环节开展智慧物流应用，提升企业物流的智慧化水平。鼓励制造企业与第三方物流企业进行信息系统对接，提高供应链物流协作效率。建设面向产业集群、专业市场的智慧物流信息系统，整合城市物流资源。

建立以政府投入为引导，企业投入为主体，社会投入为重要来源的智慧物流产业多元化投融资体系。通过直接投入、补贴、贷款贴息、奖励等多种方式，支持智慧物流产业核心、关键、共性技术的研发及产业化。引入风险投资机制，完善智慧物流产业技术创新和产业化的投融资环境，促进产业供应链高质量发展。

【本章小结】

从产业层面看，利用新一代信息技术实现对城市核心运行系统的价值提升是智慧城市理念的基本出发点。智慧物流与城市的融合要集中在逻辑维度、空间维度和时间维度3个维度上，并形成基于城市的智慧供应链与智慧产业链生态。智慧物流与城市物流融合发展，重点体现在共享型智慧物流、前置型智慧物流、即时型智慧物流3个方面。智慧物流发展战略主要考虑完善智慧物流产业规划、物流产业数字化转型、智慧物流装备技术研发和智慧物流产业发展融资4个方面。智慧物流产业发展规划在技术层面为推进新一代信息技术应用和推进物流服务智慧化，在资源层面为开展智慧物流企业试点示范和为智慧物流产业提供支撑服务。

第十章　行业层面的智慧物流业态转型

物流资源在行业内的协作共享，是智慧物流发展的价值主张。行业层面的智慧物流依托共享经济而发展，为实现以需求为导向的运作模式，智慧物流行业需要形成互联互通的物流网络，实现线上线下物流资源的共享、流程协同，这就离不开智慧物流与共享经济的融合。

第一节　智慧物流行业与共享经济

共享经济的本质是将使用权和所有权分离，通过提高资源的利用率以创造更高的价值。同样，在智慧物流领域，资源是第一生产要素，资源得到充分利用后，物流行业的边际成本会不断下降，形成竞争优势。

一、共享经济内涵

共享经济是一种优化资源配置的新型经济模式，该模式基于现代信息技术支撑，由资源供给方通过信息技术和信息平台将暂时闲置的资源有偿提供给资源的需求方使用，需求方获得资源的使用权，而供给方则获得相应的报酬。这一过程中，资源的利用率得到极大的提高。

（一）共享经济的基本特征

1.信息化平台

通过信息化平台，资源供给方对提供共享资源的企业数据采取的是一种个人/终端访问形式，需求方不仅能访问企业内部数据，还可以将移动智能终端与信息化平台连通，让供需之间的交易更便捷。智能终端便携易用、性能越来越强大，资源需求方使用这些设备来寻找和获取可供共享资源的意愿越来越明显。

2.使用权转移

共享经济将个人或企业所拥有的资源面向全社会进行社会化利用，也即共享经济倡导"租"而不是"买"。资源需求方通过信息化平台从资源供给方那里获得使用权，以相对于购置而言较低的成本完成使用目标后再移转给其所有者。

3.重复性交易

共享经济的核心是通过将资源所有者的闲置资源进行使用权转移，重复性地转让给资源需求方使用，这种"网络串联"形成的分享模式对资源进行了充分利用，能够提升资源的使用效率，实现共享经济的可持续发展。

（二）共享经济的运作机制

1.供给机制

共享资源的供给方式除了借助信息化平台的点对点交易和单一供给者的规模化出租外，还可以采用"俱乐部"形式，即每个资源供给者都提供一份资源，从而每个资源供给者可以共享全部资源。

2.交换机制

信息技术的支持降低了共享经济中的交易成本，信息化平台为资源供求双方提供对接机会，社交化平台提供了查看他人信息并建立信任的途径，网上支付系统解决了资金交付事务，从而形成了便捷和可靠的交换机制。

二、共享物流模式

共享经济为共享物流的发展提供了基石，共享物流是共享经济的一种应用模式。共享物流的本质是共享物流资源，当物流设施设备资源、物流人力资源、物流信息资源等均具备共享条件时，可以为发展共享物流模式提供基础条件。同时，智慧物流在行业价值层面是物流资源的共享，因此，智慧物流与共享物流具有紧密关系。

1.涉及的内容

智慧物流是物流业长期规划发展方向，是实现物流降本增效目标的重要途径之一，智慧物流涉及的内容是利用新一代信息技术进行物流资源的协同共享，不断提高物流效率。同时，新一代信息技术的应用也体现在共享物流方面，采用信息共享的方式提高物流资源利用率和降低物流成本。因此，智慧物流和共享物流两者涉及同样的内容。

2.解决的问题

智慧物流借助智慧化的物流信息平台进行物流资源的调度和优化配置，解决物流资源使用中的"忙闲不均"问题。共享物流模式下资源使用状态信息能够及时共享，闲置的物流资源得到充分利用。新一代信息技术是得以实现智慧物流和共享物流的技术基础，信息共享是智慧物流和共享物流的实现路径和先决条件，解决了企业内部适应的问题。

3.环境层面的优势

从内部环境看，智慧物流模式可以明确企业发展方向，从而制定符合企业长远发展的目标。从外部环境看，共享物流模式的实施有利于保持竞争优势。在面向外部竞争和策略制定方面，智慧物流模式能通过提高物流效率打败竞争者；在面向内部资源的合理使用方面，共享物流模式通过降低物流成本获得供应链的优势。

4.所起的作用

智慧物流有利于协调物流信息资源，通过智慧化物流信息平台保持物流环节的一致性和有序性；而共享物流通过提高物流资源利用率分摊物流运营成本，确保物流链的一致和有序进行。智慧物流是一种新的战略环境，也是一种新的物流创新模式，而共享物流起到保证这种新的创新模式具体实施的作用。

总体而言，智慧物流与共享物流的关系如图10-1所示。

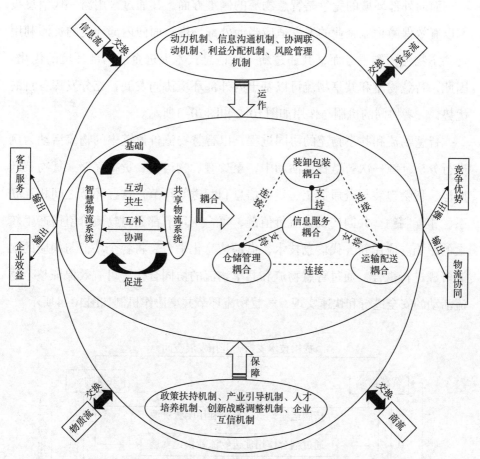

图10-1　智慧物流与共享物流的关系

第二节　智慧物流与共享物流协同发展

一、协同机制

面向外部环境的竞争是智慧物流的侧重方面，其通过采用新一代信息技术以有效保障物流企业的发展适应当前外部环境；面向内部环境的资源利用是共享物流的侧重方面，其通过新一代信息技术促进企业内部环境的优化。因此，智慧物流和共享物流可以基于内外部环境协同发展，充分发挥各自的优势，二者协同的机制与作用如图10-2和图10-3所示。

智慧物流和共享物流的协同过程，以智慧物流价值链中的物流活动为例进行分析。在一次智慧物流活动中，至少有货物运输、货物存储、货物装卸搬运、货物包装与流通加工、货物信息和配送等环节，这些环节之间相互联系、相互制约，共同构成物流价值链，每一个环节都会对物流价值链产生较大的影响。应用新一代信息技术，借助信息化平台，将各个环节与相应的物流资源进行耦合，通过智慧物流和共享物流的协同合作，可有效保证整个物流活动的安全进行和快速实现，智慧物流环节共享协作机制如图10-4所示。

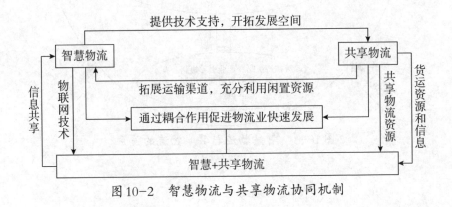

图10-2　智慧物流与共享物流协同机制

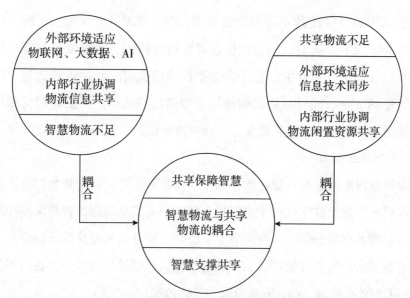

图 10-3　智慧物流与共享物流协同作用

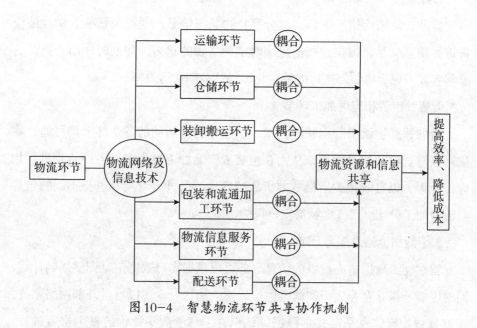

图 10-4　智慧物流环节共享协作机制

1.智慧运输环节

在货物运输的全过程中，物流 1.0、2.0 和 3.0 时代往往在运输监控及货物追踪方面存在不足，包括运输状态不透明、货物运输信息跟踪不及时、运输方式以及路线不能及时反馈等问题。物流4.0时代，在新一代信息技术的应用下，运输活动相关信息可实时传输到智慧物流控制塔或智慧物流共享数据中心，并由信息平台根据这些信息实时掌握运输状态，以此确保运输的安全。同时，根据运输活动中的信息共享，可及时调度和优化运输资源，提高运输工具装载率，从而有效保证整个运输活动的高效性。

2.智慧仓储环节

在智慧物流园区参与货物的存储，物流各环节对不同的货物都有着各自的储存要求。借助数字化技术将货物存储的相关信息传递到智慧物流控制塔或智慧物流共享数据中心，物流链上下游环节便可以实时获取仓储信息，对库存货物状态、货物存储环境、产品的预警信息能够实时监控，在面对异常状态时及时作出处理，提高仓储运营与管理效率。

3.智慧装卸搬运环节

借助智慧物流信息平台实时分享货物状态信息，通过与智能仓储设施设备进行信息交互，根据这些信息实时掌握货物的状态，并及时作出调整，这能够有效实现货物装卸搬运的智慧化，提高装卸搬运效率。

4.智慧包装和流通加工环节

借助智慧物流中的物联网技术，企业在物流活动的各个环节均可通过物联网获取货物的相关信息，从而在包装或流通加工过程中对各种货物进行相应的处理，以有效减少货损货差事故的发生。另外，对货物进行不同的包装与流通加工设计也可降低物流安全风险。

5.智慧物流信息服务环节

智慧物流数据中心提供的信息服务可以根据客户数据信息调整采购计划，同时也能够指导企业生产和调整生产规模。消费者也可以通过外部网络系统，根据智慧物流信息平台共享数据，认识并了解所购买货物的整个物流过程，从而提升消费者体验、增加商品销量。

6.智慧配送环节

在智慧物流信息平台的支持下，企业一方面可以从数据中心掌握商品的相关信息，进而便捷高效地配送货物，另一方面可以根据客户的订单了解货物信息，实现合理配送。如可以通过订单信息关联自身仓储所在位置将商品就近配送，减少成本，提高配送时效。

二、实现路径

1.大数据及可视化系统

建立大数据系统，通过各种层次的定制化分析，处理所收集的各种数据，并根据大型数据库的创建，完成对数据的整合分析，进而给出完整的数据生命期，构建智能、快速和生态一体化的物流系统。

构建智慧物流公共信息平台，方便客户访问大数据信息。在该平台上，建立虚拟资源云，客户可以通过该平台获取不同类型的智慧物流服务，从而形成一定的虚拟物流资源和能力。

对智慧物流平台进行运维管理，根据快速调度指令指挥相关的物流资源，优化物流活动的各个环节，在一定程度上减少物流成本，从而实现物品快速流通、智慧化管控物流资源。

2.物联网及感知端系统

通过应用物联网技术，全方位感知、收集企业所需物流信息。目前，RFID以及传感器等物联网技术在现代物流企业管理中得到了应用，通过建立数据库，优化了用户与物流产品的信息，更好地满足了企业的智慧物流转型的需要。

3.云计算及云端化系统

云端化可为应用层提供多样化的服务，云计算强大的数据处理能力可以有效保证应用的安全。这些技术的核心来自云计算，一方面可以精简优化智慧物流应用的交付过程，另一方面也可以降低物流成本。

4.数据中心及共享平台

创建智慧物流信息共享平台，该平台有应用服务和数据共享的功能，根据不同的系统结构，可以分为业务平台和支撑平台。

第三节　智慧物流行业转型发展模式与规划

一、发展模式

1.智慧物流企业主导模式

第三方物流企业、第四方物流企业或智慧物流平台型企业利用新一代信息技术处理物流信息，实现实时数据收集和透明化，准确掌握人员、货物、场地等信息；利用智慧物流信息系统进行决策，评估成本、时间、碳排放和其他标准，将物品安全、及时、准确无误地送达客户。

2.智慧物流园区主导模式

智慧物流园区通过完备的平台功能，共用信息平台系统，提供行业管理的信息支撑手段来提高管理水平。建立智慧配送中心使用户订货适时、准确，尽可能不让用户所需的订货断档，保证订货、出货、配送信息畅通无阻。

3.智能制造企业主导模式

智能制造企业联合第三方物流企业，提供每个物件关于自身或者相关联的对象的数据，并将这些数据进行通信，构建由大量智慧物件组成的网络，及时、准确、详细地获取关于库存、生产、市场等的所有相关物流信息，支持智慧物流决策与运营。

二、总体规划

1.建立智慧物流基础数据库

建立内容全面丰富、科学准确、更新及时且能够实现共享的智慧物流信息数据库，是物流行业发展智慧物流的基础。尤其是数据采集挖掘和商业智能方面，对数据采集、跟踪分析进行建模，为智慧物流的关键应用打好基础。

2.推进智慧物流业务流程优化

以客户的利益和资源的节约保护为出发点，运用新一代信息技术对原有物流价值链进行优化和重构，包括智慧物流思维与观念变革、物流流程优化、无边界组织建设，以及客户关系管理、供应商关系管理等。

3.创建智慧物流信息采集跟踪系统

智慧物流信息采集跟踪系统将收集到的数据传递到数据中心，为物流信息的追踪与溯源提供数据来源，包括采购/供应物流追踪与溯源、生产物流追踪与溯源、物品存储追踪与溯源、物品运输追踪与溯源、销售追踪与溯源，以保证产品流通安全。

4.智慧物流设施设备与人员管理

实现物流设施设备及人员的智慧化管理，如高峰期车辆分流控制系统，通过预订分流、送货分流和返程分流实行三级分流，从而均衡物流设备、人员的分布，有效提高效率与降低成本。

5.智慧物流危机管理应对机制

智慧物流的建设不仅是常态化管理，还涉及危机管理。通过基于物联网构建的智慧物流监测预警系统、物流安全风险评估系统、物流应急响应系统和物流危机决策系统，有效应对诸如新冠疫情等突发事件对智慧物流体系造成的影响，避免或减少对物流人员的人身和财产造成的伤害和损失，实现智慧物流的健康有序发展。

6.智慧物流技术集成应用

智慧物流技术目前应用较多的主要是RFID和GPS技术，而激光、卫星定位、全球定位、地理信息系统、智能交通、M2M技术等多种技术也将更多集成应用于智慧物流领域，并用于智慧物流运营与管理中的各种感知与操作。如，温度的感知用于冷链物流，侵入系统的感知用于物流安全防盗，视频的感知用于各种控制环节与物流作业引导等。

【本章小结】

从行业层面看，智慧物流是一种新的战略环境，也是一种物流创新模式，而共享物流起到保证这种创新模式具体实施的作用，因此，智慧物流行业与共享经济具有协同发展的可行性。实现路径为，首先将物流大数据可视化系统运用于物流各个环节，其次构建以各种物联网技术为基础的感知端，再次建立以云计算技术为核心支撑的云端，最后构建智慧物流信息共享平台，最终实现智慧物流与共享物流的降本增效。智慧物流业态转型发展主要有智慧物流企业主导、智慧物流园区主导和智能制造企业主导3种模式，其发展规划主要考虑建立智慧物流基础数据库，推进智慧物流业务流程优化，创建智慧物流信息采集跟踪系统，建立智慧物流危机管理应对机制，以及实现智慧物流技术集成应用等。

第十一章　企业层面的智慧物流业态转型

智慧物流中心是企业智慧物流发展的价值环节，企业层面的智慧物流发展依托智慧物流中心的构建。智慧物流中心以用户需求倒逼物流价值链各环节联动协作，深刻影响企业的物流运营模式变革往更高效、更快捷的方向发展。新一代信息技术下物流信息化建设的快速迭代，推动企业层面的智慧物流业态转型升级。

第一节　企业智慧物流转型模式与路径

根据企业发展智慧物流的实施主体，分别以平台型（以线上业务为主体，如电商物流）和实体型（以线下业务为主体，如合同物流和甲方物流）企业为例，探析企业智慧物流转型模式与路径。

一、平台型企业转型

平台型企业发展智慧物流的典型模式为：以终端客户的个性化、定制化需求为驱动，以智慧物流信息平台为基础，对物流资源自上而下进行整合和优化配置，提升物流服务的透明化程度。

平台型企业一般通过整合"商流"资源，构建智慧物流信息平台，对物流价值链不同节点的基础数据进行集成，然后在各个物流环节形成数据驱动协作，从而提供更高效率的物流服务，平台型企业智慧物流发展模式如图11-1所示。

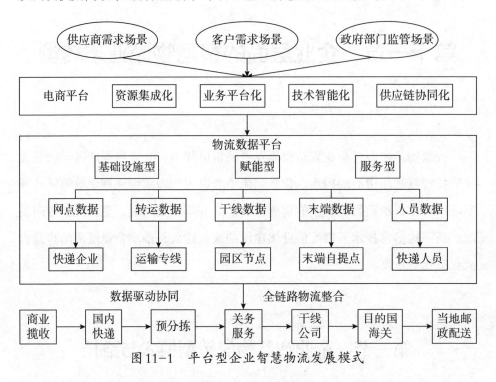

图11-1　平台型企业智慧物流发展模式

平台型企业在发展智慧物流时具有良好的数字资源基础，可进行纵向和横向双向发展，如图11-2所示。从纵向来看，平台型企业一般按照"物流流程信息化—物流大数据集成化—物流运营平台化—物流服务场景应用化"四步发展智慧物流。从横向来看，平台型企业一般按照"物流运营自动化—物流节点网络化—物流链智能化—智慧物流信息平台—万物互联化"五步发展智慧物流。

平台型企业发展智慧物流的具体实施路径如下。

（1）根据供应商需求、客户需求、政府部门监管等不同场景下的需求，经物流资源集约化到物流信息平台化，再到物流运营智能化和协同化。

（2）通过统一整合客户信息、企业信息、资源信息，构建智慧物流数据平台，经智慧物流数据平台从基础设施、赋能和服务等方面发展智慧物流。

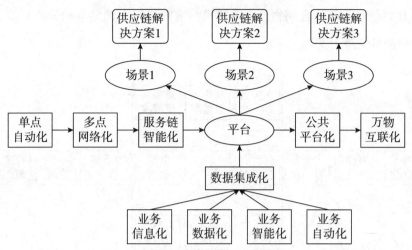

图11-2　平台型企业智慧物流纵向和横向双向发展模式

二、实体型企业转型

1.合同物流转型

物流企业与客户企业签订一定期限的物流服务合同，此种模式被称为"合同物流"（也叫第三方物流）。合同物流企业认为物流的关键不在于基础设施的投资和建设，而在于网络的建设和信息的沟通，因此他们可以和各种仓储、运输企业签订合同来保证为委托方提供物流服务。这类企业在经营上具有很大的灵活性，能更加集中精力来注重提高物流服务的质量。合同物流是一种真正以客户需求为核心驱动的物流服务模式，它本是一种轻资产的模式，但是目前国内物流基础布局还不够发达，合同物流企业还是需要一些核心资产或核心网络（即实体或线下资源）来支撑为客户提供服务的愿景。

合同物流企业一般针对某一行业提供具有一定专业水平的定制化物流服务，它发展智慧物流的典型模式如图11-3所示。这种模式通常适用于单个实体型物流企业，其发展过程主要包括3个阶段：自营探索阶段，以合同物流企业本身的合同项目运作为主，以物流作业自动化运营为目标；深度整合阶段，以新一代信息技术为支撑，通过大数据和算法决策分析，满足智慧化决策需求；共享创造阶段，合同物流企业追求与客户进行资源共享和价值创造，在智慧物流价值链上实现价值增值。

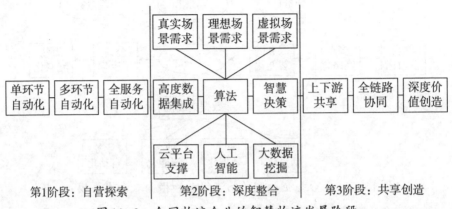

图 11-3　合同物流企业的智慧物流发展阶段

合同物流企业在智慧物流转型中，一般借助在合同项目运作中对行业物流的理解和信息化系统的迭代更新，通过多维度（线上线下）、多场景的创新应用，逐步实现物流资源集成化、物流运营平台化、物流管理协同化，在面向供应商（即合同物流企业所整合的对象）、客户、政府监管（合同物流所在行业背景下的政府监管）等场景时形成有效的供应链解决方案，如图11-4所示。

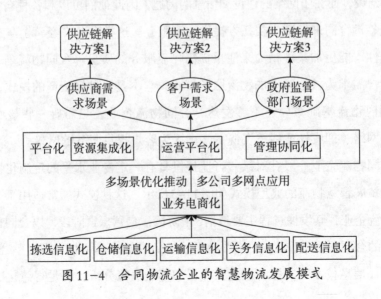

图 11-4　合同物流企业的智慧物流发展模式

合同物流企业发展智慧物流的基本路径如下。

（1）基于合同物流企业本身自营业务的数字化投入，建设智慧物流信息平台，实现合同项目运营的智慧化。

（2）基于外部物流资源集成化、物流运营平台化和物流管理协同化搭建智慧物流平台，实现合同项目智慧化运营协作共享。

2.甲方物流转型

甲方物流（也称为第一方物流或第二方物流）的优势在于，在行业里，它具备较强的符合行业特性的专业运营能力。甲方物流可以分为两大类，一类是制造企业物流，另一类是销售企业物流（包括电商物流）。以制造企业物流为例，甲方物流发展智慧物流的模式主要有两种。

（1）"自建+整合"模式。主要结合自身的资源外协社会化资源，通过引进或协作（如战略合作）的方式获得社会化的智慧物流服务，发展智慧物流。如华为在智慧物流转型中，通过与中外运等具有发展智慧物流潜力的合同物流企业进行战略合作，要求这些企业加强智慧物流资源的投入，从而实现华为自身物流业务运作的智慧化。

（2）独立自建模式。主要利用甲方在专业运营上的优势，整合自身的物流业务资源和物流业务部门来发展智慧物流。如日日顺物流背靠海尔集团，利用前期自营物流积累的经验以及已有物流网络资源的整合，围绕家电产品的仓（RDC仓储）、干（干线运输）、配（FDC配送）、装（为消费者安装调试家电）、维（家电售后维修）发展智慧物流的模式。

甲方企业发展智慧物流的基本路径为：

（1）从"自营物流"向"社会物流"的转变。一般分为五个阶段：确定内部产品/服务及战略方向；独立于甲方企业母公司，有独立组织架构及管理层；建立市场化运营机制，进行市场化物流运营能力构建；持续开拓外部市场，使业务增长主要来源于外部业务（即社会物流）；建立专业化、标准化物流业务准则。

（2）基于物流资源集成化、物流运营平台化和物流管理协同化构建智慧物流平台。与合同物流企业建立战略合作伙伴关系，实现智慧物流协作式发展和协同共享。

三、比较分析

将上述平台型企业、合同物流企业和甲方物流企业的智慧物流转型发展模式和发展路径进行对比，如表11-1所示。

表11-1　　　　不同类型企业智慧物流的发展模式与发展路径对比

方面	层面	平台型企业	合同物流企业	甲方物流企业
发展模式	核心竞争力	信息及自动化技术：无人驾驶、智能仓储、大数据计算等高新技术水平	物流技术能力：物流仓储设施、终端配送能力、配送成本控制等能力	产品基因：原有自营业务的能力或细分市场的产品优势
	高新技术需求程度	最高	一般	最低
	智慧物流建设时序	最先	其次	最后
	核心关注点	用户需求	物流成本	用户需求与生产成本
	业务集成度	全品类	全品类或细分市场	细分市场
	最终目标	通过智慧物流的发展，提供各自领域的全流程解决方案，构建全产业链的生态圈		
发展路径	起始切入点	自上而下的发展路径：由供应商、客户、政府监管等不同场景需求开始	自下而上的发展路径：由各个原有物流环节的信息化、自动化、电商化开始	自下而上的发展路径：由各个原有物流环节的信息化、自动化、电商化开始

方面	层面	平台型企业	合同物流企业	甲方物流企业
发展路径	发展次序	先整合商流资源，构建基础设施型、服务型和赋能型物流数据平台，对物流的各个环节进行全链路整合。形成有效的数据驱动协同，从而为电商客户提供高效、快捷的物流服务	先实现线下业务线上化，再进行平台化建设。将业务平台由内部推向外部，进行资源集成化、运营平台化、管理协同化，通过多场景、多网点、多公司的广泛应用，面向供应商、客户、政府监管等场景，形成有效的供应链解决方案	先由企业物流向物流企业转变，再实现线下业务线上化、电商化，随后进行平台化建设。将业务平台由内部推向外部，进行资源集成化、运营平台化、管理协同化，通过多场景、多网点、多公司的广泛应用，面向供应商、客户、政府监管等场景，形成有效的供应链解决方案

第二节　企业智慧物流中心集约化发展

企业通过建立智慧物流信息平台，将物流设施、设备、人员等资源整合，围绕企业层面的物流价值链形成智慧物流中心，进行集约化发展。

一、价值内涵

智慧物流中心以新一代信息技术为手段，以智慧物流信息平台为支撑，将人、货、场等资源进行数字连接并深度融合，以达到物流活动创造的价值最大化，促进企业智慧物流的可持续发展。企业智慧物流中心围绕核心业务，以数字化手段提高企业内部物流作业效率和运营管理能力，以平台方式连接智慧物流价值链中的各个环节，打通物流供应链上下游环节，实现物流流程与物流模式升级，实现物流活动的价值增值。智慧物流中心价值内涵要点如图11-5所示。

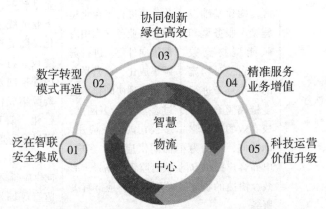

图11-5　智慧物流中心价值内涵要点

智慧物流中心的建设助力企业提质降本增效，总体提升企业运营管理效率和综合服务质量。这一价值体现在物流资源利用效率的提升（如人员/车辆进出效率提升、月台/场站利用效率提升等）、物流运营成本的降低（如仓储成本降低、运维人力成本降低）、物流运营效率的提升（如事件处理效率提升、仓储作业增效）等方面，如图11-6所示。

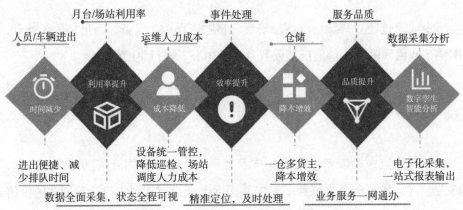

图11-6　智慧物流中心建设价值

二、发展路径

按照"规划设计—建设实施—运营管理"的全周期阶段构建智慧物流中心，其中，智慧物流运营能力和供应链协作能力建设是两大重要路径。

1.智慧物流运营

智慧物流中心应构建起由决策、管理、分析、运营、监控、维护等功能融合的智慧运营管理体系，以适用于平台型企业、合同物流企业、甲方物流企业等各种需求应用场景，如图11-7所示。

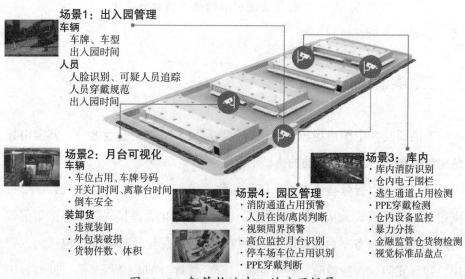

图11-7　智慧物流中心的应用场景

2.供应链协作能力

智慧物流中心围绕"人、货、场"及"设备、运力、资本"等要素，与供应链上下游环节建立合作伙伴关系，创建智慧物流应用场景和创新智慧物流发展模式，实现智慧物流供应链协作全要素的可持续运营，如图11-8所示。

图11-8 智慧物流中心的供应链协作要素

三、实证分析

普洛斯是在中国市场较早启动智慧物流发展的物流企业之一，其宝山智慧物流中心是一个较为成功的典型示范案例。

普洛斯宝山智慧物流中心（以下简称"中心"）构建了"端、云、平台、应用"的标准模式，从传统管理模式转变为信息化管理模式。中心汇集了普洛斯资产运营服务平台（ASP）的科技运营、智慧化管理标准，包括出入智控、智慧安防、智慧消防、智慧能耗、资产管理、AI创新服务等。同时，中心也承担着新业务模式创新与孵化的任务，与客户企业合作创新，孵化、试验、验证新的智慧物流业务模式和前沿智慧物流技术。

1.智慧物流中心运营模式

在物流运营方面，3秒入园的智能道闸和智慧月台管理系统，通过算法和计算机视觉可以实时为进入物流园区的车辆排队，等待时间最高可缩短90%。在安全运营方面，ASP平台的"气象灾害云预警系统"可以实时发送气象预警（如沿海地区台风来袭）。在运营监控方面，ASP平台中的VR及AR技术可实现可视化远程评审，有效促进物流运营品质提升。在用户体验方面，构建智慧物流体验中心作为数字化培训基地，向客户和业内开放互动式产品展厅，通过智能运营中心（IOC），用户可掌握人员、车辆出入园情况以及安防与消防报警通知。智慧物流中心运营模式如图11-9所示。

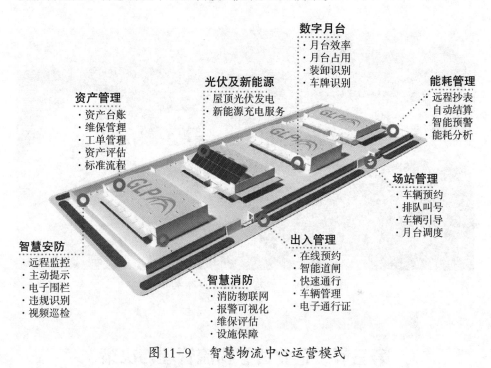

图11-9 智慧物流中心运营模式

2.智慧物流中心低碳运营

在国家提出的"双碳"目标下，节能减碳、寻求绿色低碳可持续发展已经成为业界的共识，如何量化能耗和碳排放、制定节能减排策略、制定碳排放目标、盘活碳资产等问题迫切需要解决。普洛斯构建了"海纳碳管理平台"，与客户企业共同打造智慧化的"碳中和"生态，驱动更高效的碳资源配置。宝山智慧物流中心率先应用海纳碳管理平台，并不断拓展场景与生态，为智慧物流供应链上下游企业提供低碳运营解决方案。

中心安装了屋顶光伏板，为日常运营提供清洁能源，并配备新能源电动车充电服务，同时通过海纳碳管理平台对新能源电动车运营数据、光伏充电数据等进行分析，不断优化中心和客户企业的碳排放。

中心一方面通过智慧化管理节能减碳，另一方面积极投入新能源，加速布局光伏、风电、储能、新能源交通等智慧物流基础设施，以此迈向"碳中和"目标。智慧物流中心布局示意如图11-10所示。

图11-10　智慧物流中心布局示意

第三节　企业智慧物流管理与决策

在智慧物流中心的支撑下，企业进行管理与决策主要体现为两个方面：行业规范管理，主要应用于对安全、质量、运作效率具有较高要求的行业，例如危化品企业的安全管理、食品企业的质量管理、快递企业的分拨配送管理等；企业运营决策，应用于平台型及实体型企业内部的运营优化、决策支撑等。

一、应用路径

企业进行智慧物流转型升级的内容包括实现底层资源要素、中间流程运营和顶层管理决策的智慧化。其中，管理依赖智慧物流资源的协作共享，决策由智慧物流技术水平决定，管理与决策之间通过信息传输保障了互联互通。

1.底层资源要素智慧化

企业的底层资源要素智慧化指通过数字化技术的应用，实现对企业物流活动中的物品状态、人员设备、作业流程等要素的智慧化识别和监控，这是企业实现智慧物流转型的基础环节。底层资源要素智慧化以托盘、车辆、周转箱、包装等设备的标准化以及信息传输、系统对接、作业流程等技术的标准化为基础，利用智能设备与技术建立人、货、场之间的感知交互系统，在智慧物流价值链各个环节实现数据实时采集和传输，如图11-11所示。

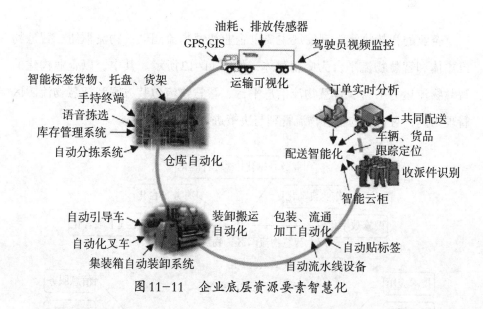

图11-11　企业底层资源要素智慧化

2.中间流程运营智慧化

企业的智慧物流中心通过底层资源要素智慧化获得信息量大、源点多、动态性强的物流大数据，为智慧物流流程管理和决策提供了支撑。企业的智慧物流信息平台通常会在物流设备选择、物流设施选址、物流设施规划与布局、库存管理、客户关系管理方面进行大数据分析，将其流程化并形成新的运营规则，再通过实时更新的运营规则所获取的大数据进行流程运营的迭代更新和不断优化。

3.顶层管理决策智慧化

顶层管理决策智慧化是通过对中间层获取的数据进行分析，形成决策指令，并下达中间层的管理者和顶层的决策者。企业的智慧物流顶层决策建立在云计算技术和大数据分析之上，基于智慧物流价值链实现物流服务（功能）、物流投入（成本）、物流时效（时间）、物流价格（效益）等价值目标，生成经营管理优化方案，为企业顶层决策者提供决策支持。

二、实证分析

企业的智慧物流转型发展主要以企业智慧物流园区、物流枢纽、智慧物流主体和智慧物流平台为应用载体，如图11-12所示。其中，以企业构建的智慧物流运力平台、智慧物流信息平台、智慧物流包装方案和智慧物流园区管理为例，对企业的智慧物流管理与决策进行实证分析。

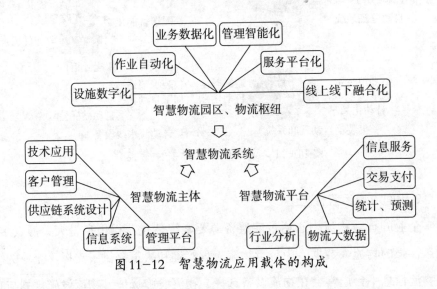

图11-12 智慧物流应用载体的构成

1.智慧物流运力平台

运力资源是物流活动的重要构成要素之一，但是，运力的供需匹配、运输的精益管理等价值环节存在"痛点",如运力资源分散导致车货匹配的效率低、运输管理的规范化、标准化程度低、运输线路的选择与优化效率低等,是造成物流高成本、低效率的重要原因。

针对上述运力管理中的痛点,中储发展股份有限公司通过构建"中储智慧运输物流电子商务平台"(以下简称"中储智运"),提供覆盖全国的物流运力网上竞价及交易的承运服务,借助移动互联、智能终端等手段,对物流运力进行专业化管理和智能化调度。中储智运的智慧物流运力平台决策过程如图11-13所示。

图11-13 中储智运的智慧物流运力平台决策过程

中储智运主要进行如下管理与决策。

(1)车源管理与决策。通过分析货主的历史发货时点、发货线路、发货种类、发货批量及用车情况,把握货主的发货规律及用车需求,精准推送车源与空车信息。

(2)货源管理与决策。通过分析承运人的历史发车频率、常驶线路、承运货物类型及批量,把握承运人的承运偏好及流向规律,精准推送货源与常驶线路的货源信息。

(3)运输管理与决策。通过车源与货源的精准匹配,减少承运人的等待时间和空载次数,降低空驶率;通过向货主精准推荐运力提供商,促进货物运输与管理标准化。

2.智慧物流信息平台

现代物流业态中仍然存在较多的中小型第三方物流企业对物流信息化建设的投入偏低，以及由于信息不对称和不透明导致的物流时效较低、物流成本高且服务质量参差不齐等问题。

诺得物流股份有限公司（以下简称"诺得物流"）以传统货运业务为基础，为应对模式单一、同质化竞争问题，向智慧物流升级发展，搭建了"智能一站式智运通O2O物流平台"（见图11-14），打造"2系统+1客户端+云平台"的智慧物流管理与决策模式。

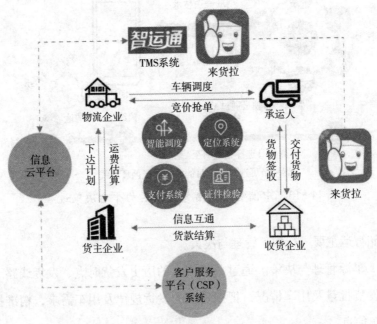

图11-14 智慧物流信息平台的构成

诺得物流主要进行如下管理与决策。

（1）订单管理与决策。主要基于客户服务平台系统和智能运输管理系统进行订单管理与决策，其中，前者保障收发货人信息互通，在线下单、实时追踪订单状态；后者保障承运人在线处理订单、智能调度车辆资源、实时监控订单处理进程。

（2）信息管理与决策。主要基于"来货拉"App 客户端进行车源货源信息的管理与匹配决策，通过竞价精准配载运输车辆。

（3）运营管理与决策。基于"信息云平台"中的物流大数据，分析货源、车源、运量、运输线路、运输时间等数据，优化物流运营资源配置管理和决策。

3.智慧物流包装方案

包装是物流活动的首环节，包装尤其是快递包装随着快递量的逐年增加，因包装设计、包装材料和包装作业等影响因素，成本不断攀升，引起了物流行业的关注与重视。

江苏苏宁物流有限公司（以下简称"苏宁物流"）提出了一种智慧物流包装解决方案，能够优化包装运作水平，同时还可提高仓储空间利用率，具体如图11-15所示。

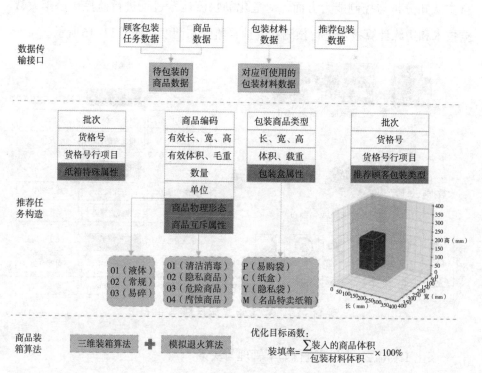

图11-15 智慧物流包装解决方案

苏宁物流主要进行如下管理与决策。

（1）包装方式管理与决策。对包装历史数据（如客户订单信息、包装耗材等）进行分析，自主决策订单物品包装材料选型、包装方式选择、装箱顺序和装箱位置确定。

（2）包装标准管理与决策。对包装耗材进行标准化，通过智慧化的决策提高物流包装运作效率，年节省包装成本16%，同时也提高了顾客对物品包装的满意度。

4.智慧物流园区管理

以化工行业的智慧物流园区管理为例，化工物品的专业性、危险性决定了化工物流管理与决策的重点在于将事后被动管理向以数据驱动的事前主动监管转变。

武汉某化工物流有限公司通过建立智慧物流园区服务平台，从可视化和自主认知分析与控制能力方面，对危化品物流运营过程进行监控，基于大数据技术和边缘计算技术进行预测性维护、监管和调度，如图11-16所示。

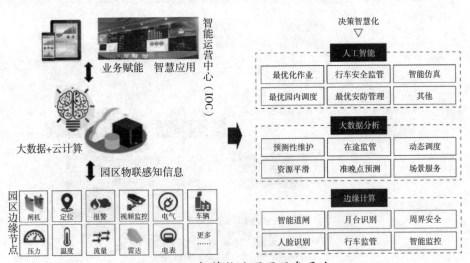

图11-16　智慧物流园区服务平台

该化工物流公司主要进行如下管理与决策。

（1）运输管理与决策。基于平台中运输单位资质数据远程备案、审核，对运输车辆进行智能识别，排除运输安全隐患；对运输车辆实行集约化管理和智能调度。

（2）应急管理与决策。运输车辆动态数据实时上传，全程作业透明、可视、可回溯，车辆异常现象通过平台预警，并接入当地应急保障指挥中心，与之进行联动管理。

【本章小结】

从企业层面看，平台型（以线上业务为主体，如电商物流）和实体型（以线下业务为主体，如合同物流和甲方物流）企业有其各自的智慧物流业态转型路径。平台型企业的智慧物流转型路径为：根据市场环境、客户定制化、政府部门监管等不同场景下的需求，经物流资源集约化到物流信息平台化，再到物流运营智能化和协同化；通过统一整合客户信息、企业信息、资源信息构建智慧物流数据平台，经智慧物流数据平台从基础设施、赋能和服务等方面发展智慧物流。合同物流企业的智慧物流转型路径为：基于合同物流企业本身自营业务的数字化投入，建设智慧物流信息平台，实现合同项目运营的智慧化；基于外部物流资源集成化、物流运营平台化和物流管理协同化搭建智慧物流平台，实现合同项目智慧化运营协作共享。甲方物流企业的智慧物流转型路径为：从"自营物流"向"社会物流"的转变；基于物流资源集成化、物流运营平台化和物流管理协同化构建智慧物流平台。企业向智慧物流升级的关键是实现底层资源要素、中间流程运营和顶层管理决策的智慧化，为此选取智慧物流运力平台、智慧物流信息平台、智慧物流包装方案和智慧物流园区管理4个案例，对企业智慧物流管理与决策进行实证分析。

第十二章 案例研究：城市智慧物流体系建设

城市是容纳产业、行业和企业的载体，以湖北省武汉市为例，武汉在智慧物流建设方面走在了全国前列。2011年，武汉被科技部列为国家"863智慧城市主题项目"试点城市，自此开始了城市智慧物流体系建设的探索与实践。

第一节 城市智慧物流业态发展基础

一、产业层面

城市是区域经济的基本构成单位之一，城市物流是一项涉及经济社会方方面面的系统工程，集成了交通物流设施、物流设备及现代信息技术等物流资源，以及物流产业发展规划、物流通道布局等政策资源。

1.武汉城市物流产业规划框架

城市物流产业涉及区域、城市和物流三个关键词，因此，城市物流产业发展必须考虑区域、城市综合发展的现状，与区域、城市整体规划相一致。武汉城市物流产业发展规划框架如图12-1所示。

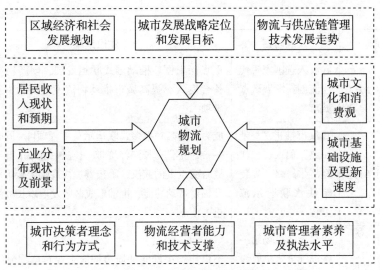

图12-1　武汉城市物流产业发展规划框架

2.武汉城市物流产业发展基础

武汉素有"九省通衢"之称，是长江经济带与"一带一路"的战略交汇点，是集铁、水、公、空等国家级交通物流通道、枢纽于一体的城市。这种突出的综合交通物流区位优势，赋予了武汉城市物流产业发展的强大驱动力。

武汉城市物流产业发展的主要历程如表12-1所示。

表12-1　　　　　　　　武汉城市物流产业发展的主要历程

时间	发展内容	建设效果
2012年10月	武汉至捷克"汉新欧"铁路国际货运专列正式开通	自武汉东西湖铁路中心站，经新疆阿拉山口出境，穿越哈萨克斯坦、俄罗斯、白俄罗斯、波兰，到达捷克梅林克帕尔杜比采，行程10863公里，运行23天，打通了武汉至欧洲陆上大通道
2015年8月	武汉至达卡定期国际货运航线首航	采用B747—200货机执飞，是湖北友和道通航空公司继2011年开通武汉至印度航线后的第二条南亚货运航线
2015年12月	武汉物流业增加值首次突破1000亿元大关	迈上千亿台阶，目前位居全市服务业三大千亿板块第二位，成为全市国民经济发展的支柱产业之一

时间	发展内容	建设效果
2016年5月	武汉入选国家现代物流创新发展试点城市	重点探索创新推动多式联运发展、创新物流资源整合模式、提高城市推动物流发展能力3个创新事项
2016年6月	武汉市推进"一带一路"倡议、长江经济带战略、集装箱铁水联运示范工程	成为全国第一批多式联运示范工程项目。同时处于"一带一路"、长江经济带、长江中游城市群等国家战略交点上的武汉,承担着加快高端要素集聚、提升辐射带动功能、推动形成区域发展增长极的国家重要使命
2017年12月	武汉天河机场第一条洲际全货机航线(武汉至芝加哥)诞生	不仅能解决湖北和周边地区企业跨境物流的空运需求,还能让市民在短时间内享用到进口新鲜水果
2018年1月	武汉开通飞往卢森堡的洲际全货机航线	填补了直飞欧洲全货机航线的空白
2022年4月	武汉市现代物流业发展"十四五"规划发布	提出构建智慧绿色物流体系,强调构建智慧物流信息平台,打造智慧物流服务终端

3.武汉智慧物流产业发展基础

在以国内大循环为主体、国内国际双循环互相促进的新发展格局中,城市物流产业需要向智慧、绿色、高质量转型发展。同时,要实现"碳达峰、碳中和"目标,智慧物流也是必由之路。武汉在城市物流发展的基础上开始向智慧物流迈进。作为国家全面创新改革实验区、国家创新型城市试点、新型城镇化综合试点、综合枢纽示范城市、服务贸易创新示范城市、现代物流创新发展试点城市、多式联运示范工程、快递示范城市、两岸冷链物流合作试点城市、国家物流标准化试点城市,武汉的智慧物流产业发展获得了政策资源的大力支持。

武汉智慧物流产业发展的主要历程如表12-2所示。

表 12-2   武汉智慧物流产业发展的主要历程

时间	发展内容	建设效果
2013年	武汉城市圈区域发展规划（2013—2020年）批准	规划明确提出要构建"数字城市圈"、打造三网融合工程和电子商务平台，加大信息基础设施建设力度，推进电信网、广播电视网和互联网"三网融合"，促进网络资源共享和互联互通
2016年	工信部与湖北省政府签订了"基于宽带移动互联网的智能汽车与智慧交通应用示范合作项目协议"	在武汉经济技术开发区建设全国第6个智能网联汽车示范区
2017年	武汉市政府推进移动智慧城市建设改革	武汉各级政务部门高站位、高起点打造"网上之城、移动之城"，高标准实施"一窗式"联合办公模式
2019年	武汉发出首批无人驾驶汽车试运营牌照	标志着智能网联汽车从测试走向商业化运营开启了破冰之旅，为武汉城市智慧物流的发展进行探索
2020年	武汉市新型智慧城市顶层规划（2020—2022）	规划提出用三年时间构建城市"超级大脑"，打造新型智慧城市
2022年	武汉发布自动驾驶全无人商业化试点政策	向百度Apollo旗下自动驾驶出行服务平台"萝卜快跑"发放全国首批无人化示范运营资格，允许车内无安全员的自动驾驶车辆在社会道路上开展商业化服务

二、行业层面

（一）城市物流行业发展特点

城市物流作为城市经济的一个重要组成部分，呈现出一定的发展特点，如图 12-2 所示。

城市物流体系包含技术（支撑技术）、资源（节点布局、线路优化、车辆调配）、价值（决策竞合、运营可控）三个层面，是现代技术、科学方法和现代管理手段的有效融合。

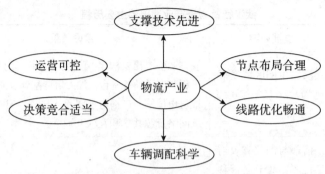

图12-2 城市物流行业发展特点

（二）武汉物流行业发展基础

武汉物流行业依托多式联运、江海直达、水陆空综合交通枢纽，以及国家确定的全国性物流节点、长江中游航运中心、一级物流园区布局城市和全国性交通物流枢纽，形成了良好的发展态势。

1.政策环境

建设国家商贸物流中心与建设国家创新中心、国家先进制造业中心作为把武汉建设成为立足中部、面向全国、走向世界的国家中心城市的三大引擎。其中，建设国家商贸物流中心战略目标的确立进一步改变了武汉物流业涉及的铁、水、公、空、邮等综合交通运输的众多环节和领域，政府多个部门都有发展物流业职能的分散状况得以改善，在同一目标指引下形成一股发展合力。

《武汉市物流业空间发展规划（2012—2020年）》《关于建设国家物流中心的实施意见》等政策出台，指导武汉逐步建成一批物流总部基地和功能聚集区，形成具有重要支撑作用与带动发展功能的物流产业链和产业集群，打造以武汉为中心的内陆集疏运体系，建成服务全国、辐射亚太、面向世界的国家物流中心，成为国内供应链管理中心、亚太地区重要的多式联运中心，为武汉物流业的发展提供了良好的政策环境。

2.市场环境

国内外头部物流企业如联邦快递、盛辉物流、顺丰速运等来武汉落户，服务于湖北省"51020"现代产业体系下的医药、汽车、钢铁、商贸、快递等行业的物流企业驻扎武汉，形成了武汉六大物流园区和八大物流中心的空间布局，确定了由物流总部区、物流园区、物流中心、配送中心构成的空间层次，如表12-3所示。

表12-3　　　　　　　　武汉物流行业发展空间层次

空间层次	发展成效	主要企业
物流总部区	在武汉设立地区总部、大型物流基地或中转分拨中心	普洛斯、嘉民、宝湾、深国际等
物流园区	武汉东西湖综合物流园区为首批国家示范物流园区；阳逻港综合物流园为湖北省首批示范物流园区	天地华宇、亚马逊、盛辉物流、九州通医药物流、顺丰速运、京东亚洲一号、苏宁物流等
物流中心	金口物流中心被评为湖北省首批示范物流园区	菜鸟物流、丹鸟物流、心怡科技、普罗格等
配送中心	跨境电子商务、快递中转分拨、物品集散中心	FedEx、DHL、京东、苏宁、亚马逊等

三、企业层面

1.企业形态

武汉物流企业以中小型居多，比较集中于汉阳区和东西湖工业区，如大量的专线运输企业、仓储企业、第三方物流企业、零担企业、快递企业主要集聚在东西湖舵落口物流园区和沌口物流园区，主要从事货运配载、陆路快运、仓储、配送等物流业务。

2.企业规模

武汉物流企业规模偏小，缺乏头部物流企业，因此也缺乏统一的行业标准。物流企业在末端配送中成本偏高，且末端物流基础设施（如FDC）重复建设，无法发挥规模效应。

3.信息化建设

智慧物流的发展建立在物流信息标准化流程的基础之上，目前武汉物流行业标准化体系的建设尚未完善，企业间的物流信息沟通不畅，对企业进行智慧物流发展转型形成了障碍。

第二节　城市智慧物流业态转型机制

一、ILVC形成

武汉发展智慧物流在产业、行业和企业层面均具有一定的基础，经过众多物流企业的探索发展，初步形成了智慧物流价值链（ILVC）上智慧运输、智慧仓储、智慧配送等众多智慧物流应用实施场景。武汉智慧物流业态应用场景如图12-3所示。

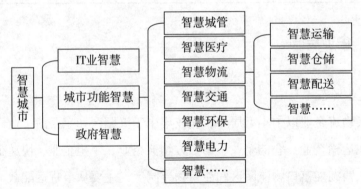

图12-3　武汉智慧物流业态应用场景

以武汉在进行智慧物流业态转型发展中建设的智能网联汽车示范区项目为例，结合第五章第二节中的ILVC形成机理，对武汉智慧物流价值链（ILVC）的形成进行分析。

（一）ILVC驱动力

在工信部和湖北省政府的促成下，武汉智能网联汽车示范区选址于武汉经济技术开发区智慧生态城，面积约90平方公里，拟开放测试道路总长159公里，包含住宅区、商业区、物流通道、风景区、工业园区等场景。

武汉将通过导入新能源、智能汽车和汽车后市场等产业资源，建设集汽车研发、设计、制造、产品测试与检测、文化运动、消费娱乐于一体的完整智慧产业链。

武汉智能网联汽车示范区将形成新能源和智能网联汽车测试验证、技术创新、标准研究、质量仲裁等技术服务能力，以新能源与智能网联汽车基地建设为依托，建成产城融合的下一代汽车小镇，为打造智慧城市提供示范。

（二）ILVC主要素

1.智慧物流基础设施

武汉智能网联汽车示范区一期测试道路长28公里，跨越京珠高速公路、通顺河等。经过基础设施智能化改造升级，5G自动驾驶开放测试道路已投入测试运行，已实现5G通信网络覆盖，融合智能感知系统，建成通信网、物联网、智慧路网、能源网，是全国规模最大的5G车路协同自动驾驶测试示范区。示范区的V2X车联网可以实现车与外界的信息交换，包括识别高速运动的移动目标、车与车之间的快速双向通信等。

2.智慧物流信息系统

武汉智能网联汽车示范区的"5G+北斗"高精度定位系统，提供全天候、全天时、高精度的定位、导航和授时服务，实现毫秒级时延和厘米级定位，并通过蜂窝通信方式，由统一的数据中心进行调度，构建真正的"交通大脑"。示范区的信号灯也实现了网联化，通过交通电视监控系统、交通事件检测系统、快速路（高架）管理系统等，让路面行车更安全、高效、便捷。

3.智慧物流协同运营

武汉智能网联汽车示范区采用物联网技术，用射频识别、红外、北斗定位、激光雷达等传感设备，将道路设施与互联网相连接。智能汽车与路侧设备之间进行通信，能够延伸感知能力。示范区引入了不同类型、不同车辆资源的提供商，包括智慧物流配送、智慧环卫应用、无人摆渡车、无人公交、无人出租车等，实现一个应用多品牌、多主体共存的无人驾驶车辆示范试验生态圈。如无人驾驶公交可以实现自动驾驶、语音播报、主动避障、车道保持、站点停靠、智慧调度等功能，并沿途与智慧站台、无人摆渡车等接驳。

二、ILVC 结构

结合第五章第二节中的 ILVC 体系结构，构建武汉智慧物流价值链主要考虑以下因素。

（一）ILVC 主体选择

在智慧物流体系建设上，就国际而言，美国作为联邦制国家，各个州、各个城市的法律体系不一致、发展基础不一样，建设主体也不一样。欧盟作为国家联盟，各个国家、各个城市的建设模式也是各有差异。日韩两国建设模式很类似，基本呈现由政府引导、企业主导。新加坡是智慧配送体系建设方面最有特色的国家，通过出台"智慧国 2015"（iN2015）总体规划，举全国之力，建设包括智慧配送体系在内的智慧国家。

就同一区域而言，各个城市对智慧物流体系的发展及建设定位也不一样，有的是作为城市建设的综合工程，有的则列为专项工程，也有作为局部试点工程的。定位不同，其主体选择方案也就不一样。作为综合工程，建设主体应该选为城市政府；作为专项工程，应该是政府规划、部门协调、企业建设；作为局部试点工程，一般选择部门协调、企业运作。

武汉作为产业、行业、企业层面上均具有智慧物流发展基础的城市，其智慧物流体系建设多元协同的主体态势日益明显。

（二）ILVC 空间分布

城市智慧物流体系作为城市物流的核心组成，在空间分布上必须精心设计核心圈（智慧物流运营区）、科学规划支撑圈（智慧物流发展区）、战略布局关联圈（智慧物流产业影响区），如图12-4所示。

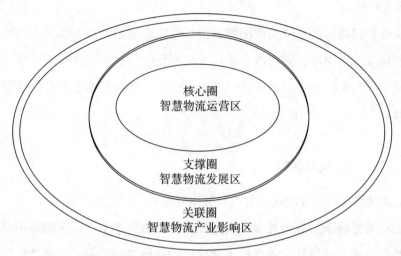

图12-4　武汉智慧物流发展的结构与布局

1.核心圈

武汉智慧物流体系的核心圈即城市智慧物流运营区，该圈层的建设需要围绕三大关键要素——精心建设好智慧物流技术子系统、智慧物流网络子系统和智慧物流管理子系统。核心圈需要建设完善的智慧城市交通物流基础设施，包括网格化的实体道路，通畅的宽带网络，科学规划建设的居民点，密集的商业、金融及其他服务业等；需要有精心布局的智慧物流中心和智慧配送末端存取货站点，智慧交通物流控制信息采集点，智慧物流相关信息平台等；预留与智慧物流发展区有序拓展的接口，建设与支撑圈内智慧物流园区相连通的快速通道。

2.支撑圈

武汉智慧物流体系的支撑圈即城市智慧物流的发展区，该圈层的建设需要布局可提高跨区域服务能力且创新能力较强的智慧物流园区、智慧物流中心等，推行智慧物流技术和智慧物流装备在企业中的运用，加强智慧物流园区、智慧物流中心的互联互通功能，提高智慧物流服务整体水平。城市智慧物流体系需要逐步向外延展，该圈层将是未来武汉智慧物流体系建设与发展的重点区域。

3.关联圈

武汉智慧物流体系的关联圈即城市智慧物流的影响区，该圈层的建设需要紧密连接支撑圈层，随时准备承接支撑圈相关智慧物流产业的转移。关联圈是城市智慧物流理念的影响区，是未来武汉智慧物流体系潜在的建设与发展区域。

（三）ILVC典型结构

1.武汉市政府主导的城市公共智慧物流体系

城市智慧物流具有公共服务属性，其物流服务水平直接决定城市公共流通的数量规模和畅通性，进而影响物流活动的成本和效率。在智慧物流的公共性背景下，政府起着主导或引导作用。由武汉市政府主导或引导的城市公共智慧物流体系，可采取如图12-5所示的总体架构。

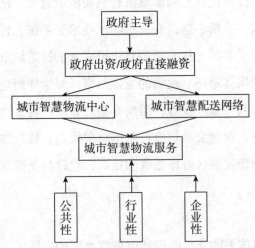

图12-5 武汉市政府主导型城市公共智慧物流体系架构

武汉市政府主导的城市公共智慧物流体系建设涉及智慧物流基础设施的制度安排，强调政府与社会共赢的公共服务特性。在这种智慧物流价值链结构下，武汉市政府负责规划指导和监管，由政府单独出资建设或者政府直接融资建设公共物流中心；也可以是政府出资建设，由企业经营与管理，面向社会提供现代物流服务，并按照核准的公共价格来收取一定费用。

武汉市政府主导的城市公共智慧物流体系建设模式上，因为城市公共智慧物流体系具有公共性、行业性与企业性特点，应根据城市发展的需要建设智慧物流基础设施，应用智慧物流技术和设备，同时执行与完善智慧物流服务标准。

武汉市政府主导的城市公共智慧物流运作方式上，采取公共性与市场化相结合的运行机制，初期政府主导运作，中后期则以企业的运营管理为主导，发挥企业所拥有的行业资源和专业管理经验的作用，向社会提供服务，政府主要发挥指导、监管和约束的作用。

2.交通运输部门主导的武汉智慧物流体系

城市的交通运输职能部门，如民航、港口、铁路货站、公路货站和集装箱货站及堆场等可以对接智慧物流园区、智慧物流中心和末端智慧配送站点，也可直接对接收/发货人。尤其针对工业制造企业及商贸流通企业来讲，这些智慧物流节点可能是物品进入一个城市的始发点，也是构成城市智慧物流体系的重要组成部分。由武汉市交通运输部门主导的智慧物流体系可采取如图12-6所示的总体架构。

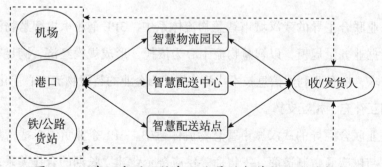

图 12-6　武汉交通运输部门主导的智慧物流体系架构

武汉交通运输部门主导的智慧物流体系依托港口、场站等形成集疏运网络通道，将物品迅速地转运到智慧物流园区、智慧物流中心、末端配送站点以及其他收/发货人，从而形成智慧物流货运体系。

武汉交通运输部门主导的智慧物流体系建设需要第三方物流企业、物流平台型企业参与其中，依托在港口、场站建立的智慧物流园区、智慧物流中心等，将相应运输方式下的货物进行集拼，按照不同用户的配送需求进行统一配送，在集约使用运输工具的基础上提高运输、仓储及装卸搬运效率，达到降低物流费用和提高物流效率的目的。

3.企业联合主导的武汉城市智慧物流体系

头部IT企业和头部3PL企业在智慧城市建设、城市物流领域积累了丰富的运营和管理经验，二者强强合作、优势互补，具有形成企业联合主导型智慧物流体系的可行性。由武汉IT企业和物流企业联合主导的城市智慧物流体系可采用如图12-7所示的总体架构。

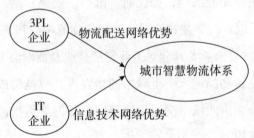

图12-7　企业联合主导的武汉城市智慧物流体系架构

企业联合主导的武汉城市智慧物流体系中，3PL企业承担智慧物流的运营，根据业务量规模，以智慧物流中心为依托，形成规模经济，满足客户的多种需求；IT企业利用信息技术优势，对3PL企业的智慧物流中心优化升级。二者相互补充、相互支撑。

企业联合主导的武汉城市智慧物流体系中，3PL企业负责承揽智慧物流服务，与供应商、制造商、零售商等供应链企业建立长期的合作关系；IT企业建设智慧物流信息网络，将采购、生产、销售及物流信息进行交互融合。

4.大型生产企业主导的武汉智慧物流体系

大型生产企业对销售渠道及物流运作活动具有较强的掌控力，可以按照经销商或客户的要求提供物流网络服务，以此为基础可构成大型生产企业主导的智慧物流体系。大型生产企业主导的武汉智慧物流网络体系可采用如图12-8所示的总体架构。

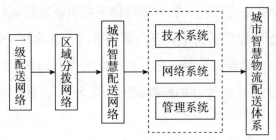

图12-8　大型生产企业主导的武汉智慧物流网络体系架构

大型生产企业主导的武汉智慧物流体系源于零售商对多频度、少批量订货要求的增强以及以客户需求为主导的拉式生产方式（C2B、C2M等），生产企业根据经销商及消费者的订货要求提供智慧物流服务是未来的发展趋势。

大型生产企业主导的武汉智慧物流体系可由如下层级构成：首先，以生产地为中心的一级智慧物流网络，在此基础上形成辐射状的CDC网络；其次，根据销售地域分布，采用轴辐式智慧配送中心，形成RDC网络体系，共同运营分拣配送及逆向物流活动。

5.大型零售企业主导的武汉城市智慧物流体系

大型零售企业在市场竞争中掌握了物流配送主导权，因此与大型生产企业主导的智慧物流体系相对应的是大型零售企业主导的智慧物流体系。大型零售企业主导的武汉智慧物流体系可采用如图12-9所示的总体架构。

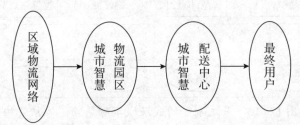

图12-9　大型零售企业主导的武汉智慧物流体系架构

大型零售企业主导的武汉智慧物流体系中，零售企业通过利用大量成熟运营的销售网点产生的规模经济效应，自建城市智慧物流配送中心，对物品采购、仓储、配送进行智慧管理和经营。

大型零售企业主导的武汉智慧物流体系将所销售物品的订单处理、提前期控制、分拣、配货以及退货等物流环节进行协调统一运作，将商流、物流、信息流、资金流融合为一体。由于零售商与消费者的距离最近，这种大型零售企业主导的智慧物流模式对于减轻"牛鞭效应"具有更佳的表现。

6.多元融合的武汉城市智慧物流体系

供应商、制造商、批发商、零售商和物流商之间建立战略合作伙伴关系，在物流价值链上合理布局，多元融合建设智慧物流体系。多元融合的武汉城市智慧物流体系可采取如图12-10所示的总体架构。

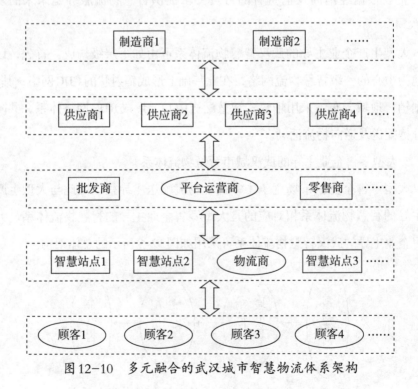

图12-10　多元融合的武汉城市智慧物流体系架构

多元融合的武汉城市智慧物流体系中，各环节的物流活动通过智慧供应链信息平台进行信息共享和资源共享，智慧供应链平台具有协调、管理、监控等角色。

多元融合的武汉城市智慧物流体系的建设与管理涉及制造商、供应商、平台运营商、物流商和顾客五个层级，制造商将生产出的产品委托给供应商去发货，供应商将产品按照批发和零售进行分类处理，平台运营商则将商品信息传送到物流商和顾客，物流商通过一系列物流节点处理顾客订购的商品，顾客则负责最后的提货。

第三节　城市智慧物流业态转型路径

城市智慧物流价值链（ILVC）体系结构的多样化，使武汉智慧物流业态转型也具有多种路径，如何进行最优路径选择是接下来需要解决的一个重点问题。

一、ILVC分析

结合第六章第一节中的智慧物流价值链分析（ILVCA），根据ILVCA中的发展成熟度模型，对武汉智慧物流业态发展的成熟度进行评价。

根据武汉智慧物流的实际发展水平，在智慧物流发展成熟度模型CMMIL中，取$m = 3$，成熟度评价层级$LSG = \{$初始级（B），基本级（L），定义级（M），管理级（H），优化级（O）$\}$，从表12-4所示的武汉智慧物流体系发展成熟度指标中选取18项指标（见表12-5），作为武汉智慧物流体系发展成熟度的训练样本。

表12-4　　　　　　　　武汉智慧物流体系发展成熟度指标

潜变量	可测变量	潜变量	可测变量
A：智慧物流数字化支撑度	A_1：物联网技术 A_2：无线射频技术 A_3：条码技术	E：智慧企业软件建设水平	E_1：人员智慧技能投入 E_2：数据挖掘利用投入 E_3：智慧物流建设投入
B：智慧物流信息平台支撑度	B_1：通信传输网络 B_2：物流准点率 B_3：金融结算平台 B_4：信息监管系统	F：智慧物流管理分工细化度	F_1：核心竞争力的塑造 F_2：运营绩效的利用 F_3：配送服务安全度 F_4：车辆碳排放达标程度
C：智慧物流运营支撑度	C_1：订单处理系统 C_2：作业调控系统 C_3：仓储管理系统 C_4：节点选址规划系统 C_5：线路优化系统	G：智慧物流文化引领度	G_1：消费的个性化程度 G_2：居住的集聚化程度 G_3：竞争的供应链化程度 G_4：节点智慧决策度 G_5：配送服务好评率
D：智慧物流硬件建设水平	D_1：节点基础设施投入 D_2：仓储与运输设备投入 D_3：网络运行及监控投入	I：智慧物流设施完善度	I_1：无线网免费覆盖率 I_2：智慧交通物流设施通达率 I_3：自助终端的推广率

表12-5　　　　　　　　武汉智慧物流体系发展成熟度训练样本

指标	含义	内容
r_{ir}	物联网技术应用普及率	指武汉智慧物流价值链各节点应用物联网技术的占比
r_{rr}	无线射频技术应用普及率	指武汉智慧物流价值链各节点应用无线射频技术的占比
r_{br}	条码技术应用普及率	指武汉智慧物流价值链各节点应用条码技术的占比
r_{nr}	通信传输网络覆盖率	指通信传输网络覆盖武汉智慧物流价值链各节点的比率
r_{wr}	无线网免费覆盖率	指无线网覆盖武汉智慧物流价值链各节点的比率

续表

指标	含义	内容
r_{tr}	物流准点率	指武汉智慧物流价值链各节点之间实际准点到达次数与总次数的比率
r_{fr}	金融结算平台应用覆盖率	指第三方金融结算平台应用覆盖武汉智慧物流价值链各节点的比率
r_{mr}	信息监管系统覆盖率	指信息监管系统覆盖武汉智慧物流价值链各节点的比率
r_{or}	订单处理系统应用率	指武汉智慧物流价值链各节点应用订单处理系统的占比
r_{sr}	仓储管理系统应用率	指武汉智慧物流价值链各节点应用仓储管理系统的占比
r_{nlr}	节点选址规划覆盖率	指武汉智慧物流价值链各节点实施节点选址规划的占比
r_{lr}	线路优化系统应用率	指武汉智慧物流价值链各节点应用线路优化系统的占比
r_{str}	自助终端的推广率	指武汉智慧物流体系覆盖范围内末端存取站点应用自助终端的比率
r_{dr}	节点智慧决策度	指武汉智慧物流价值链各节点实施科学决策的占比
r_{ssr}	人员智慧技能培训率	指武汉智慧物流价值链各节点人员参加智能技能培训的占比
r_{cr}	车辆碳排放达标率	指武汉智慧物流车辆碳排放检测符合标准的数量占比
r_{qr}	配送质量好评率	指武汉智慧物流价值链各节点收到好评次数的占比
r_{dsr}	配送服务安全度	指武汉智慧物流价值链各节点安全配送次数的占比

将前期对武汉智慧物流体系发展抽样调查数据作为样本（共有180个样本），并将样本数据标准化，如表12-6（以前3项样本为例）所示。

序号	r_{ir}	r_{rr}	r_{br}	r_{nr}	r_{wr}	r_{tr}	r_{fr}	r_{mr}	r_{or}	r_{sr}	r_{nlr}	r_{lr}	r_{str}	r_{dr}	r_{ssr}	r_{cr}	r_{qr}	r_{dsr}
1	0.865	0.507	0.901	0.883	0.806	0.742	0.710	0.840	0.344	0.868	0.820	0.910	0.813	0.878	0.675	0.643	0.907	0.853
2	0.778	0.478	0.712	0.698	0.744	0.555	0.532	0.524	0.265	0.298	0.607	0.785	0.418	0.230	0.533	0.398	0.662	0.455
3	0.168	0.246	0.205	0.146	0.212	0.170	0.108	0.124	0.111	0.115	0.251	0.118	0.248	0.149	0.143	0.153	0.124	0.201
⋮	⋮	⋮	⋮	⋮	⋮	⋮	⋮	⋮	⋮	⋮	⋮	⋮	⋮	⋮	⋮	⋮	⋮	⋮

表12-6　　　　　　　　　武汉智慧物流成熟度评价样本模式

将表12-6中的量化数据进行SVM训练。根据第六章第四节中的成熟度确定方法求解，通过交叉验证得到惩罚因子的初值$2\beta = 1, \sigma = 0.33$。取90个样本作为训练集，另外90个样本作为测试集，经过SVM训练后得到分类模型，进而对测试集进行成熟度分层级预测，得到武汉智慧物流发展成熟度评价结果如图12-11所示。

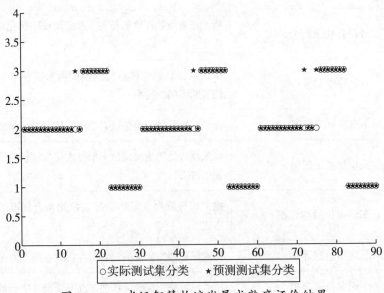

图12-11　武汉智慧物流发展成熟度评价结果

经验证，武汉智慧物流发展成熟度评价的准确率为95.5556%。评价结果如下：

（1）武汉智慧物流体系的发展成熟度层级（LSG）处于{基本级（L），定义级（M）}之间，即武汉智慧物流价值链已经形成，线上线下物流资源整合能力较强，智慧物流体系发展稳定；但是智慧物流价值链尚未成为智慧物流发展的主导，智慧物流软件研发、企业智慧物流管理文化及智慧物流体系运行尚未完全成熟。

（2）武汉智慧物流价值链节点中，智慧物流信息平台（通信传输网络覆盖率r_{nr}较高）、智慧物流设施（自助终端的推广率r_{str}和配送服务安全度r_{dsr}较高）是具备价值增值的环节，即对应智慧物流价值链系数$ILVI > 1$。

（3）武汉智慧物流价值链节点中，智慧物流信息平台（信息监管系统覆盖率r_{mr}较低）、智慧物流运营（仓储管理系统应用率r_{sr}较低）是需要进行价值提升的环节，即对应智慧物流价值链系数$ILVI < 1$。

二、ILVC优化

根据对武汉智慧物流价值链（ILVC）的分析结果，结合第七章第四节中的ILVC投入优化模型，武汉智慧物流体系的建设需要在智慧物流信息平台和智慧物流运营上进行投入优化。

（一）投入结构优化

智慧物流专项技术投入是智慧物流体系建设的一个起点，包括智慧物流技术的研发投入、推广投入和应用投入。其技术水平应体现在公共技术平台和专项技术应用两个方面，公共技术平台主要设定为通信传输平台、资金结算平台和信息监控平台三个类型；专项技术应用主要体现在订单处理系统、作业调控系统、仓储管理系统和线路优化系统四项内容。武汉智慧物流技术系统的产出以智慧物流平台（包括公共服务平台和企业专项平台）的访问量为标志（公共服务平台访问量的统计以是否与城市物流发生关联为标准），最后体现在对武汉智慧物流产业增加值的贡献率。武汉智慧物流投入结构如图12-12所示。

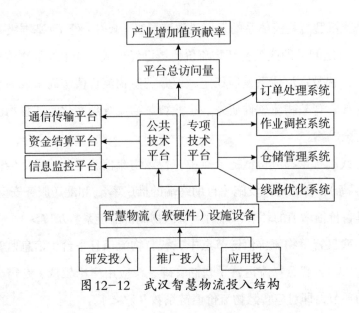

图12-12　武汉智慧物流投入结构

（二）投入优化策略

武汉实现智慧物流业态转型发展可采用如下投入优化策略。

1.产业层面：智慧物流信息化投入优化

人工智能的投入优化。随着AR/VR等可视化技术、物流AI机器人等技术在智慧物流信息平台建设和智慧物流运营中的普及应用，智慧化的运营、管理与决策成为智慧物流发展的必然趋势。智慧物流中的仓储配送等节点在人工智能机器人辅助下，在业务处理效率和出错率等方面都能得到改善，强化智慧物流价值链系数$ILVI > 1$的价值环节。

物联网技术的投入优化。在智慧物流价值链关键环节上提质增效，具体体现在智慧物流运营，如车辆资源调度、货物信息追踪和物流供应链协同等方面。通过物联网技术在车辆、货物定位及信息采集上的优势，对智慧物流运营中的人、货、场系统进行供应链高效协同，改进智慧物流价值链系数$ILVI < 1$的价值环节。

2.行业层面：智慧物流运营协作投入优化

企业之间战略合作和协同创新投入优化。智慧物流发展中价值模式创新、资源优化配置等，需要通过智慧物流信息平台和智慧物流运营实现资源共享和联动协作，同时与其他行业实现跨界协同。以菜鸟物流为参考，菜鸟物流在智慧型物流发展的过程中，跨界融合互联网金融，与海尔集团、中国物流集团有限公司等跨界合作。通过这种投入优化，强化智慧物流价值链系数 $ILVI > 1$ 的价值环节。

物流行业高效服务创新运营模式投入优化。智慧物流行业的发展需要在业务流程和生态体系上进行衍生，形成创新模式和业态。在智慧物流运营中，通过增加大数据技术投入改变"单点发全国"仓储配送模式，采用智能分仓后的数字化分拣和包装，改进智慧物流价值链系数 $ILVI < 1$ 的价值环节。

多式联运下的物流资源集约化投入优化。开发江海直达、海铁联运、公铁联运等智慧物流信息系统，通过信息互联与共享功能与供应链上下游物流服务需求企业之间进行协作发展，在一站式和开放式联运服务中的快速转运装备技术和智能转运系统方面，改进智慧物流价值链系数 ILVI < 1 的价值环节。

3.企业层面：智慧物流运营数据化投入优化

物流业务标准化投入优化。在标准化物流服务方面，进行智慧物流运营数据采集和传输上的投入优化。在物流业务在线化方面，进行物流云平台、订单信息处理等物流业务的在线化处理能力的投入优化。在数据化物流服务方面，进行订单交易信息和客户信息的收集与处理、物流企业的数据对接协同能力，以及静态数据可传输化与可视化的投入优化，强化智慧物流价值链系数 $ILVI > 1$ 的价值环节。

智慧物流的供应链管理投入优化。在供应链库存、物流配送和存储空间上的投入优化，其中供应链库存主要体现在分析和预警存储、预测库存需求和管理库存成本上，物流配送主要体现在通过物流大数据分析进行精准运营，存储空间主要体现在通过大数据来分析提高仓储利用率，以改进智慧物流价值链系数 $ILVI < 1$ 的价值环节。

三、ILVC重组

根据对武汉智慧物流价值链ILVC的投入优化，结合第八章第二节和第三节中的ILVC重组模型，企业和产业层面的武汉智慧物流价值链重组策略如下。

1.企业层面的重组策略

结合水平物流价值链重组策略，制定企业的智慧物流发展规划，加快智慧物流信息平台和智慧物流运营技术在企业物流活动的推广和应用。企业层面的武汉智慧物流水平价值链重组策略如图12-13所示。

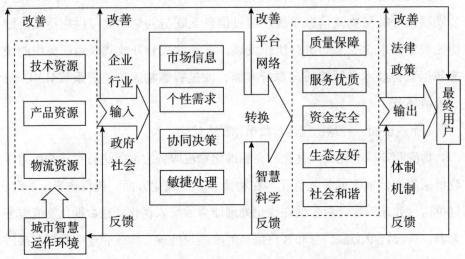

图12-13　武汉智慧物流水平价值链重组策略

2.行业层面的重组策略

结合垂直物流价值链重组策略，物流企业通过兼并收购、联盟重组以及战略合作，在行业内形成具有示范性的智慧物流信息平台和智慧物流运营模式。行业层面的武汉智慧物流垂直价值链重组策略如图12-14所示。

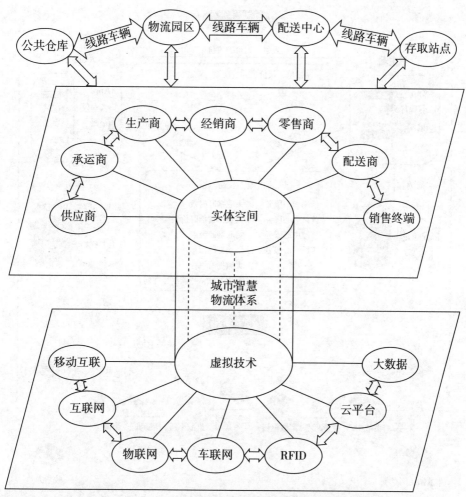

图12-14　武汉智慧物流垂直价值链重组策略

3.产业层面的重组策略

结合平台网络化重组策略，基于社会化大规模协同驱动的平台网络，通过布局线下关键节点（物流园区、配送中心等），结合线上信息系统的使用，实现物流、商流、信息流和资金流的一体化。产业层面的武汉智慧物流平台网络化重组策略如图12-15所示。

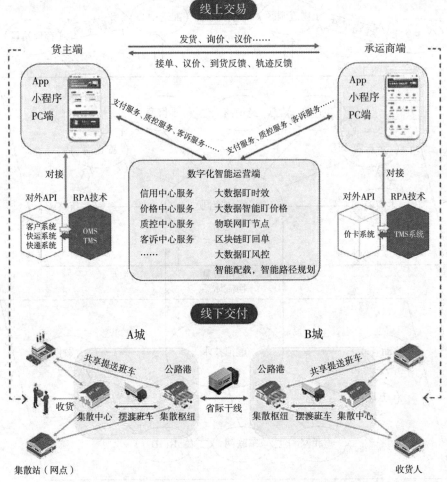

图 12-15 武汉智慧物流平台网络化重组策略

第四节 城市智慧物流业态转型战略

一、产城融合战略

从产业层面看，在智慧物流产业与城市融合发展中，完善的物流枢纽布局以及交通运输业体系是智慧物流转型发展的首要条件。在产城融合战略下，武汉需要加大物流枢纽布局、交通运输互联互通建设的投入。

首先，优化物流总部区、物流园区、物流中心、配送中心及物流枢纽布局，完善高速铁路、公路、港航设施、民用机场、城市群交通、农村交通等交通运输互通体系。

其次，优先建设高速铁路和高等级公路，完善航空枢纽综合功能，扩展支线机场航线布局。

最后，强化综合立体交通链条，统筹并发展多种交通方式联运，实现城市智慧物流体系的互联互通。

二、协作共享战略

从行业层面看，通过完善智慧物流信息化体系和构建智慧物流标准化体系，实现企业之间的物流资源协作共享。

1.完善智慧物流信息化体系

智慧物流通过信息化实现物流价值链上各环节之间的协作，因此，加强智慧物流信息平台标准化建设，在智慧物流协同平台及数据中心建设基础上，以行业标准化需求为导向，加强制定和推广行业技术标准、信息标准及业务协同标准。

2.构建智慧物流标准化体系

首先，推进智慧物流行业标准化体系建设，协调跨行业、跨部门、跨区域物流，形成标准化的物流作业体系，构建系统、科学的智慧物流标准体系框架。

其次，加快物流数据安全、物流编码标识、物流信息系统接口等物流标准体系建设，制定关键行业技术标准。

再次，统筹协调不同产业的物流运营，借鉴国内外智慧物流的成功模式，建立智慧物流行业标准化体系。

最后，强化行业内的统筹协作，制定和完善智慧物流相关法规、配套规章，以促进武汉智慧物流制度化、法制化和规范化发展。

三、集约发展战略

从企业层面看，通过建设智慧物流运营中心和建立智慧化物流管理系统，实现企业的物流运营管理集约化。

1.建设智慧物流运营中心

企业的智慧物流运营中心通过智慧物流信息技术与云平台促进企业的物流资源和业务流程集约化管理，将现实物流世界的物流实体运作与虚拟的物流信息有机融合。发达国家如德国的企业在智慧物流发展中，依托智慧物流中心构建自身物流网络体系，并整合智慧物流设施、设备和技术形成智慧物流体系。

2.建立智慧化物流管理系统

企业可应用信息化和物联网技术，建设智慧化物流管理系统，支持企业的智慧运输、智慧仓储和智慧配送等运营管理活动。智慧化物流管理系统对订单处理、运输管理、仓储库存、客户服务等企业的具体运营环节进行统一整合，使企业各个层面的管理者能准确、及时地掌握物流信息，进而提高物流管理效率。

【本章小结】

本章对产业、行业和企业层面的武汉智慧物流业态发展基础进行分析，武汉初步形成了智慧运输、智慧仓储、智慧配送等众多智慧物流应用实施场景。首先，本章以武汉在进行智慧物流业态转型发展中建设的智能网联汽车示范区项目为例，对武汉智慧物流价值链的形成进行分析（ILVC形成）；其次，论述了武汉市政府主导、交通运输部门主导、企业联合主导、大型制造企业主导、大型零售企业主导及多元融合的智慧物流价值链结构（ILVC结构）；再次，通过进行智慧物流发展成熟度评价，对武汉智慧物流价值链进行评价（ILVC分析），进而根据评价结果对智慧物流信息平台和智慧物流运营进行投入优化与改进（ILVC优化）；最后，从水平价值链、垂直价值链和平台网络化三个层面提出武汉智慧物流价值链重组策略（ILVC重组）。从武汉智慧物流业态转型战略上分析，需要从产业层面实施产城融合战略，从行业层面实施协作共享战略，从企业层面实施集约发展战略。

第十三章　结语

第一节　研究总结

数字经济具有更高的运行效率、更快的创新速度、更广的辐射半径和更强的规模效应。数字化并不是对以往信息化的颠覆，而是需要整合优化现有资源，提升管理和运营水平。而数字化转型旨在利用各种新型技术为组织构想和交付新的、差异化的价值。在数字经济发展和数字化转型推动下，全球经济活动组织模式的数字化变革正在加速演进，在技术层面，技术垄断优势在价值链数字化转型中被强化；在区域层面，全球价值链的数字化导致区域间功能分工碎片化；在产业层面，全球价值链数字化网络集聚效应促使分配机制变化。全球价值链数字化转型不仅掀起了一场技术革命，也点燃了一场认知革命：数字化提供一种前所未有的新型企业价值链模式。价值链模型的数字化能力已经成为数字经济时代企业获得竞争优势的源泉。

一、智慧物流发展机制

在现有对智慧物流主要从技术层面研究的基础上，提出智慧物流的发展是一个在数字化价值创造与数字化资源配置层面进行物流价值链数字化管理，并最终实现"降本增效"的过程。智慧物流的发展机制是在数字化价值创造层面，以"降本增效"为根本目标，寻求物流活动的数字化投入与产出比，即智慧物流价值最大化，并形成智慧物流价值链体系，借助数字化技术实时、高效地整合物流资源，根据市场和客户需求尽可能地创造价值。数字化物流价值链本质上是一个投入产出过程，其产出是物流数字化创造的总体物流价值，这也表明，只有那些具有"智慧物流价值"的环节、模式才具备智慧化投入和发展的必要性。

1.数字化变革下的物流业态

在数字经济发展及经济全球化的背景下，企业的物流价值环节发生变化，工业制造企业出现了物流活动集约化管理特征，商贸流通企业出现了物流活动维度扩散、场景分割和规模效应等场景化特点。行业的物流价值形式发生变化，以"互联网+物流"、数字化物流和智慧物流为典型形态的物流价值链朝着信息化、网络化和数字化的特征方向发展，价值链信息化支撑"互联网+物流"融合发展，供应链控制塔模式下的价值链网络化支撑物流数字化转型，而智慧物流则是价值链信息化、网络化和数字化集成下的产物。物流业态的数字化变革是对物流资源的集约化和场景化管理，是物流价值链中资源层面的反映；信息化、网络化和数字化是物流价值链中技术层面的反映。从物流数字化进程中的价值层面来看，物流持续转型、不断创新价值模式，使物流价值链不得不进行数字化变革，促进智慧物流产业的形成。在智慧物流产业中，物流数字化技术（技术层面）、物流企业（资源层面）、信息平台（价值层面）构成了整个智慧物流的产业链。

2.智慧物流价值内涵及解析

智慧物流可以定义为基于数字化技术应用，通过线上线下物流资源的优化配置，以及技术和管理的融合创新，实现物流价值提升的现代物流体系。从价值链管理的角度，智慧物流是物流数字化转型发展下的一种新的物流形态，它通过重构物流价值链，充分发挥数字化技术在线上线下物流资源要素配置中的优化和集成作用，最终实现降本增效。智慧物流的产业价值体现在物流枢纽的布局上，智慧物流产业定位为社会资源的整合、分散市场的集中、人力资源的优化、个性需求的满足和绿色生态的创造；智慧物流的行业价值体现在物流资源共享上，智慧物流行业价值主张为物流信息共享、物流交易匹配和物流增值服务；智慧物流的企业价值体现在智慧物流中心上，智慧物流企业价值环节包括信息服务、智慧装卸/包装、智慧仓储、智慧运输/配送等。智慧物流实质上追求的是对某一物流活动的数字化投入与产出比值最大化，如果把物流功能看成是物流成本的函数，智慧物流价值函数可描述为 $ILF = f(ILC)$，在物流功能和物流成本的效益背反关系下，智慧物流价值的提升通过对组成该物流服务各个投入要素优化管理的途径来实现。智慧物流价值链是在线上线下物流流程价值关系中，一系列物流环节依顺序相互连接、具有内在价值利益关系的网链，智慧物流价值链 ILVC 可描述为一个由若干个物流环节价值 ILV_i（$i = 1, 2, \cdots, n$）构成的集合，即 $ILVC = \{ ILV_1, ILV_2, \cdots, ILV_i, \cdots, ILV_n \}$。智慧物流价值链 ILVC 有水平物流价值链和垂直物流价值链两种类型。

3.智慧物流的形成及体系结构

智慧物流价值链是"物流控制塔"和"供应链控制塔"一体化的一种形式，以物流价值为核心，从战略层、策略层和作业层分别表现为增值链、协作链和作业链。智慧物流的形成具有必然性，从水平物流价值链的角度来看，对于主导智慧物流价值链构建的第三方物流企业，他们在寻求线上线下物流一体化的过程中必然会形成一条提升各个物流环节价值的价值链；从垂直物流价值链的角度来看，对于主导智慧物流价值链构建的智慧物流平台型企业，他们在寻求数字化供应链物流协同运作的过程中必然会形成一条提升供应链物流价值的价值链。在此基础上，应用图论方法，构建智慧物流价值链结构的数学描述模型，对智慧物流价值链的形成动力机制进行了定量分析。从宏观上看，智慧物流体系可以分为企业层面智慧物流、行业层面智慧物流和产业层面智慧物流三个层次。从微观上看，智慧物流是为了获得"降本增效"这一产出而进行必要的数字化投入的过程，因此智慧物流具有投入产出（I/O）结构的基本特征，智慧物流的投入产出结构模型为 $ILV / L = A_T \prod_{j=1}^{N} (K_j / L_j)^{a_j}$，反映了智慧物流的发展基本路径是基于智慧物流环节弹性系数的流程优化和基于边际智慧物流技术替代率的投入优化。

二、智慧物流发展路径

在现有智慧物流发展主要进行信息化建设的基础上，提出智慧物流的发展路径是对智慧物流价值链进行分析、优化、重组并形成增值链、协作链和作业链的过程。从数字化资源配置层面，首先对智慧物流价值链体系进行分析与评价，其次进行数字化投入与管理优化，最后进行数字化投入与管理重组，通过对物流资源的优化配置最终实现物流业"降本增效"。这一过程如下：首先对智慧物流进行价值链分析，并构建智慧物流发展模糊综合评价模型（FCEIL）和智慧物流发展成熟度模型（CMMIL）进行评价，以明确智慧物流发展方向；其次对智慧物流发展中的物流环节、物流模式进行价值分析，引入智慧物流价值系数ILVI识别出具有"智慧物流价值"的环节、模式，并进行数字化流程与投入的优化；最后从水平物流价值链、垂直物流价值链和平台网络化三个方面，分别从企业、行业和产业层面提出智慧物流数字化流程与管理重组策略。

1.智慧物流的发展分析与评价

智慧物流的发展需要对现有的物流模式进行智慧物流价值链分析和评价，以识别和确定发展重点。为此，首先，构建智慧物流发展分析模型，将物流活动视为一系列的输入、转换与输出的物流环节序列集合，每个环节都有可能相对于最终物流服务产生增值行为，通过分析这些环节各自的价值，将这些环节的功能和成本进行优化组合，从而提升智慧物流活动的整体价值；其次，结合智慧物流价值链分析的定性模型和定量模型，智慧物流发展分析的步骤为现有物流价值链分解、智慧物流环节价值排序、价值环节变动识别、智慧物流价值链优化分析和智慧物流价值链重组分析；最后，构建智慧物流发展绩效评价及评价模型，基于智慧物流价值链建立智慧物流发展模糊综合评价模型（FCEIL）和智慧物流发展成熟度模型（CMMIL），对智慧物流发展绩效进行分析与评价，为后续对智慧物流的发展优化研究奠定基础。

2.智慧物流的流程及管理优化

智慧物流流程与管理优化追求组成智慧物流价值链的一系列物流环节功能与成本的匹配，即追求提供"合适的"智慧物流服务或组织"适当的"智慧物流活动。根据智慧物流价值系数将智慧物流价值链优化的内容分为两部分：$ILVI \geq 1$对应的物流环节为智慧物流价值链上对整个物流活动具有较大贡献的关键环节，优化的内容为围绕这些关键环节进行流程上的改变以能够继续发挥其现有的优势。$ILVI < 1$对应的物流环节为智慧物流价值链上对整个物流活动价值不大的环节，在现有功能水平下对这些环节的数字化投入管理进行优化，从整体上提升这些物流环节的价值。智慧物流价值链优化分为3个步骤：对各个物流环节进行功能分析和成本分析，确定各个物流环节的价值系数以及智慧物流价值链的定量优化。根据智慧物流价值链优化目标，$ILVI < 1$时，建立模糊线性规划模型来确定各个物流环节的最优数字化投入成本组合，实现智慧物流价值最大；$ILVI \geq 1$时，采取价值链与价值分析相结合的方法进行数字化流程优化，实现智慧物流价值最大。

3.智慧物流的流程及管理重组

企业层面的智慧物流重组（水平物流价值链）主要针对物流流程进行，从总体布局、实施者、负责人、支持体系和绩效测评5个方面进行分析，进而按照8个步骤实施：制订智慧物流流程重组计划，组建智慧物流流程重组小组，制定智慧物流发展远景规划，智慧物流流程重新设计，流程评估与试运行，实施新的物流流程，流程重组范围扩大和智慧物流流程重组实现。行业层面的智慧物流重组（垂直物流价值链）主要针对物流价值链联盟进行，智慧物流价值链联盟建立在博弈的基础上，通过运用合作博弈的原理，分析由智慧物流平台型企业主导的物流供应链中与第三方物流企业以及第三方物流企业之间的收益分配比例，建立一种收益分配博弈模型，以此作为构建智慧物流价值链联盟的基础。产业层面的智慧物流重组主要采用平台网络化重组策略，智慧物流价值链重组通常从包装与物流基础标准化、订单交付与计划梳理、智能物流设施导入、智能工位链接、供应链关键环节差异管理、智慧物流信息平台规划与建设6个方面切入。

三、智慧物流发展战略

在现有主要从企业角度研究智慧物流发展的基础上，提出智慧物流的发展是从产业、行业和企业多个层面进行，通过数字驱动、协同共享，最终形成智慧物流生态圈的过程。智慧物流的发展战略是从物流数字化转型层面，在产业发展上，制定智慧物流与智慧城市三维融合发展战略；在行业发展上，制定智慧物流与共享经济协同发展战略；在企业发展上，制定企业智慧物流中心实施集约化发展战略。智慧物流与智慧城市可在逻辑维度、空间维度和时间维度上融合，形成基于城市的智慧供应链与智慧产业链生态；智慧物流与共享物流在资源优化配置、协同共享上具有耦合性，能够充分发挥各自的长处，形成智慧物流产业竞争优势；智慧物流在物流企业发展的关键是实现底层要素、中间运营和顶层管理与决策的智慧化，形成降本增效、良性发展的集约化管理模式。

1.产业层面的智慧物流转型

从产业层面看，利用新一代信息技术实现对城市核心运行系统的价值提升是智慧城市理念的基本出发点。智慧物流与城市的融合要集中在逻辑维度、空间维度和时间维度3个维度上，并形成基于城市的智慧供应链与智慧产业链生态。智慧物流与城市物流融合发展，重点体现在共享型智慧物流、前置型智慧物流、即时型智慧物流3个方面。智慧物流发展战略主要考虑完善智慧物流产业规划、物流产业数字化转型、智慧物流装备技术研发和智慧物流产业发展融资4个方面。智慧物流产业发展规划在技术层面为推进新一代信息技术应用和推进物流服务智慧化，在资源层面为开展智慧物流企业试点示范和为智慧物流产业提供支撑服务。

2.行业层面的智慧物流转型

从行业层面看，智慧物流是一种新的战略环境，也是一种新的物流创新模式，而共享物流起到保证这种新的创新模式具体实施的作用，因此，智慧物流行业与共享经济具有协同发展的可行性。其实现路径为首先将物流大数据可视化系统运用于物流各个环节，其次构建以各种物联网技术为基础的感知端，再次建立以云计算技术为核心支撑的云端，最后构建智慧物流信息共享平台，最终实现智慧物流与共享物流的降本增效。智慧物流业态转型发展主要有智慧物流企业主导、智慧物流园区主导和智能制造企业主导3种模式，其发展规划主要考虑建立智慧物流基础数据库，推进智慧物流业务流程优化，创建智慧物流信息采集跟踪系统，实现智慧物流设施设备与人员管理，建立智慧物流危机管理应对机制和实现智慧物流技术集成应用6个方面。

3.企业层面的智慧物流转型

从企业层面看，平台型（以线上业务为主体，如电商物流）和实体型（以线下业务为主体，如合同物流和甲方物流）企业有各自的智慧物流业态转型路径。平台型企业的智慧物流转型路径为根据市场环境、客户定制化、政府部门监管等不同场景的需求，经物流资源集约化到物流信息平台化，再到物流运营智能化和协同化；通过统一整合客户信息、企业信息、资源信息构建智慧物流数据平台，经智慧物流数据平台从基础设施、赋能和服务等方面发展智慧物流。合同物流企业的智慧物流转型路径为基于合同物流企业本身自营业务的数字化投入，建设智慧物流信息平台，实现合同项目运营的智慧化；基于外部物流资源集成化、物流运营平台化和物流管理协同化搭建智慧物流平台，实现合同项目智慧化运营协作共享。甲方物流企业的智慧物流转型路径为从"自营物流"向"社会物流"的转变；基于物流资源集成化、物流运营平台化和物流管理协同化构建智慧物流平台。企业向智慧物流升级的关键是实现底层资源要素、中间流程运营和顶层管理决策的智慧化，为此选取智慧物流运力平台、智慧物流信息平台、智慧物流包装方案和智慧物流园区管理4个案例，对企业智慧物流管理与决策进行实证分析。

四、案例分析

城市是容纳产业、行业和企业的载体，以湖北省武汉市为例，武汉在智慧物流建设方面走在了全国前列。2011年，武汉被科技部列为国家"863智慧城市主题项目"试点城市，自此，武汉进行了城市智慧物流体系建设的探索与实践。

本书对产业、行业和企业层面的武汉智慧物流业态发展基础进行分析，武汉初步形成了智慧运输、智慧仓储、智慧配送等众多智慧物流应用实施场景。首先，以武汉在进行智慧物流业态转型发展中建设的智能网联汽车示范区项目为例，对武汉智慧物流价值链的形成进行分析（ILVC形成）；其次，论述了武汉市政府主导、交通运输部门主导、企业联合主导、大型制造企业主导、大型零售企业主导及多元融合的智慧物流价值链结构（ILVC结构）；再次，通过进行智慧物流发展成熟度评价，对武汉智慧物流价值链进行评价（ILVC分析）；进而，根据评价结果对智慧物流信息平台和智慧物流运营进行投入优化与改进（ILVC优化）；最后，从水平价值链、垂直价值链和平台网络化三个层面提出武汉智慧物流价值链重组策略（ILVC重组）。从武汉智慧物流业态转型战略上分析，需要从产业层面实施产城融合战略，从行业层面实施协作共享战略，从企业层面实施集约发展战略。

第二节　智慧物流发展展望

未来，智慧物流业态的发展有可能存在如下趋势。

一是连接升级。新一代信息技术将由当前的拓展期进入成熟期，物流人员、装备设施以及物品将全面接入互联网和物联网，智慧物流规模呈现指数级增长趋势，形成全覆盖、广连接的数字化物流产业，"万物互联"助推智慧物流发展。

二是数据升级。随着智慧物流信息系统建设、物流大数据对接协同和移动数据终端的全社会普及，物流数据将全面做到可采集、可分析、可传输、可溯源，物流数字化程度和可视化程度将显著提升，打破行业信息不对称和信息孤岛现象，"全程透明"强化智慧物流基础。

三是模式升级。无接触、众包、众筹、共享等新的经济协作方式进一步得到广泛应用，打破传统行业边界，再次重构智慧物流价值链的业务流程和价值模式。

四是体验升级。分布式的智慧物流价值链节点将更加接近消费者，全面替代中心化运作方式，依托开放共享的智慧物流信息平台和智慧物流服务网络，满足客户个性化、即时性的服务需求，"体验经济"创造智慧物流价值。

五是智慧升级。随着新一代信息技术的快速迭代，工业机器人在物流价值链的众多环节上替代人工，智慧物流设施设备和技术的应用频率不断提高，智慧物流不断赋能改造物流基因，"智慧革命"将不断改变智慧物流业态的发展格局。

六是绿色升级。智慧物流整合和优化配置物流资源，促进降本增效的做法，符合产业、行业和企业绿色、低碳及可持续发展的要求，绿色包装、绿色运输、绿色仓储等绿色价值链环节将加快发展，"绿色低碳"将提升智慧物流对经济社会的影响力。

七是供应链升级。智慧物流不断促使供应链向数字化转型并形成智慧供应链，智慧物流带动深入融合产业供应链上下游，促进供应链各环节协作联动，"协同共享"的供应链系统进一步加快智慧物流生态圈的形成。

【本章小结】

本书从智慧物流发展机制、智慧物流发展路径和智慧物流发展战略3个方面，对数字化变革下的物流业态、智慧物流价值内涵及解析、智慧物流的形成及体系结构、智慧物流的发展分析与评价、智慧物流的流程及管理优化、智慧物流的流程及管理重组、产业层面的智慧物流转型、行业层面的智慧物流转型、企业层面的智慧物流转型9个方面的内容进行论述，并以武汉为例，对城市智慧物流体系建设做了案例研究。未来，智慧物流业态有可能向连接升级、数据升级、模式升级、体验升级、智慧升级、绿色升级及供应链升级等方向发展。

参考文献

[1] 陈金晓，陈剑.从优化到重塑——大变局中的供应链高质量发展[J].系统工程理论与实践，2022，42(3): 545–558.

[2] 崔爽.数字经济已成我国经济高质量发展新引擎[N].科技日报，2021-08-04(002).

[3] 张一鸣.智慧物流或成中国绿色发展的必由之路[N].中国经济时报，2021-06-25(002).

[4] 龚晓莺，杨柔.数字经济发展的理论逻辑与现实路径研究[J].当代经济研究，2021(1): 17–25，112.

[5] 俞彤晖，陈斐.数字经济时代的流通智慧化转型：特征、动力与实现路径[J].中国流通经济，2020，34(11): 33–43.

[6] 郭家堂，骆品亮.互联网对中国全要素生产率有促进作用吗?[J].管理世界，2016(10): 34–49.

[7] 罗珉，李亮宇.互联网时代的商业模式创新：价值创造视角[J].中国工业经济，2015(1): 95–107.

[8] 程立茹.互联网经济下企业价值网络创新研究[J].中国工业经济，2013(9): 82–94.

[9] 于博，王复明.物联网环境下智慧物流服务体系的和谐构建[J].新疆社会科学，2016，12(5): 25–29.

[10] 黄晓野，高一兰，纪玉山.基于商业生态系统理论的我国智慧物流发展对策[J].商业经济研究，2018，15(17): 96–98.

[11] 金江军.智慧产业发展对策研究[J].技术经济与管理研究，2012(11)：40-44.

[12] 李佳. 基于大数据云计算的智慧物流模式重构[J]. 中国流通经济，2019，33(2)：20-29.

[13] 邹筱，张晓宁.准时达限制条件的冷链物流配送中心选址模型[J].统计与决策，2020，36(12)：185-188.

[14] 吴萍."互联网+"背景下智慧物流发展的新动能、态势与路径[J].商业经济研究，2018(7)：81：-83.

[15] 伍宁杰."互联网+"背景下我国智慧物流转型路径探讨[J].商业经济研究，2018(12)：116-119.

[16] 张方风，李俊韬，刘丙午.云计算架构下的物流公共信息平台设计探讨[J].商业时代，2011(22)：31-33.

[17] 邢大宁.双边市场视角下物流平台运营机制研究 [D]. 北京：北京交通大学，2019.

[18] 费孝通.按照经济规律发展区域经济[J].环渤海经济瞭望，1997(3)：5.

[19] 吴晗，隋志纯.互联网模式下物流企业发展的探析[J].农家参谋，2018(17)：227.

[20] 李素雯.信息时代物流企业网络化发展模式探究[J].中国物流与采购，2019(13)：68-69.

[21] 王萍萍.基于电子商务环境下现代物流发展模式研究[J].智库时代，2018(50)：5，10.

[22] 夏禹，王霞.信息不对称视角下中小物流企业发展模式探讨[J].价值工程，2019，38(2)：90-92.

[23] 杨丽华.互联网+时代智慧物流的应用及前景分析[J].企业改革与管理，2018(12)：53，69.

[24] 蒋冉冉."互联网+"背景下济南市物流业发展转型路径研究[J].时代金融，2018(27)：69，71.

[25] 葛青."互联网+"视域下企业物流创新发展路径[J].产业创新研究，2019(5)：

106–107.

[26] 林君暖. 电子商务环境下物流管理创新发展路径研究分析 [J]. 智库时代，2018(29)：275，277.

[27] 张晓芹. 面向新零售的即时物流：内涵、模式与发展路径 [J]. 当代经济管理，2019，41(8)：21–26.

[28] 蔡娜娟. 信息时代物流企业网络化发展模式探讨 [J]. 现代经济信息，2018(20)：299.

[29] 刘佳佳. 智慧物流背景下物流企业的发展现状及应对策略研究 [J]. 物流科技，2018，41(9)：27–28

[30] 马强. 智慧物流背景下现代物流业发展路径探析 [J]. 现代经济信息，2019(14)：353–354.

[31] 王继祥. 智慧物流发展路径：从数字化到智能化 [J]. 中国远洋海运，2018(6)：36–39.

[32] 马赛，李晨溪. 基于悖论管理视角的老字号企业数字化转型研究——以张弓酒业为例 [J]. 中国软科学，2020(4) 184–192.

[33] 邢纪红，王翔. 传统制造企业"互联网+"商业模式创新的结构特征及其实现路径研究 [J]. 世界经济与政治论坛，2017(2)：70–90.

[34] 吴群. 传统企业互联网化发展的基本思路与路径 [J]. 经济纵横，2017(1) 57–61.

[35] LIU D Y, CHEN S W, CHOU T C. Resource fit in digital transformation: Lessons learned from the CBC Bank global e–banking project [J]. Management Decision, 2011, 49(9–10): 1728–1742.

[36] Christopher M. The Agile Supply Chain: Competing in Volatile Markets [J]. Industrial Marketing Management, 2000(1): 37–44.

[37] 陈冬梅，王俐珍，陈安霓. 数字化与战略管理理论——回顾、挑战与展望 [J]. 管理世界，2020，36 (5)：220–236，20.

[38] 韩丽华，魏明珠. 大数据环境下信息资源管理模式创新研究 [J]. 情报科学，

2019，37(8)：158–162.

[39] 陈国青，吴刚，顾远东，等.管理决策情境下大数据驱动的研究和应用挑战——范式转变与研究方向[J].管理科学学报，2018，21(7)：1–10.

[40] BECKER T.正确把握物流环节中的价值流向[J].现代制造，2005(13)：48–49.

[41] 潘小勇.基于价值链的企业集成供应链物流管理[D].武汉：武汉理工大学，2005.

[42] 刘伟华，彭岩，任政旭，等.基于GVC和GLVC的我国物流产业升级[J].天津大学学报(社会科学版)，2009，11(4)：289–293.

[43] 党国英，段学兰.基于价值链分析的企业逆向物流成本控制研究[J].物流技术，2011，30(19)：51–54.

[44] 王亮明，鲁建夏.某企业价值链活动物流环节改善对于产品成本降低的研究[J].现代商业，2009(36)：8.

[45] 周兴建.基于价值工程的物流价值链优化研究[D].武汉：武汉理工大学，2012.

[46] 王瑶.企业物流成本构成及管理研究[J].物流技术，2013，32(17)：92–94.

[47] 王姝，蔡璐，王红双.供应链管理下的物流成本研究[J].中国商贸，2011(24)：129–130，132.

[48] 李立望，黄德海.基于价值共创的智慧物流平台生态体系构建研究[J].生态经济，2022，38(7)：79–84.

[49] 李晓华.数字经济新特征与数字经济新动能的形成机制[J].改革，2019(11)：40–51.

[50] 肖旭，戚聿东.产业数字化转型的价值维度与理论逻辑[J].改革，2019(8)：61–70.

[51] ALNUAIMI BK SINGH SK, PEN S, et al. Mastering digital transformation: The nexus between leadership, agility, and digital strategy[J]. Journal of Business Research, 2022, 145.

[52] 李高歌."互联网+"时代开展智慧物流的实践探索[J].中国物流与采购，

2022(12): 109–110.

[53] 金江军.智慧产业发展对策研究[J].技术经济与管理研究，2012(11): 40–44.

[54] 郝书池，姜燕宁.发展区域智慧物流的长效机制探讨[J].商业经济研究，2016(6): 84–85.

[55] 黄彬.大数据时代传统物流产业智慧化转型路径研究[J].技术经济与管理研究，2021(12): 118–121.

[56] 俞彤晖，陈斐.数字经济时代的流通智慧化转型：特征、动力与实现路径[J].中国流通经济，2020，34(11): 33–43.

[57] SHEE K H, MIAH J S, VASS D T. Impact of smart logistics on smart city sustainable performance: an empirical investigation[J]. The International Journal of Logistics Management，2021，32(3).

[58] 杨延海.我国智慧物流产业发展体系与对策研究[J].技术经济与管理研究，2020(11): 98–102.

[59] 荣长玲.智慧物流与共享物流的耦合机制与实现路径[J].商业经济研究，2019(6): 98–101.

[60] 郭倩，唐思远.数字经济成高质量发展新引擎[N].经济参考报，2021–08–05(5).

[61] 苏晓.把握数字经济机遇赋能产业协同创新[N].人民邮电，2021–08–05(3).

[62] 李寿喜，王袁晗.企业数字化转型与企业创新——来自电子制造业的经验证据[J].工业技术经济，2022，41(8): 19–26.

[63] 李雷，杨水利，陈娜.数字化转型对企业投资效率的影响研究[J/OL].软科学，2022: 1–11. [2022–08–16]. http: //kns.cnki.net/kcms/detail/51.1268. G3.20220801. 1729.004.html.

[64] 刘东慧，白福萍，董凯云.数字化转型对企业绩效的影响机理研究[J].财会通讯，2022(16): 120–124.

[65] 宋宪萍，曹宇驰.数字经济背景下全球价值链的风险及其放大：表征透视、

机理建构与防控调适[J].经济学家，2022(5)：78-86.

[66] 阳镇，陈劲，李纪珍.数字经济时代下的全球价值链：趋势、风险与应对[J].经济学家，2022(2)：64-73.

[67] 戴翔，张雨，占丽.数字技术与全球价值链攀升理论新发展[J].天津社会科学，2022(3)：77-83.

[68] 黄华灵.企业数字化转型与全球价值链地位提升——基于资源配置视角[J].商业经济研究，2022(7)：122-125.

[69] 郭周明，裘莹.数字经济时代全球价值链的重构：典型事实、理论机制与中国策略[J].改革，2020(10)：73-85.

[70] 唐隆基.数字化供应链控制塔的理论和实践[J].供应链管理，2020，1(2)：60-72.

[71] 陈春花，赵海然.争夺价值链[M].北京：中信出版社，2004.

[72] 王茜.推进新型数字基础设施建设 打造世界领先的数字经济体[J].中国政协，2020(22)：31.

[73] 金江军.智慧产业发展对策研究[J].技术经济与管理研究，2012(11)：40-44.

[74] 雷婷婷.智慧物流在制造企业供应链建设中的策略研究[J].商展经济，2021(11)：67-69.

[75] GHOSH P S.迈向知识经济2.0：实现下一波增长的可能性[J].清华管理评论，2021(5)：21-26.

[76] 孙玉苹，高飞.智慧物流协同创新产业模式研究[J].中国物流与采购，2021(4)：60-61.

[77] 陈立枢.智慧产业发展与中国产业转型升级研究[J].改革与战略，2016，32(10)：64-67.

[78] 魏冉，刘春红，张悦.物流服务生态系统价值共创与数字化能力研究——基于菜鸟网络的案例研究[J].中国软科学，2022(3)：154-163.

[79] 王强，王超，刘玉奇.数字化能力和价值创造能力视角下零售数字化转型机制——新零售的多案例研究[J].研究与发展管理，2020，32(6)：50-65.

[80] 周若涵.流通数字化转型背景下商流与物流融合发展研究[J].商业经济研究，2022(7): 20–23.

[81] 周叮波，邓松.传统物流向智慧物流转型方略[J].开放导报，2017(6): 105–109.

[82] 杨建昊，金立顺.广义价值工程[M].北京：国防工业出版社，2009.

[83] 高鸿业.西方经济学(微观部分)第五版[M].北京：中国人民大学出版社，2011.

[84] 郑霖，马士华.供应链是价值链的一种表现形式[J].价值工程，2002(1): 9–12.

[85] 孟柯，刘志超.智慧物流服务模式的价值增值机制研究[J].商业经济研究，2021(19)：108–111.

[86] 徐春，王昭，王东.智慧物流颠覆性创新发展的要素组合研究[J].北京交通大学学报(社会科学版)，2021，20(1): 105–115.

[87] 安志东，吴文兴.价值网络视角下物流企业颠覆性创新研究[J].商业经济研究，2020(4)：101–104.

[88] 李立望，黄德海.基于价值共创的智慧物流平台生态体系构建研究[J].生态经济，2022，38(7)：79–84.

[89] 宋志刚.车货匹配平台价值共创逻辑的演进——从"再中介化"到"去中介化"[J].商业经济与管理，2018(12): 18–31.

[90] 杨学成，涂科.出行共享中的用户价值共创机理——基于优步的案例研究[J].管理世界，2017(8): 154–169.

[91] 张令荣，杨梅.基于价值链的企业物流一体化成本分析方法研究[J].大连理工大学学报(社会科学版)，2005(4)：33–36.

[92] 赵灵章.基于价值链管理的协同效应研究[J].会计之友，2005(9): 17–18.

[93] 王洪艳.基于大数据智慧物流模式创新研究[J].管理观察，2019(11): 11–12.

[94] 顾煜.基于价值创造的物流成本投入分析[J].中国流通经济，2008(10)：19–21.

[95] 张维迎.博弈论与信息经济学[M].上海：上海人民出版社，1996.

[96] 马帅.价值网价值创造的数量分析[D].青岛：中国石油大学，2007.

[97] 廖诺，罗雪韵，吴家齐.物流业经济产出、能源消耗与能源效率[J].统计与决策，2021，37(18): 113–116.

[98] 刘伟华，吴文飞，王思宇，等.智慧物流生态链形成动因：基于生态位理论和供应链外包分析的视角[J].供应链管理，2020，1(3): 57–68.

[99] 马鸣晴，李从东，杨卫明.智慧物流发展水平的动态测评——基于中国省际面板数据的实证研究[J].科技管理研究，2022，42(13): 189–198.

[100] 王福胜，王欣，刘仕煜.价值链优化绩效综合评价方法研究[J].哈尔滨工业大学学报，2006，38(10): 1797–1800，1805.

[101] 彼得·F.德鲁克，等.《哈佛商业评论》精粹译丛：公司绩效测评[M].李焰，江娅，译.北京：中国人民大学出版社，1999.

[102] 王莲芬，许树柏.层次分析法引论[M].北京：中国人民大学出版社，1990.

[103] 赵松山，白雪梅.用德尔菲法确定权数的改进方法[J].统计研究，1994(4): 46 – 49.

[104] 田钦谟.模糊综合评判的结果分析[J].大连水产学院学报，1990(1): 61–65.

[105] 张雪玲，张延慧，刘加坤，等.基于数字孪生的供应链数字化成熟度模型研究[J].中国市场，2022(14): 113–116.

[106] 姚雨婷.智能制造高质量发展视域下企业数字化成熟度评价指标体系研究——以浙江省为例[J].商场现代化，2021(23): 121–123.

[107] 李旻，陈晓荣，王红斌.基于AHP方法的制造企业数字化供应链成熟度评估[J].上海管理科学，2020，42(5): 74–80.

[108] 王核成，王思惟，刘人怀.企业数字化成熟度模型研究[J].管理评论，2021，33(12): 152–162.

[109] 吴剑波，汪小京，郑长征.基于价值工程的物流信息价值分析[J].物流技术，2009，28(4): 63–64，84.

[110] 侯璞.基于价值工程法的物流成本管理研究[J].物流技术，2011，30(6):

98−100，121.

[111] 乔忠，李应博.基于模糊规划法的企业价值链优化应用研究[J].中国管理科学，2003，11(6): 50−54.

[112] 劳本信.价值链分析与价值分析相结合下的业务流程优化[J].江苏商论，2009(2): 102−104.

[113] 翟春霞.供应链视角下智慧物流模式及发展研究[J].中国物流与采购，2022(9): 82−83.

[114] 王昌文.基于区块链的智慧物流模式优化研究[J].中国物流与采购，2022(11): 79−81.

[115] 李婷.大数据时代智慧物流的优化策略研究[J].产业创新研究，2022(11): 54−56.

[116] 吕婧，张衍晗，庄玉良.公共卫生危机下基于智慧物流的应急物流能力优化研究[J].中国软科学，2020(S1): 16−22.

[117] 郑雨婷，邹浩，金文宇.智慧物流下快递配送效能的优化[J].物流技术，2020，39(2): 26−31.

[118] 许杉杉，张少云，曹松荣.智慧物流视角下分拨流程优化分析[J].全国流通经济，2019(2): 40−41.

[119] 程苗.价值链重构与业务流程再造[D].天津: 天津财经大学，2003.

[120] 丁洪斌.基于价值管理的供应链协同应用研究[J].生产力研究，2009(23): 90−92.

[121] 王吉发，李汉铃.基于价值链的企业重组研究[J].管理科学文摘，2004(12): 23−25.

[122] 王卓，等.供应链内部的折扣博弈[J].中国管理科学，2005(5): 67−70.

[123] 王侃.供应链上企业间的利润分配模型研究[J].武汉理工大学学报，2004(7): 97− 99.

[124] 卢少华，陶志祥.动态联盟企业的利益分配博弈[J].管理工程学报，2004(3): 65− 68.

[125] 王效俐，安宁.商品流通渠道利润最大化模型及利润分配策略的确定[J].系统工程，2003(6): 32–35.

[126] 蒋鹏飞，沙亚军，胡发胜.二级供应链不同博弈研究[J].山东大学学报（理学版），2007(2): 51–55.

[127] 李学斌."一带一路"背景下中小物流企业建立物流联盟的策略分析[J].中小企业管理与科技（上旬刊），2021(12): 112–114.

[128] 谢泗薪，尹冰洁.中美贸易摩擦下跨境电商物流联盟风险预判与战略突围[J].中国流通经济，2019, 33(2): 73–82.

[129] 禹洋，郑大鲲.基于物联网的智慧物流模式重构研究[J].中国物流与采购，2021(7): 58–59.

[130] 张瑜，陈磊，袁源，等.基于动态贝叶斯的智慧物流园区与入驻企业间利益分配机理研究[J].数学的实践与认识，2020, 50(20): 299–307.

[131] 王之泰.城镇化需要"智慧物流"[J].中国流通经济，2014, 28(3): 4–8.

[132] 冯茂岩，蒋兰芝.浅谈"智慧城市"与"智慧产业"发展——以南京为例[J].改革与战略，2011, 27(9): 127–128, 155.

[133] 郝书池，姜燕宁.发展区域智慧物流的长效机制探讨[J].商业经济研究，2016(6): 84–85

[134] 李冠艺.互联网思维对电商物流再创新与传统物流转型——基于价值连接的思考[J].科技管理研究，2016, 36(18): 171–175.

[135] 王金虎.智慧物流串起现代供应链[N].经济日报，2022–06–11(3).

[136] 王倩男.基于智慧城市的未来城市形态与物流[J].中国科技信息，2022(8): 141–143.

[137] 高飞.城市智慧物流体系构建策略研究[J].中国储运，2020(9): 111–112.

[138] 陈豪.城市智慧物流建设的动因及其绿色减排效应研究[J].商业经济研究，2020(20): 108–111.

[139] 央广网.武汉全力建设港口型国家物流枢纽城市[EB/OL]. [2020–11–07]. (2022–08–08). https://baijiahao.baidu.com/s?id=1682661166819958054.

[140] 李金雷，牛秀明，艾振，等.武汉城市物流配送发展及其智慧物流配送方案探究[J].物流技术，2017，36(9): 41–45.

[141] 陈汉明.生态圈视角下武汉市物流园区规划研究[J].商业经济研究，2015(34): 47–49.

[142] 伍宁杰，官翠铃，邱映贵.长江中游城市群物流产业与经济发展耦合协调性研究[J].中南财经政法大学学报，2019(4): 89–99.

[143] 丛晓男，庄立.智慧城市群建设背景下中心城市智慧产业发展战略研究——以武汉为例[J].城市，2018(1): 18–24.

[144] 刘彦博，王遥飞，丁凌云.武汉建设国家物流枢纽经济示范区路径研究[J].物流技术，2022，41(5): 39–41，93.